LÁGRIMAS
SECAS

RUTH GLASBERG GOLD

LÁGRIMAS SECAS

EL TRIUNFO DEL ESPÍRITU HUMANO

Traduccion del inglés al español por

Lidy Adler

iUniverse, Inc.
Bloomington

LÁGRIMAS SECAS
EL TRIUNFO DEL ESPÍRITU HUMANO

iUniverse books may be ordered through booksellers or by contacting:

iUniverse
1663 Liberty Drive
Bloomington, IN 47403
www.iuniverse.com
1-800-Authors (1-800-288-4677)

ISBN: 978-1-4759-6243-7 (sc)
ISBN: 978-1-4759-6244-4 (ebk)

Library of Congress Control Number: 2012921698

Printed in the United States of America

iUniverse rev. date: 02/25/2013

A mis hijos Liana y Michael,
a mis nietos, Alexander y Ariel,
con la esperanza
de que jamás conozcan la pena
y la agonía que yo he pasado.

Con amor, a la memoria de mi padre, Mendel,
mi madre, Lea, mi hermano, Bubi,
y de todas la víctimas que perecieron
en los campos de concentración rumanos
de Transnistria.

INDICE

PREFACIO

El 6 de marzo de 1944, cerca de dos mil huérfanos fueron rescatados de los campos de concentración rumanos en Transnistria, Ucrania. Yo fui una de ellos.

Dejé atrás un lugar de horror, pero no así su recuerdo. Una joven maestra en el orfelinato me instó a escribir un recuento de lo sucedido en el campo. Lo hice, y ella entregó las doce páginas de mi manuscrito a *Romania Libera*, un periódico de Bucarest, que las publicó.

Cuando vi mi historia impresa, decidí que algún día escribiría un libro para contar todo lo sucedido. Mi resolución fue reforzada al saber que mi relato del periódico se convirtió más adelante en parte de la evidencia utilizada para condenar a los criminales de guerra rumanos.

Después de cuarenta años logré armarme de valor para escribir este libro. A medida que luchaba por recordar los eventos de esos años de guerra y consignarlos sobre papel, las lágrimas que no pude derramar de niña, finalmente se liberaron.

Sin embargo, al escribir me di cuenta de que había muchas situaciones que no podía describir por mucho que intentara. Me consolé con las palabras del poeta Abba Kovner al testificar en el juicio de Eichmann: "Juro decir la Verdad, pero no toda la Verdad—porque ésta es imposible de contar".

La escritura de este libro no fue, sin embargo, catártica. Fue un doloroso esfuerzo—el pago de una deuda adquirida por una sobreviviente ante quienes fallecieron—y un testimonio de las atrocidades cometidas por el ejército rumano y la policía local. La palabra Holocausto se asocia por lo general con guetos como el de Varsovia y Vilna y con campos de exterminio como Auschwitz y Treblinka, pues aparecen en infinidad de libros, películas y obras de teatro. Han penetrado nuestras conciencias y nuestros recuerdos colectivos. Pero . . . ¿quién ha oído hablar de Transnistria?

La historia comienza con una descripción de felices veranos en la granja de mi abuelo, en el campo. Su pastoril serenidad contrasta con el horror nazi en el que estábamos a punto de hundirnos.

Cuando yo tenía once años, me convertí en la impotente testigo de las horrendas muertes de mi familia: primero mi padre, luego mi único hermano y finalmente mi madre. Todo esto acaeció en tres cortas semanas.

Me volví nómada; me mudaba de orfelinatos a hogares adoptivos, a campos de refugiados. A mi alrededor, el totalitarismo de extrema derecha y el de extrema izquierda tuvieron influencia sobre mi vida cotidiana. Durante todo ese tiempo, anhelaba algo más esperanzador.

Más adelante, atraída por la visión sionista de una patria judía en Palestina, clandestinamente escapé de Rumania comunista en un carguero. Naufragué en el mar Egeo camino a Palestina, y fui apresada en Chipre por mis rescatadores británicos. Un año más tarde, fui finalmente liberada para ir a Palestina.

En 1948, nació el Estado de Israel, y me uní a la construcción de un kibbutz en los Montes de Judea, cerca a Jerusalén. Allí, en el nutritivo suelo de mi patria, sembré mis destrozadas raíces y comenzó la curación.

La compasión hacia la gente me llevó a servir como paramédica del kibbutz, lo que me lanzó a mi determinación de volverme enfermera, a pesar de que mi educación formal había sido interrumpida por la guerra.

En los años que siguieron, me casé, me mudé a Colombia, Sur América, con mi marido, crié dos hijos allá y finalmente me establecí en Miami. Ocho años después, a la edad de cincuenta años volví a la enfermería. Dos años después de eso, mi marido falleció de un ataque cardiaco, despertando en mí un nuevo luto.

Mi historia termina donde comenzó. En 1988, viajé de vuelta a los parajes de mi infancia y al áspero marco donde se encontraba el campo de concentración en el que murió mi familia.

Lágrimas secas: el triunfo del espíritu humano no es solo la narración de una tragedia y una esperanza; es también un recuento de la forma en la que los rumanos vilipendiaron, aislaron y finalmente trataron de exterminar a los judíos que había entre ellos.

Estoy consciente de que al discutir temas tan delicados como la religión, el patriotismo, la justicia, la lealtad y la traición se puede evocar un espectro de respuestas que van desde la simpatía hasta la hostilidad. Yo, en lo personal, no abrigo ningún rencor, ni deseo generalizar. Cualquier comentario que parezca acusatorio se basa en mi recuerdo, apoyado por el testimonio histórico de quienes ejecutaron las órdenes del régimen, con renuencia o de buena gana.

El propósito de este libro no es condenar, sino arrojar luz. Deseo mostrar que la libertad espiritual e intelectual pueden sobrevivir a traumas psicológicos y físicos que podrían parecer intolerables—y que incluso pueden proteger a una niña destrozada mientras se mueve desde la desesperación hacia la esperanza.

Debo agregar que utilicé los nombres reales de todos mis personajes excepción hecha de los de Marius y Amos.

Ruth Gold

AGRADECIMIENTOS

Desde su inicio, este libro ha tenido múltiples permutaciones lingüísticas. Lo pensé en mi alemán natal, escribí una parte en rumano, y grabé partes de él en español, y finalmente lo completé en inglés. Este proyecto jamás habría podido salir a la luz sin la ayuda generosa de mucha gente maravillosa, a quienes ofrezco mi eterna gratitud.

Mi aprecio ilimitado va dirigido a Walda Metcalf, editor en jefe de la University Press of Florida, que fue la primera en darse cuenta del potencial del manuscrito. Con gran sensibilidad y profesionalismo, me guió amable pero firmemente a través del proceso de cortar y editar. Su entusiasmo, su apoyo y su crítica constructiva fueron cruciales para darle a este libro su forma final.

No tengo palabras suficientes para agradecerle a Trevor Sessing, mi amigo y extraordinario profesor de inglés, quien durante casi dos años vivió íntimamente con mi manuscrito, guiándome a través de los matices del idioma inglés y enseñándome cómo una edición acertada puede contribuir a la organización.

También deseo reconocer a otras personas maravillosas por sus sugerencias invaluables, sus consejos prácticos y su continuo apoyo moral: Myriam Adler, Aaron Appelfeld, Kim Bancroft, Rita Katz Farrell, Arnold Geier, Dr. Judith Kestenberg, Profesora Betty Owen y Dan Porat.

Finalmente, desde el fondo de mi corazón, le agradezco a las dos personas que más quiero en el mundo: mi hijo Michael, neurólogo, quien me impulsó a lanzarme al reto de escribir este libro, y mi hija Liana, enfermera, quien insistió para que esta historia saliera a la luz.

Ningún cielo extranjero me protegió
Ningún ala extraña le dio cobijo a mi rostro,
Permanezco de pie como testigo del destino común,
Sobreviviente de aquel tiempo, de aquel lugar.
Anna Akhmatova

Los rumbos de deportación y escape de Ruth.

Mi Paraíso

El ruido de caballos al trote produjo en nuestra calle, usualmente tranquila, unas percusiones rítmicas. Los cascos de los caballos, al chocar con los adoquines de la calle, creaban reverberaciones que sonaban como una dulce música para mí. Un carruaje señorial, ligeramente ladeado, se desplazaba con majestuosidad. Los vecinos se asomaban a sus ventanas y balcones para satisfacer la curiosidad de saber quiénes serían los afortunados viajeros. Yo temblaba de emoción porque sabía dónde iba a detenerse y quién iba a salir de él. Papa[1] había hecho los arreglos para que este principesco carruaje nos trasladara a la estación de ferrocarril.

Tan pronto como se detuvo frente a nuestro edificio, corrí desde el balcón hacia el interior de la vivienda, gritando: "¡El carruaje está aquí! ¡El carruaje está aquí!". Con mi pequeña maleta, me lancé escaleras abajo los cuatro pisos para ser la primera en maravillarse con los caballos y con el elegante interior del carruaje forrado de tela afelpada. Una vez que el cochero bajó el pesado equipaje, mi familia apareció en el umbral de la puerta y nos acomodamos todos en los asientos.

Tomando su lugar en el pescante, el cochero jaló las riendas, hizo chasquear el látigo y con un fuerte "¡DIIO!" dio a los caballos la orden para que iniciaran su regio trote que nos llevaría fuera del vecindario.

---

[1] Se utilizará la escritura Mama y Papa para dar cuenta de la pronunciación utilizada por la autora al dirigirse a sus padres (N.T.)

1

La ubicación de Rumania y la provincia de Bukovina.

La población judía de Bukovina en víspera de la Segunda Guerra Mundial.

Éste era siempre el día más feliz de mi temprana infancia. Era el día que añoraba y con el que fantaseaba con meses de anticipación.

Todos los años, desde junio hasta septiembre, mi madre, mi hermano y yo viajábamos desde la ciudad de Czernowitz, en Rumania, a pasar las vacaciones en la granja de mi abuelo, en Milie. Allí nos reuníamos con Anna, la hermana mayor de mi madre, y con Lucie, su hija. Desafortunadamente Papa debía permanecer en casa a causa de su trabajo, pero más tarde se reuniría con nosotros para visitarnos por unos días.

Me habían llevado a Millie, un lugar de ensueño, desde mi infancia, pero mis recuerdos más vívidos datan de los cinco años. Era entonces una niña espigada, de ojos azules, con pecas y un par de trenzas doradas. ¡Cómo protestaba por esas trenzas! A mí lo que me gustaba era que mi cabello flotara al viento o que cayera, como si fuese una pequeña capa, sobre mis hombros. Mama no quería, por supuesto, saber nada de eso. "Lo que tienes que hacer es pensar un poco más en tu salud que en tonterías como esas", solía decirme. "Estás tan flaca que se pueden contar una a una tus costillas. Si no comes, te vas a enfermar".

Mama estaba obsesionada con la idea de que iba a morirme de una enfermedad terrible, pero durante el viaje a Milie, su preocupación más inmediata era los mareos que solían darme. Tan pronto como nos instalábamos en nuestro compartimiento, Mama se aseguraba de que me sentara mirando hacia el frente del tren, y me hacía chupar limones, el único remedio conocido para los mareos en 1930. Con la primera sacudida al arrancar el tren, ya me sentía enferma.

Sin embargo, a pesar de las náuseas intermitentes, disfrutaba del golpeteo rítmico que las ruedas hacían sobre los rieles, y me inventaba letras de canciones para acompañarlo. Contemplando por la ventanilla, pensaba en la rapidez con la que los árboles corrían y cómo las nubes trataban de darles alcance. Durante muchos años estuve convencida de que era el bello escenario el que corría junto al tren y no al revés. Aquellos viajes en tren evocaban un aire de misterio y aventura, junto con una sensación de magia que hasta hoy en día conservo.

Yo de bebé y a la edad de siete años.

El conductor anunciaba la anhelada llegada. ¡Al fin! El tren se detenía en la diminuta estación solo el tiempo suficiente para descender con el equipaje.

"¡Gracias, Señor!", decía yo en una plegaria silenciosa al bajar los escalones, agotada después de dos horas de suplicio. Tan pronto como sentía tierra firme bajo mis pies y veía a mi abuelo, se me olvidaban todos mis pesares.

Mi abuelo Littman Katz tenía un cierto parecido con Tevye, el judío piadoso descrito por el gran novelista yidish: Shalom Aleichem. Aunque solo tenía sesenta y tantos años, me parecía un anciano. Tenía una larga barba gris y los extremos de su bigote estaban teñidos de amarillo por oler tabaco. Su cabello corto estaba siempre cubierto por un solideo negro, y su largo abrigo oscuro le colgaba holgadamente sobre su figura levemente inclinada hacia adelante. Caminaba con las manos cruzadas detrás de su espalda con un andar lento y suave.

-¡Dziadziu!—lo saludaba, llamándolo con un sobrenombre eslavo-: ¿cómo estás? ¿cómo están los gatos?, ¿la vaca?, ¿la ternera?, ¿las gallinas?

-Todos están muy bien, te están esperando—respondía él-. Pronto vas a comprobarlo por ti misma.

Un primitivo carricoche de ruedas de madera de un solo caballo, conducido por un cochero vestido con el atuendo tradicional de la región, nos aguardaba. Lo abordábamos, y en el trayecto los campesinos nos saludaban desde los campos con la expresión acostumbrada: "*¡Dobreydzien!*", que significa en ruteno, un dialecto ucraniano, "¡Buen día!". Como huéspedes veraniegos, constituíamos una agradable alteración en su rutina. ¡Había además un aroma en el aire! Aire fresco de las montañas: mies recién segada, manzanilla, lilas. ¡Ah! yo inhalaba profundamente, sintiendo su efecto mágico.

Milie se encuentra situada en las márgenes del río Cheremosh, su frontera natural con Polonia, en la región noroeste de lo que era entonces Rumania. Sus quinientas familias eran, en su mayor parte, campesinos rutenos (ucranianos de la parte baja de los Cárpatos) y cuarenta a cincuenta familias judías de origen polaco y ruso. La mayoría de estos judíos, incluyendo a mi abuelo, pertenecían al árbol genealógico de los Katz.

El recorrido a lo largo de la calzada principal, sin pavimentar y llena de baches, duraba solamente unos minutos antes de que el cochero torciera hacia un estrecho sendero de tierra y detuviera el caballo. Ahí, en el sitio más pintoresco de todo el pueblo, sobre la ribera del riachuelo de Teplitza, se encontraba la granja de mi abuelo.

La hierba se mecía con el viento, era una suave hierba silvestre, entreverada de azulejos, de brillantes amapolas, margaritas y dientes de león. En esa colorida pradera, en medio de una parvada de patos, de aves de cría y de los graznidos de los gansos, Ruzena, nuestra vaca, pacía tranquilamente con su ternera al lado. Este panorama pastoril, con el melódico sonido de la corriente del riachuelo como trasfondo y los cantos ocasionales de pájaros volando por doquier, producían la sensación de estar en el paraíso.

La granja del abuelo Littman, con su techo cubierto de ripias de madera, se encontraba a pocos metros de la cerca de entrada. El riachuelo en el que nos lavábamos, nadábamos y pescábamos estaba pocos pasos más adelante. Bordeando el riachuelo, había un manantial que nos suministraba agua helada de un sabor celestial. Detrás de la casa, un huerto de ciruelos y un jardín multicolor se extendían a lo largo de hectáreas rebosantes de vegetales de todo tipo. Unos cuarenta metros más adelante, frente a la casa, se encontraban un establo, una vaqueriza, un gallinero y un granero.

Un día en la hacienda comenzaba con el primer canto del gallo. En ese momento, el abuelo salía, lámpara de aceite y cubeta en mano, a ordeñar la vaca. Concluida esta faena, se lavaba, se ponía los *tefilin* y el *talit* [2] para las oraciones de la mañana. Mientras tanto, el resto de la familia despertaba lentamente, y todos bajábamos a lavarnos en el riachuelo. Después, comenzábamos los preparativos para el desayuno al aire libre. Yo recogía pepinos, tomates y rábanos en la huerta, mientras que otros traían productos lácteos del sótano. Después, nos sentábamos en los bancos de madera situados frente a la casa, a uno y otro lado de la gran mesa rústica de tablones de madera, y nos disponíamos a disfrutar de un desayuno abundante a base de pan casero, queso de la hacienda, mantequilla, crema agria y una ensalada de la huerta llamada *schweinerei*, además de té o café.

El abuelo Littman Katz con tía Anna y Lucie.

---

[2] Las filacterias, en hebreo *tefilin*, y el talit son utilizados en el judaísmo por los hombres durante el rezo matutino. Las filacterias son dos pequeñas cajas de cuero que contienen tiras de pergamino con citas de las Sagradas Escrituras, una de las cuales se coloca en la parte anterior de la cabeza, y la otra en el brazo izquierdo. El *talit* es un chal blanco, generalmente con rayas azules o negras. (N. T.)

La hacienda alborotaba mi curiosidad infantil. Algunas veces me atrevía a excursionar sola hasta el molino. Cruzando cuidadosamente el estrecho puente de dos troncos, pasaba al otro lado del riachuelo y seguía por un camino estrecho como sacado de un cuento de hadas, tupido por la vegetación cuyas raíces se hundían en las aguas.

A los pocos minutos llegaba al molino, la invención más reciente de mi abuelo, el primero y el único en el pueblo. Ahora los campesinos podían moler el grano localmente sin tener que salir a otras localidades vecinas.

Mi mayor deleite consistía en ver la actividad frenética que tenía lugar tanto adentro como afuera del molino. En cierto sentido, parecía una pequeña feria llena de carros jalados por caballos, carretillas y hasta espaldas de hombres, cargados de sacos de granos. Adentro, la gritería, más fuerte que el ruido de las piedras molineras, era ensordecedora. Los campesinos, todos cubiertos de harina y moviéndose afanosamente para llenar los sacos, parecían fantasmas. En medio de este tumulto, yo metía mis narices en todas partes. Mi diversión favorita consistía en sujetar mis manos debajo del surtidor que escupía harina caliente y finamente molida, lo que me producía un cosquilleo delicioso en la piel.

A continuación, saltaba hacia la prensa de girasoles, otro de los inventos de mi abuelo. De las semillas prensadas se obtenía un aceite verde oscuro delicioso, dejando un producto de desecho de cortezas y residuos que nosotros llamábamos *makuch*. Esta pasta redonda en forma de piedra constituye un alimento excelente para los cerdos. ¡Nunca imaginé que más tarde jugaría un papel importante en mi vida!

Mi última parada era el lago artificial en el que mi abuelo criaba carpas y truchas, una más de sus ideas originales. Bien abastecida de migas de pan, yo atraía a los peces a mi alrededor. Se congregaban tantos en busca del alimento que les arrojaba, que podía agacharme y atraparlos con la mano. Satisfecha, regresaba a casa.

Como los domingos cerraba la represa, los niños teníamos entonces la oportunidad de nadar en las aguas tranquilas del reservorio. Pero lo que más me gustaba era acompañar a mi hermano en las excursiones que emprendía en busca de plantas y flores raras para su herbolario. Cada descubrimiento constituía un motivo especial de fascinación. Le ayudaba también a capturar para su colección las mariposas de tonos vivos que revoloteaban en el aire como si fuesen flores brillantes. Él era tolerante con mis caprichos y nunca me decía una palabra cruel. Aun siendo una niña, me sentía muy privilegiada.

El acontecimiento más excitante del verano lo constituía la aparición de la caravana de los gitanos que solían acampar en la pradera principal del pueblo. Nos emocionaba ver a aquellos extraños y vistosos nómadas que venían cada verano con el fin de vender sus mercancías en sus carromatos cubiertos de toldos, y cuyo negocio más importante era la venta de caballos. Hablaban un idioma ininteligible parecido al rumano, pero en realidad era romaní, el idioma índico de los gitanos. Su vestimenta era tan colorida como sus costumbres. Las mujeres cargaban a los niños en sus chales sujetados alrededor del cuello, dejando las manos libres para otras tareas. Me sentía un poco recelosa con ellos, especialmente después de que mi madre me amenazó con venderme si me portaba mal.

Levantaban sus tiendas de campaña y ataban los caballos a los árboles cercanos. Algunas de las mujeres leían la palma de la mano, recibiendo a cambio pequeños donativos, mientras que otras se reunían alrededor de una gran hoguera para bailar y cantar las melodías apasionadas vertidas por sus violinistas.

Nuestros vecinos campesinos no eran menos entretenidos. Los domingos, después de una semana de arduos trabajos, salían a divertirse adornándose con sus mejores galas. Las mujeres usaban blusas de lino hilado en casa, profusamente bordadas, y faldas de lana multicolor. Las muchachas solteras se adornaban con guirnaldas de flores con largas cintas de vivos colores que colgaban detrás de sus cuellos, mientras que las mujeres casadas cubrían sus cabezas con pañoletas estampadas, llamadas *babushkas*. Los hombres vestían unos pantalones blancos de lino ajustados, y largas túnicas con cuellos y mangas bordados, rematando con fajas de colores ceñidas a la cintura.

Después de la misa, se reunían en la plaza mayor para bailar la *hora*, un baile rumano en ronda, y a entonar canciones con acompañamiento de acordeones y flautas.

Para celebrar la víspera del sábado, el *Shabat*[3], la población judía preparaba el viernes una cena festiva. Su elaboración convertía nuestra

---

[3]   Shabat es el día de guardar en la religión judía; empieza en el atardecer del viernes y termina el sábado en la noche. (N. T.)

casa en una colmena de actividades excitantes. Sin embargo, esta anticipación placentera tenía su lado oscuro, al menos para mí.

Todos los viernes en la mañana, mi madre entraba al corral para escoger dos de las mejores gallinas que servirían para el tradicional caldo. Las aterrorizadas aves se alborotaban ruidosamente, brincando para escaparse, creando un remolino de plumas en el gallinero. Las víctimas, con las patas atadas, eran conducidas luego al *shokhed*, el carnicero ritual judío. Por alguna razón que no comprendí nunca, mi madre solía instarme frecuentemente a que la acompañara en este menester.

El *shokhed*, vestido todo de negro, cortaba el pescuezo de las gallinas con un cuchillo parecido a una navaja de afeitar, les retorcía el pescuezo y las colgaba de las patas con un gancho, con las cabezas colgando, mientras la sangre chorreaba sobre las paredes y el piso de tierra. Las pobres aves temblaban, moviendo las alas desesperadamente en espasmos mortales, hasta que la última gota de sangre dejaba de fluir de sus cuerpos inertes. Finalmente, el *shokhed* entregaba a mi madre las aves muertas, que ya eran *kosher*[4].

Nadie me obligaba a ver aquello. Solamente una curiosidad malsana me mantenía allí como testigo de ese procedimiento tan salvaje. Quería saber qué les harían a aquellas aves a las que con tanto cariño yo alimentaba todos los días. Era grotescamente fascinante, pero al mismo tiempo me inspiraba suficiente terror y repugnancia como para provocarme pesadillas y una aversión tanto a la sopa como a su contenido.

Una vez que regresábamos con las aves muertas, cada uno se disponía a ayudar a preparar la cena del *Shabat*. Mi madre y su hermana elaboraban la masa para panes con una maestría que me dejaba perpleja. Nunca usaban recetas ni medían los ingredientes y, no obstante, sacaban los productos horneados más singulares de un anticuado horno de ladrillo. Para que yo no les estorbara, me daban un trozo de masa para que elaborara un pequeño *challah*, pan trenzado judío.

Como no teníamos agua corriente ni electricidad, debíamos acarrear cubos de agua del riachuelo y calentarla en la estufa de leña; todos los viernes por la tarde nos bañábamos por turnos, sentándonos en unas

---

[4]   Kosher se refiere a los alimentos que respetan las leyes judaicas y son puros a partir de un ritual.(N.T.)

tinas de madera llenas de agua caliente. Luego nos reuníamos para la cena del *Shabat*, presidida por mi abuelo. Yo miraba con fascinación a mi madre y a su hermana encender las velas, cubriéndose los ojos con las dos manos y moviendo sus cabezas hacia adelante y hacia atrás, mientras murmuraban alguna oración. Siempre tuve curiosidad por saber qué pedía mi madre en sus rezos, pero nunca me atreví a preguntárselo.

El sábado, todos íbamos a la sinagoga. Al regreso, un gentil[5], contratado para realizar pequeñas tareas durante el sábado, encendía el fuego de la cocina con el fin de calentar la comida del mediodía. Después del almuerzo, todos dormíamos la siesta. En la tarde, yo iba con los adultos a visitar a nuestros familiares.

La primera parada en este tour era en casa de la familia Nagel, los más ricos de nuestros parientes. Poseían la casa más grande en la calle principal con un enorme jardín misterioso por el cual solía excursionar con la esperanza de descubrir algún nuevo fruto, flor o planta.

A quien más me gustaba visitar era a la tía Kutzy y al tío Favel Katz. Su casa, como la nuestra, estaba espléndidamente situada al otro lado del molino, en la ribera del riachuelo Teplitza, rodeada de arbustos salvajes de lilas, jazmines y de una gran variedad de bayas. Pero la atracción más importante para mí, eran sus gatos porque no se me permitía tener uno en casa. Mi padre no me dejaba tocar a los animales y me advertía sobre el peligro involucrado, diciendo: "Los gatos cazan ratones, y éstos son vehículo de bacterias". A pesar de que lo adoraba y que procuraba seguir sus consejos, le traicionaba cada vez que jugaba secretamente con los gatos.

El único gato que había en la granja de mi abuelo era uno moteado gris y blanco, llamado Ninini. Pertenecía a mi prima Lucie quien, siendo siete años mayor que yo, podía ser muy intimidante y posesiva. Yo no podía tocar ni jugar con el gato sin crear un alboroto por el cual, generalmente, me regañaban a mí.

No fue sino después de una de esas excursiones del *Shabat* a casa de la tía Kutzy cuando logré finalmente satisfacer el deseo de tener mi propio gato. Una de las gatas había parido y Suzi, la sobrina de la tía Kutzy, casualmente de visita, pareció entender mi anhelo y me regaló uno de los gatitos recién nacidos. La llamé, naturalmente, Suzi.

---

[5]   Gentil se refiere a toda persona no judía. (N. T.)

¡Qué extraordinario regalo para una niña tan amante de los gatos! Mi Suzi tenía el pelo corto, blanco y negro, con una oreja negra en su cabeza completamente blanca. Tan pronto como creció un poco, aparecía todas las mañanas en mi cuarto, saltaba a la cama, se enroscaba a mis pies y comenzaba a ronronear de felicidad. Durante algún tiempo todo pareció marchar bien y yo creía que mis peleas con Lucie habían terminado, ya que ahora yo tenía un gato propio. Pero, al poco tiempo, ella comenzó a desarrollar un gran afecto por Suzi, de manera que nuestras peleas continuaron como antes.

Además de nuestros conflictos en relación a los gatos, Lucie y yo peleábamos por el derecho a ser la primera en recoger las frambuesas en la mañana o ser la primera en sentarse en el manzano *Czentiner* y leer.

Yo a la edad de tres años (centro y al frente) con niños de Milie, mi hermano Bubi (atrás a la derecha) y mi prima Lucie(atrás a la izquierda).

Este árbol, con sus ramas bajas y gruesas era ideal para trepar y a mí me gustaba encaramarme ahí, recostarme en una de sus ramas, acurrucada con Suzi y un libro. Pero Lucie reclamaba también ese lugar para ella. Aunque me hacía a veces la vida difícil, lo compensaba al

MI PARAÍSO

llevarme a visitar a sus amigos, lo que para mí constituía un enorme privilegio.

Mi cariño por la región, sus canales y sus árboles, era tan fuerte como el que tenía por los animales, incluyendo a nuestra vaca y su ternerita. Con su pelambre brillante marrón y blanco, y sus enormes ojos amistosos, Ruzena era tan apegada a Dziadziu como puede serlo un perro a su amo.

Todas las mañanas, después de ordeñarla y de darle de comer, él la bañaba y la acicalaba con un cepillo de metal. A veces, nos permitía participar en el proceso. Cuando Ruzena estaba pastando y oía los pasos de mi abuelo aproximarse, se colocaba a la entrada y mugía hasta que él llegaba y le acariciaba tiernamente la cabeza.

Rodeada de una efervescencia continua, podía haber sido inequívocamente feliz, si no fuese por mi falta crónica de apetito, causa principal de tensión y de conflictos con mi madre, quien siempre temía por mi vida. Cada vez que Mama me llevaba al pediatra, él le aconsejaba lo mismo: "Déjela que pase hambre durante unos días"—decía—, "y ya verá cómo ella misma le suplica que le dé de comer".

Pero ella no se atrevía a tomar una determinación tan drástica por el temor de que yo no fuera capaz de sobrevivir, ni siquiera por pocos días.

En nuestra familia nunca se referían a mí como "Ruth", sino como "la niña". Siempre era "la niña tiene que descansar . . . . dormir . . . . comer". Yo solía conservar la comida adentro de mis mejillas durante horas, sin tragarla. A lo largo de los años la voz de mi madre resonaba con las palabras: "¡Mastica y traga! ¡Mastica y traga!".

Un verano, a los siete años, mi salud se deterioró tanto que el doctor recomendó exponerme a los rayos solares ultravioleta matinales. A las nueve de la mañana, todos los días, mi madre me embadurnaba una parte diferente del cuerpo con un aceite especial y me dejaba afuera durante por lo menos diez minutos. Luego, me hacía comer a la fuerza, una experiencia terrible tanto para ella como para mí. Cuando mi madre perdía la paciencia, su hermana intervenía.

Tía Anna ideó un sistema de "alimentación columpiada". Cantaba, deteniendo el balanceo después de cada estrofa para meter una cucharada de comida en mi boca. Eso funcionaba. También funcionaba alimentarme bajo el enorme peral que estaba detrás de la casa. Sus fornidas ramas estaban cargadas de cientos de pequeñas peras dulces que, de acuerdo a su grado de madurez, caían al piso a intervalos irregulares.

-Ruthale—decía mi tía-, te voy a contar un cuento, pero cada vez que caiga una pera al piso, tienes que comer un bocado y tragarlo.

-Sí, tía Anna—yo accedía, convencida de que ella desistiría después de un rato. Pero era más paciente que un santo y se sentaba durante horas hasta que yo terminara de comer.

Con tantas actividades recreativas y saludables, la granja era como una estación veraniega, por lo cual otros familiares y amigos enviaban a sus hijos durante las vacaciones. Mientras más gente, más feliz me sentía. A veces nuestro alboroto era excesivo para mi pobre Dziadziu, pero aún así nos toleraba. Vivía solo desde la muerte de su esposa, ocurrida en 1929, y quizá esa soledad extrema era la razón de que fuera un hombre tan tranquilo y reservado. Aun así yo le quería mucho.

La gente del pueblo respetaba en alto grado a mi abuelo por su incansable búsqueda de verdad y justicia. Sin embargo, los judíos lo trataban con cierta aspereza por haber elegido ser granjero. Pero dada su experiencia y su capacidad inventiva, siempre lo consultaban cuando emprendían un nuevo proyecto. Se le veía siempre en sus campos sembrando semillas, cortando las espigas con una guadaña, ocupándose de las colmenas o haciendo cualquier otro trabajo manual. Vivía para la tierra que amaba.

Mi hermano, Manasse, a quien llamábamos Bubi, era su nieto favorito. Para él hizo una caña de pescar, un atril de madera para las partituras musicales, un columpio rudimentario, también de madera, y una canoa con dos remos. Cuando Bubi tocaba el violín, mi abuelo pedía silencio en la casa para escucharle sin que le molestaran.

Generalmente, Bubi solía tocar el violín en días lluviosos. Nos gustaban esos días por las diversas actividades que realizábamos, tan entretenidas como las que llevábamos a cabo al aire libre: escuchar la música de Bubi, leer, batir la crema en mantequilla y recoger agua de lluvia para lavarnos el cabello, por solo mencionar algunas. Después de la lluvia, chapoteábamos en los charcos y recogíamos lombrices que nos servirían de cebo para pescar.

Todas las mañanas despertaba llena de optimismo, anticipándome a lo que pudiese ofrecerme el día. Todos los aspectos de la vida en la hacienda eran para mí motivo de fascinación. No teníamos electricidad ni agua corriente ni ducha y sólo contábamos con una letrina situada al lado del granero. Pero nos adaptábamos a los inconvenientes y hasta nos causaban gracia. Para mí, aquello tenía un aire romántico. ¡Y qué bella experiencia era para una niña chiquita estar en completa armonía con la Madre Naturaleza!

Pero Milie no es el único lugar del que atesoré experiencias infantiles. Papa me contó que, antes de que yo naciera, vivieron en un lugar llamado Vashkautz, donde él era gerente de un aserradero y donde nació Bubi. Seis años más tarde, el patrón lo trasladó a Vizhnitza, una población montañosa cercana, donde yo nací el 21 de junio de 1930. Cuando yo tenía un año, lo transfirieron a Kishinev, la capital de Besarabia, la actual Moldavia.

Los primeros hilos de la red de mi memoria se tejieron en ese lugar. Para mi gran asombro, conservo un vívido recuerdo de muchos sucesos y de algunos lugares de una época en la que todavía no había cumplido los dos años. El más precoz me lleva a la rutina nocturna con la que Papa me llevaba a dormir. Mecía mi cuna, me leía cuentos en alemán, mostrándome las ilustraciones coloreadas que los acompañaban. Tan pronto como Papa apagaba la luz, Caperucita Roja se volvía una realidad. De hecho, oía y hasta veía al enorme lobo pardo.

Tap, tap, tap, sonaban los pasos del lobo. A través de los barrotes de la cuna lo observaba mientras se acercaba. Helada de miedo, contenía la respiración hasta que él renunciaba a husmear mi cuerpo y salía hacia la habitación de mi hermano. Nunca le hablé a nadie del extraño episodio del lobo. Su irrefutable aparición nocturna se mantuvo como mi secreto y mi misterio. Años más tarde, siendo una adolescente, pude comprobar que el sonido que ponía en movimiento a mi alocada imaginación no era otro que los latidos rítmicos de mi corazón, que se volvían audibles al poner mi cabeza sobre el brazo izquierdo.

Otro de los recuerdos tempranos proviene de la época en que daba mis primeros pasos y enfermé de sarampión. Tanto las personas como las cosas del cuarto eran rojas y tenían una apariencia extraña y divertida. Como por arte de magia el color desapareció tan pronto como me recuperé. Más tarde me explicaron que habían puesto luz roja para proteger mi vista. Ese período de enfermedad indudablemente despertó excesivos instintos maternales en mi madre. Aun después de haberme recuperado, siguió tratándome como si yo fuera extremadamente frágil. A esa tierna edad, yo ya sentía su abrumadora obsesión por mi salud. No entendí nunca cómo podía estar enferma si me sentía bien.

Como mis más tempranas imágenes de mi madre la evocaban regañándome por mi raquitismo, por mi cuerpo delgado y por mi negativa a comer, era lógico que comenzara a gravitar en torno a mi padre, de quien disfrutaba en todo momento de un amor sereno, apaciguante e incondicional.

Siendo mi hermano un muchacho talentoso, especialmente con el violín, Papa quería, aparentemente, moldearme para que fuera otro Bubi. Apenas contaba con tres años de edad cuando decidió que tenía que enseñarme a leer. Un buen día trajo a casa una gran caja con cubos de letras de colores, los esparció en el piso de nuestra veranda rodeada de ventanales y me inició en el alfabeto alemán. Como si se tratara de un juego, nos acomodábamos en el piso, comenzaba a nombrar las letras, las reunía en una palabra pequeña y yo intentaba leerla. Mi entusiasmo y receptividad eran alimentados por su elogio continuo y su evidente orgullo. Como resultado, fui capaz de leer a la temprana edad de tres años, a pesar de que el ingreso a la escuela primaria era a los siete años. Luego, Papa convenció al profesor de violín de Bubi para que me aceptara como su alumna. Al cabo de la primera hora de clase, se dio por vencido. "Es todavía muy pequeña", dijo. "Vamos a dejarlo para un poco después". Desafortunadamente, ese "después" no llegó nunca.

Y como para compensar el intento fallido, Papa, que tenía una voz agradable, me enseñó canciones en muchos idiomas para que yo pudiera producir música y darle la satisfacción de presumir del talento de su hija. Nada era demasiado cuando se trataba de su Muttika, como solía llamarme familiarmente. Sus regalos consistían en darme amor, afecto, cariño y elogios, enriqueciendo mi niñez con una entrega generosa y pródiga.

Gracias a los esfuerzos de mi querido padre, fui capaz de leer cuentos de hadas que embellecieron mi propio mundo de fantasía, y crearon en mi imaginación visiones de príncipes, princesas y reinos.

Un buen día logré ver a la realeza en persona cuando el rey de Rumania, Carol II, y el príncipe Miguel, su hijo y heredero, hicieron una visita a Kishinev. Trepada sobre los hombros de mi padre, contemplé el carruaje real que bajaba por la calle principal rebosante de gente ondeando banderas rumanas, vitoreando a las bandas militares, a la caballería y a los soldados. Sonriendo y agitando la mano, tanto el Rey como el Príncipe alternaban sus saludos a diestra y siniestra.

Yo también comencé a agitar fervientemente mi mano y juraría que correspondieron a mi saludo. Esta experiencia alimentó mi imaginación infantil. En algunos de mis sueños llegué a verme como un miembro de la familia real.

En realidad, era miembro de una familia de clase media. Mi madre, Lea, era una mujer menuda, de pequeña estatura, seria y enérgica, de tristes ojos marrones.

De alguna manera, yo tenía la impresión de que mi falta de apetito y su preocupación continua por mi salud contribuían a su tristeza. Peinaba su cabello liso y castaño hacia atrás, recogido en un moño. Sus bellos rasgos faciales se veían prematuramente envejecidos. Nunca usaba maquillaje ni se ponía vestidos bonitos, y llevaba una existencia, hasta cierto punto, de mártir que se centraba en la familia y en los asuntos domésticos. Una madre dedicada y amorosa, un ama de casa impecable, una extraordinaria trabajadora y una cocinera excelente, con un gran sentido común y una fina agudeza mental. La quise entrañablemente.

Mama nació en 1896, cuando Milie, Bukovina, formaba parte del Imperio Austro-Húngaro. Era una de los cuatro hijos de Littman y Reizl Katz. David, el mayor, seguido de Anna, Lea y Moishe. Cuando el frente de batalla estuvo cerca de Bukovina, durante la Primera Guerra Mundial, la familia huyó a Viena, donde mi madre completó su formación en una escuela de administración y trabajó luego para una compañía de seguros, actividad poco frecuente para una mujer de esa época. Después de la guerra, la familia volvió a Milie, que entonces formaba parte de la Gran Rumania. Un casamentero le presentó al que sería su marido.

Mi padre, Mendel, era un hombre de estatura baja, estructura mediana, cuya eterna cálida sonrisa agraciaba sus facciones, por lo demás regulares. Detrás de sus lentes, centelleaba un par de ojos de un azul celeste. Su indumentaria era siempre inmaculada y cuando salía, cubría con un elegante sombrero su cabello entrecano cortado al ras. Aunque trabajaba como contador, era un intelectual y un ardiente sionista. Los libros constituían un elemento indispensable en su vida, y pronto comenzaron a jugar un papel similar en la mía.

Mi madre, Lea, y mi padre, Mendel.

Papa nació en 1886 en Kuty, una pequeña ciudad de la provincia polaca de Galicia, que era entonces parte del Imperio Austro-Húngaro, hasta el final de la Primera Guerra Mundial. Era uno de los seis hijos de Menashe y Ethel Drimmer Glasberg, quien murió mucho antes de que papá se casara. Tuvieron cuatro hijas y dos hijos: Samuel (Sammy), Maryem, Mendel, Cilli, Toni y Pepi.

El abuelo Menashe, un judío muy ortodoxo, fue, según cuenta la historia, un descendiente del Baal Shem Tov, el líder sagrado del movimiento Jasídico, una secta judía mística. Con excepción de mi padre, que fue enrolado en el ejército austriaco, la familia Glasberg también huyó a Viena. (Sé todo esto gracias a las historias de cabecera que me contaba mi padre).

Dos de las hijas de mis abuelos permanecieron en Viena, mientras que mi padre y sus otros hermanos volvieron a Bukovina. Samuel, el hermano mayor, se casó con una mujer de muy buena familia, dueña de un gran negocio de maderas. Esta circunstancia le permitió contratar a sus cuñados y a mi padre.

La única foto de mi familia.

Papa no era muy exitoso en los negocios, lo que provocaba la desesperación de mi madre. Mientras que los cuñados se establecieron luego de forma independiente, Papa era frecuentemente reubicado en diferentes pueblos pequeños para ponerse al frente de madereras y aserraderos. Cuando Sammy se cansó de los fracasos de mi papá como administrador, le ofreció un empleo como contador en su oficina principal de importación y exportación de la maderera "Engler & Glass", en Czernowitz. Yo tenía cinco años cuando nos trasladamos a esta bella ciudad donde pasé los años que produjeron más impresiones en mi vida.

En los pliegues de los Cárpatos, recostada a lo largo de la ribera del río Prut, rodeada de bosques antiguos de hayas, robles, tilos y abetos, se levanta Czernowitz, la capital de la provincia de Bukovina. Esta región, de una belleza sobrecogedora y ubicada en la parte noreste de Rumania, loada en poemas y canciones, fue realmente mi patria.

A través de los siglos, su territorio fue manchado con la sangre de los conquistadores tártaros y de los turcos otomanos. Soportó al Imperio Austro-Húngaro, formó parte del la Gran Rumania, en 1940 fue anexada a la Unión Soviética, recuperada por la armada fascista rumana en 1941 y retomada en 1944 por la Unión Soviética. Actualmente, Bukovina del Norte es parte de Ucrania independiente.

A todo lo largo de las calles de Czernowitz se alineaban castaños y acacias blancas. Sus parques y plazas estaban tapizados de un caleidoscopio de flores. Tanto la arquitectura, como la elegancia, la cultura y el idioma despertaban un sentimiento de *Gemütlichkeit*, de confort. Era una pequeña réplica de Viena y de la cultura austriaca.

Czernowitz fue cuna de judíos prominentes, intelectuales, poetas y escritores, convirtiéndola en un centro vital de la cultura judía y germana. La comunidad judía, amplia pero al mismo tiempo estrechamente tejida, comprendía unas cincuenta mil personas, y representaba casi la mitad de la población de la ciudad.

Aunque la zona había formado parte de la Gran Rumania y el rumano era el idioma oficial, el alemán era la lengua predominante de la población general. El gobierno rumano estaba tan frustrado que apremiaba, mediante avisos en tiendas y lugares públicos, "¡Hablen rumano!".

Irónicamente, nunca aprendí el idioma hasta que entré a la escuela primaria; Mama no lo dominó nunca. Además del alemán, ella hablaba el ruteno y el yidish, mientras que Papa hablaba yidish, hebreo, polaco y rumano. Tal vez mi facilidad para los idiomas provino de haber sido expuesta a una variedad tan grande de idiomas a tan temprana edad, a pesar de que solamente hablábamos alemán con nuestros padres.

Poco después de nuestro traslado a Czernowitz, alquilamos un bello apartamento de dos habitaciones y media en el cuarto piso de un edificio nuevo. Era luminoso, cálido y elegante, con puertas dobles acristaladas, ventanas de pared a pared que daban a la calle, y pisos de parqué relucientes. Para mi madre era un sueño hecho realidad, dada su preferencia por viviendas cómodas, aún a costa de grandes sacrificios personales.

Pronto me fueron presentadas varias niñas de nuestro vecindario. Una de ellas fue Litty Lipson. Jugábamos muy bien juntas, la mayoría de las veces en su casa, porque ella tenía muchos juguetes y yo ninguno. Nuestro juego favorito era un conjunto de muñecas de papel a las que les cambiábamos sus vestidos durante horas.

Un día, la madre de Litty iba a llevarnos a ver un partido de fútbol. Mi madre insistió en que me pusiera, a pesar de mis protestas, un feo vestido veraniego de rayas. La señora Lipson lanzó una mirada desaprobadora, exclamando: "¡No puedes ir con ese vestido!" y me tendió uno de los de Litty. Avergonzada, contuve mis lágrimas de humillación. Estaba furiosa con mi madre. Apenas llegué a casa, hice una escena de llanto que condujo a que al poco tiempo me hicieran unos cuantos vestidos nuevos.

Además de Litty, yo tenía una amiga alemana que vivía al lado, Ilse Ulrich, dos años menor que yo. Nos volvimos compañeras de juego inseparables. Su Kinderfräulein (niñera) nos enseñó muchas canciones, bailes y juegos, y un ballet en especial, o mejor dicho *un pas de deux*, ejecutado al compás de un vals de Johann Strauss. Decidimos interpretar este ballet para nuestros amigos y nuestra familia cuando yo cumpliera ocho años. Ensayamos y preparamos de una manera febril nuestro vestuario, haciendo nuestros tutús y unas capas que les hicieran juego utilizando papel crepé recortado, azul para Ilse, y rosado para mí. Debutamos frente a una audiencia sentada en la antesala del salón de estar de mi casa, que hacía las veces de escenario. Ilse salió al escenario a través de la puerta del dormitorio y yo desde la sala. Fue un día memorable en el que se encendió mi amor por el baile en general y por el ballet clásico en particular.

Una vez al año, en época de Navidad, Papa me llevaba al centro comercial de la ciudad para ver los escaparates; ahí, yo quedaba hipnotizada por las decoraciones y las muñecas, aunque no comprábamos nunca nada. Pero mi mayor emoción era cuando los padres de Ilse me invitaban a adornar el gran pino que colocaban en la sala. Exceptuando las esferas de cristal multicolores y las guirnaldas de papel plateado, todos los ornamentos que amarrábamos a las ramas eran reales: las velas eran de verdad e igualmente lo eran los dulces y chocolates. En la noche de Navidad, cuando encendíamos las velas y cantábamos "O Tannenbaum", yo envidiaba a Ilse y gustosamente habría cambiado el Jánuca[6] por la Navidad.

Al otro lado de la calle vivía otra buena amiga, Reli Rosenzweig, una niña judía de mi edad. En su edificio vivía también un muchacho de dieciocho años digno de ser mencionado aquí, Friedl, el enano. Cada vez que nuestro grupo de niñas del vecindario se juntaba a jugar, él se

---

[6]   Jánuca es una festividad judía cuya celebración es cercana a la Navidad, en la que se conmemora la derrota de los helenos y la recuperación de la independencia judía por los macabeos.

nos unía, a pesar de que no participaba en nuestros juegos infantiles. Su gigantesca cabeza y sus extrañas facciones contrastaban grotescamente con su diminuto cuerpo. A causa de su escasa estatura, lo percibíamos como otro niño.

La fama de sus conocimientos "especiales" y su disposición para compartirlos con nosotras se extendieron rápidamente. Pero, realmente, no fue sino hasta un determinado día cuando él decidió demostrarnos a nosotros los niños lo mucho que él sabía.

"¿De dónde vienen los niños?", preguntó, con un cierto tono desafiante. Entonces, procedió a contarnos con detalles gráficos cómo eran concebidos los niños. Y así fue cómo, entre otras cosas, Friedl se convirtió en mi primer educador sexual.

No fue sino hasta que tuve seis años cuando finalmente me inscribieron en un kinder privado, ya que no los había públicos. Para mí, fue el paraíso terrenal. Florecí en ese ambiente, en el que aprendí a dibujar y a pintar, a cantar, así como a jugar en grupo con otros niños. Finalmente me encontraba en mi elemento.

Pronto fui elegida para participar en la obra "Las Cuatro Estaciones" en un teatro real. Debía representar a la Primavera, un papel para el cual necesitaba un disfraz, pero fui incapaz de convencer a mi madre de la importancia que ello tenía para mí. Rechazó mi pedido como si se tratara de una molestia. Recurrí entonces a la niñera de Ilse, quien se las arregló para crear un traje que semejara un narciso. A juzgar por los aplausos de la audiencia, debo de haber actuado muy bien en el papel de Primavera. Orgullosa de mí misma, esperaba algún elogio de parte de mi madre. Pero como de costumbre, fuera de darme un abrazo y un beso, no dijo nada.

A pesar de todo, aquella representación encendió en mí la chispa creativa para el drama. Poco después, comencé a representar mis propias piezas teatrales con mis amigas, un grupo de cinco o seis niñas que tenían entre cinco a siete años. Como era la única que sabía leer y escribir antes de ingresar a la escuela, elegía algún cuento de Los Hermanos Grimm, escribía la parte correspondiente para cada una de las niñas, las asesoraba hasta que supieran sus líneas de memoria y actuaran de forma convincente. Naturalmente, yo representaba los papeles más importantes, hacía la narración y además supervisaba la coordinación del guardarropa. Tomábamos a hurtadillas el vestuario que requeríamos de los armarios de nuestras madres, y representábamos todos los personajes, desde Blanca Nieves hasta la Cenicienta.

También me divertía en mi niñez ir de visita con mi madre a casa de algunos familiares, o a la tienda de comestibles y al mercado, siendo esto lo más entretenido de todo. Además de la variedad de productos expuestos, las conversaciones para negociar me intrigaban y me mantenían embelesada. Lo más gracioso, sin embargo, era el ritual para comprar una gallina. Con mi curiosidad infantil, observaba a mi madre señalar específicamente hacia una de las aves que se encontraba dentro de la jaula para que el campesino la sacara, afín de realizar una inspección más rigurosa. Mama calculaba el peso, balanceando suavemente la gallina en la palma de la mano. Luego soplaba entre las plumas para ver el color de la piel; si era amarilla, la gallina estaba gorda. La idea de que, finalmente, iba a ser sacrificada de la manera en que yo lo había visto en Milie, me llenaba de horror.

Mama tenía citas frecuentes con el dentista, de manera que me llevaba con ella, pero, gracias a Dios, me dejaba esperándola en un kiosco cercano, llamado *tutungerie* en rumano, propiedad de un amigo. Había allí un buen acopio de cigarros, cigarrillos, tabaco, periódicos, revistas y, lo más importante para mi placer personal, revistas de caricaturas para niños. El suave aroma—una mezcla de tabaco y de tinta recientemente impresa—provocaba siempre en mí una sensación placentera. Con una buena provisión de historietas, me quedaba leyendo, hasta saciarme, en un rincón detrás del mostrador.

Hasta hoy en día no puedo entender porqué mis padres jamás me compraron esas revistas tan poco costosas. Tampoco entiendo cuál era su problema con las muñecas. Yo no tenía juguetes, fuera del osito heredado de mi hermano que cargaba en un cochecito de muñecas, igualmente heredado. Lo que sí tenía eran libros: Los Hermanos Grimm, Hans Christian Andersen y Max Nordau, quien, además de libros serios, escribió un libro infantil para su hija—por nombrar algunos—pero ni un solo libro de caricaturas.

Quizá la falta de juguetes estimulaba mi imaginación y mi propia inventiva en juegos grupales. Fui bendecida con muchos buenos amigos de diferentes religiones y clases sociales, en mi propio vecindario. Estoy agradecida por siempre con mis padres por sus actitudes libres de todo prejuicio, lo que me ayudó a enriquecer mi niñez y contribuyó a echar los cimientos para la que sería mi propia visión de la vida.

El afecto que faltaba en la relación entre mis padres fue suplido por la dedicación a sus hijos. A veces, parecía que mi madre solo me toleraba, mientras que mi padre me colmaba de exagerada admiración por mis logros. ¡Qué bien respondí frente a ese amor! Era una adoración mutua. Ante mis ojos, Papa era un dios, o más. Era todo lo que supuestamente es Dios, con la diferencia de que él era real y estaba presente y, al menos para mí, era un ídolo absoluto, una fuente de inspiración, de bondad, de amor, de estimulación intelectual, de humor y de amabilidad. Cuando la puerta se abría a su regreso del trabajo, era como si un rayo de sol penetrara de repente en el apartamento.

Fue Papa quien me llevó al teatro de niños, al circo, al parque, a la heladería, a la pastelería y a visitar a su familia. Su incansable capacidad para contar cuentos llenó mi mente juvenil de información sobre su pasado y sobre lugares lejanos, haciendo que estar con él fuese una delicia.

Pero a pesar de todas esas cosas maravillosas, Papa tenía una idiosincrasia que nos afectaba a todos. No sólo era meticuloso en su aspecto personal, sino que le preocupaba la limpieza hasta el punto de la obsesión. Nunca tocó la perilla de una puerta con la mano, solo con el codo, nunca se secó las manos con toallas ajenas, sino exclusivamente con la suya, y nunca usó un baño fuera de casa. En un momento determinado se hizo vegetariano, lo cual enloqueció a mi madre, particularmente en invierno, cuando no se conseguían frutas y verduras a ningún precio.

Su lista de los "nunca" era interminable. Se nos decía que no debíamos tocar *nunca* las manijas de las puertas, que no debíamos sentarnos *nunca* en asientos de baño fuera de casa, que no debíamos comer *nunca* los conos de helados que venden en los kioscos o los vendedores ambulantes, así como otras muchas cosas más. Todas estas restricciones me hacían sentir diferente a otros niños quienes, en los recreos y al terminar la escuela, no tenían impedimento para comprar helados y otras delicias, y pronto me volví envidiosa.

"No toques nunca dinero o naipes", me prevenía, "porque no se sabe cuántas manos sucias los han tocado antes que tú". Para ser aún más convincente, me mostraba a un pordiosero que tenía heridas abiertas supurantes y decía "Fíjate, él toca sus heridas y con la misma mano toca el dinero. Esta es la forma en la que se transmiten las infecciones".

Era fácil darse cuenta que mi mamá desaprobaba los caprichos de Papa, y en ocasiones su paciencia enfrentaba duras pruebas.

Además, ella tenía que tolerar una serie de abusos por parte de sus hermanos quienes, al estar en una situación económica holgada, la trataban como si ellos pertenecieran a la realeza y ella a la plebe.

Una vez fui testigo de un feo incidente. Parece que Cilli, la hermana de mi padre, tomó a escondidas trajes y zapatos viejos de su esposo, y se los regaló a Bubi. Un día, el tío Max, que muy raramente visitaba nuestra casa, tocó furiosamente a la puerta. Cuando mi mamá le abrió, le pidió que le devolviera todo lo que su mujer nos había regalado. Cuando mi mamá le dijo que no tenía nada suyo, él declaró: "Entonces voy a registrar el apartamento" y se introdujo al dormitorio de mis padres, a pesar de las protestas de mi madre.

Registró todos los armarios y las mesillas de noche, hasta que encontró un par de botas de excursión desgastadas. Las agarró, se dio la vuelta mostrándole su trasero a mi madre, y profirió alguna expresión vulgar. Yo estaba tan asustada que me escondí en un rincón. Cuando mi tío se fue blandiendo arrogantemente su par de botas viejas, sin importarle la humillación que le había causado a mi madre, ella se quedó pálida y temblando.

A partir de aquel suceso ya nunca volvió a gustarme el tío Max, aunque me complacía visitar a Cilli, su esposa, en su espaciosa casa de dos pisos. Tía Cilli jugaba conmigo, me mimaba con baños de burbujas y pasteles horneados en casa.

Así mismo, me mimaban la tía Toni, la otra hermana de mi padre, y su esposo, Simón, quienes también tenían una posición acomodada. Ambas tías tenían solamente hijos varones, de manera que para ellas era agradable tener una niña pequeña con quien jugar; me consentían enormemente cada vez que las visitaba.

Aunque parezca curioso, no teníamos ningún contacto con la familia del tío Sammy, a pesar de que vivíamos a solo una cuadra de distancia de su casa.

El más rico de todos mis parientes, Samuel Glasberg, tenía un porte imponente, con su barba de perilla y sus costosos trajes. Era un hombre religioso a quien la comunidad judía de nuestra ciudad tenía en gran estima. Ni él ni su familia nos visitaron nunca, así como tampoco nosotros a ellos.

En contraste, Anna, la hermana de mi madre, era mi tía favorita. Había enviudado cuando su hija tenía dos años. Vivían en un pequeño apartamento de un solo cuarto del cual, para ayudarse económicamente, tuvo que alquilar la sala. Afortunadamente para mi pobre madre, ellas se habían mudado de Milie a Czernowitz un año antes de que nosotros llegáramos.

En invierno, cuando no iba de visita a la casa de familiares o de mis amigos, me colocaba muy cómodamente cerca de la estufa de baldosas y me dedicaba a leer. Algunas veces mi mamá se sentaba cerca a tejer y a escuchar a Bubi tocar su violín.

Mi hermano Bubi a la edad de cuatro y dieciocho años.

Mi hermano, siete años mayor que yo, era como un padre para mí, por lo que nuestra relación era doble. Yo lo admiraba mucho, y era admirado también por todo aquel que lo conocía. Contrariamente a la creencia de que una persona suele ser brillante solamente en un área, mi hermano era una excepción a la regla. Hablaba siete idiomas, era un prodigio musical y un estudiante sobresaliente, especialmente en diseño gráfico y en física. Como era muy inventivo, había exhibido varios de los aparatos que diseñaba en exposiciones escolares, recibiendo varios premios. Mis padres estaban seguros de su éxito, tanto en el campo de la música como en el de la ingeniería.

Siempre que pienso en él, se me presenta la misma escena: un apuesto joven de rasgos clásicos, coronado por una melena rebelde de pelo castaño rizado, a la que trataba inútilmente de domar usando una redecilla durante la noche. Lo veo tocando durante horas el violín, llenando la casa de sonidos de Bach, Vivaldi o Mozart, o bien sentado en la mesa del comedor, con la cabeza apoyada sobre la palma de la mano, ensimismado en la lectura.

Verle tocar el violín era como presenciar la actuación de un mago. Parecía transfigurarse mientras sus hábiles dedos realizaban movimientos rápidos e intrigantes que producían melodías espléndidas. Con los ojos entreabiertos y las fosas nasales dilatadas, parecía inmerso en un mundo que le era propio. Con frecuencia no se percataba siquiera que mientras él tocaba, yo improvisaba bailes al compás de la música. Y cuando se daba cuenta, toleraba mi audacia sin quejarse.

Era demasiado serio para su edad y tenía pocos amigos. No le interesaban ni el deporte ni las chicas. En su lugar, llenaba su vida con libros, música, arte, ciencia e investigación. Solía ganar los premios escolares del liceo y en una ocasión recibió, a nivel nacional, un premio de la Casa Real del rey Carol II por su sobresaliente rendimiento. El premio consistía en varias cajas de libros y cada uno de ellos venía estampado con el sello real. Mis padres estaban muy orgullosos de su rendimiento, pero él nunca le dio mucha importancia a esos honores, ni se sintió arrogante por eso, mostrando más interés en la calidad de los libros que en el origen de los mismos.

Era el favorito de mi madre, su sueño, su esperanza y la razón de su vida. A pesar de su genuino interés por las ciencias, ella abrigaba el sueño de que un día se convertiría en un violinista famoso. Practicaba durante largas horas sin que se le obligara a hacerlo, pero mi mamá siempre creyó que era su deber recordárselo. Su tono gruñón todavía resuena en mis oídos: "Nashku"—un diminutivo de Manasse—"¡Ve a practicar!". Y sin decir una palabra, mi hermano lo hacía.

Bubi tocaba en muchas orquestas de cámara locales y acompañaba a cantantes que visitaban la ciudad. Estaba tan avanzado que su maestro de violín, Samuel Flor, recomendó enviarle a París o a Viena para continuar su carrera, pues ya había agotado todos los recursos de nuestra ciudad. Lamentablemente, mis padres no disponían de medios económicos para ello.

Pero aún siendo tan estudioso y tímido durante el año escolar, cambiaba drásticamente durante los veranos en Milie. Parecía transformarse en una mariposa que llegaba en ese momento a la última etapa de su metamorfosis. Allí, aquel solitario se convertía en un chico extrovertido que participaba con los demás niños en natación, en remar en canoa, en la pesca y en excursiones, o en cualquiera de los deportes que no fueran competitivos. Amaba las actividades que no significaran competencia, probablemente porque sólo sabía competir con una persona –consigo mismo.

Sin embargo, incluso en Milie, la mayor parte del tiempo permanecía solo, o conmigo siguiéndolo. Mientras remábamos en nuestra canoa en el riachuelo Teplitza, podíamos compartir la emoción de explorar el bello escenario en cada uno de los recodos, e imaginar que habíamos descubierto un nuevo continente. Bubi me permitía remar colocando las palmas de sus grandes manos encima de las mías, pequeñitas, haciéndome creer que era yo quien realizaba el trabajo arduo. En un muelle vacío, empujaba la canoa a tierra y se arrojaba a nadar al riachuelo mientras yo lo imitaba, arrastrándome a gatas en la parte menos profunda, chapoteando lo más fuerte que podía y haciendo el mismo ruido, al salpicar, que Bubi. Luego nos tendíamos al sol. Acostado en la hierba fragante, mi hermano ponía su mano en forma de copa en la boca y comenzaba a entretenerme con una estupenda panoplia de imitaciones del canto de los pájaros.

Enfrentando El Antisemitismo Rumano

CAPÍTULO 2

1937. Tenía yo siete años cuando tenebrosas nubes negras ensombrecieron nuestra placentera existencia. Por primera vez en mi vida, oí la palabra antisemitismo. A pesar de que Papa me explicó que significaba odiar a los judíos, me fue difícil comprender sus implicaciones. Sin embargo, día a día esta palabra empezó a sonar de manera cada vez más ominosa.

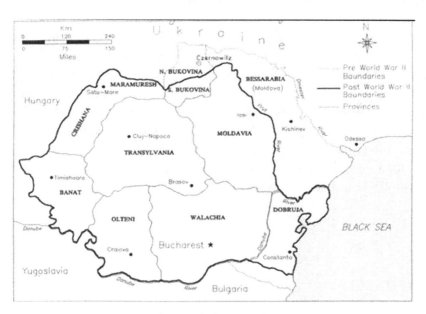

Rumania antes y después de la Segunda Guerra Mundial.
Transylvania al norte fue anexada a Hungría en 1940. En 1944
los húngaros deportaron a los judíos de esa provincia a Auschwitz,
Rumania la recuperó en 1945.

Rumania es un país de tradición antisemita profundamente arraigada. A lo largo de su historia se esgrimieron consignas enardecidas, tales como "los judíos están desangrando nuestro país" y "los judíos beben la sangre del pueblo" para desviar la atención popular del verdadero descontento debido a dificultades económicas y a las pérdidas territoriales que tuvieron lugar a través de su historia. Hubo períodos de mayor indulgencia, gracias a la presión diplomática ejercida sobre los rumanos para que trataran mejor a los judíos. Los movimientos fascistas alcanzaron su mayor auge apenas hacia el final de la década de los treinta. Existía en Rumania la Guardia de Hierro, llamada también Movimiento Legionario, un partido de corte nazi, al cual la Gestapo proporcionaba armas y dinero y enseñaba los métodos nazis de genocidio. Además, el gobierno Goga-Cuza, con una plataforma antisemita, construyó los cimientos para la persecución de los judíos rumanos.

De niña, yo escuchaba a los adultos susurrar los nombres Cuza-Goga, como si sólo con pronunciar las palabras se provocara algún evento nefasto. En realidad éste fue el primer gobierno declaradamente antisemita impuesto por el Rey Carol II, encabezado por el poeta Octavian Goga y el veterano antisemita A. C. Cuza. A pesar de que duró apenas unos cuantos meses, las semillas de odio brotaron con la velocidad del rayo e intoxicaron las mentes de las masas. Sus seguidores continuaron la misma opresión sistemática de los judíos, aspirando a la eventual destrucción de la tercera mayor población judía de Europa.

Se exhibían ostentosamente retratos de Cuza-Goga en vitrinas y espacios públicos de nuestra ciudad, donde los judíos representaban en ese tiempo la mitad de la población de Czernowitz.

Todos los días se expedían nuevos decretos que limitaban las actividades de los judíos, prohibiéndoseles el acceso a ciertas áreas y edificios. Por ejemplo, uno de los teatros de cine situado en la Casa Alemana fue uno de esos sitios. La madre de mi amiga Ilse, enfurecida por las nuevas leyes, se dispuso a ignorarlas y me llevó con ellas a ver una película de Shirley Temple. Mi madre estaba aprensiva, pero la señora Ulrich la calmó.

"Ruthi no parece judía" le dijo. "Se ve como cualquier niña aria". En mi inocencia, pensé que debía enorgullecerme. En efecto, fuimos a ver la película, la disfrutamos y nadie sospechó que yo fuera judía.

Pero en el colegio todos sabían quién era judío y quién no lo era, basados no en la fisonomía, sino en los nombres y en indicios reveladores como el no arrodillarse, no santiguarse durante el rezo matutino o asistir a clase de religión judía. A mí, personalmente, nunca me insultaron, pero a mi hermano Bubi, sí.

El iba a un colegio predominantemente gentil y fue frecuentemente humillado por alumnos y profesores. Recuerdo que Bubi nos contó un incidente. Como era un alumno sobresaliente, a menudo sabía las respuestas correctas. Pero, como era judío, el profesor, en vez de alabarlo por sus conocimientos, decía al grupo de manera despectiva "Ven, aunque Glasberg es un *zhidan* (despectivo para judío), sabe las respuestas correctas".

Gradualmente, el gobierno comenzó a quitarles la ciudadanía a los judíos, a confiscar sus negocios, a impedirles el acceso a ciertos puestos y a la educación. Como nuestra ciudad aún no había sido afectada con todo el rigor por los nuevos decretos, nuestras vidas transcurrían todavía con normalidad. Papa aún trabajaba, pasábamos los veranos en Milie y, al llegar septiembre, Bubi y yo regresábamos al colegio.

Se hablaba mucho de guerra. Este era un concepto demasiado remoto para mí, así es que yo hacía mi vida como de costumbre. Pasaba mucho tiempo en casa de Ilse, no sólo por la diversión que nos procuraban nuestros juegos, sino porque en su casa tenían un radio. Me proporcionaba un enorme placer escuchar música, de todos los géneros. Pero ese año, mucha de la música fue reemplazada por los alaridos de los discursos de Adolfo Hitler, discursos que sonaban rabiosos y agresivos y que, aún sin comprender sus implicaciones, me asustaban.

A menudo, los programas eran interrumpidos por una voz que repetía la palabra *¡Uwaga! ¡Uwaga!*, lo que para mí no tenía sentido; Papa me explicó que significaba ¡Atención¡ en polaco, y que era un anuncio para la población de la inminencia de un ataque aéreo en Polonia.

Los padres de Ilse, alemanes, escuchaban con profunda preocupación todo lo que se decía, pero nosotras, las niñas, genuinamente disfrutábamos cantando las marchas patrióticas alemanas, muchas de las cuales ya conocíamos de memoria. Nuestras favoritas eran *"Deutschland, Deutschland uber alles"* y *"Wir fahren gegen Engeland"*.

Poco sospechábamos que estas canciones eran exactamente las melodías que acompañaban a las inhumanas atrocidades.

Malas noticias llegaban de todas partes a lo largo de ese año. Jamás olvidaré el rostro de mi padre mientras leía la última carta que recibió de sus hermanas de Viena. Debía contener alguna información espantosa. Sin embargo, dejó de lado mis preguntas que jamás fueron contestadas porque él pretendía poder resguardarme siempre de cualquier angustia.

Mucho más tarde supe que ese año, Tía Maryem y su marido, Gedalia, lograron mandar a su hija e hijo a Palestina. Pero ellos, junto con Tía Pepi, fueron deportados en 1941 y luego asesinados en un campo de exterminio.

Yo podía sentir la desazón en el aire y, además, al ver a Papa y a Bubi leer ansiosamente los periódicos, me sentía cada vez más asustada. Como siempre, buscaba solaz en mi padre, quien continuamente repetía las tranquilizadoras palabras "No te preocupes, todo va a estar bien".

Pero, a medida que pasaba el tiempo, empezaba a no estar tan segura. Los adultos hablaban de la guerra pero no querían compartir detalles conmigo. Yo sentía un peligro inminente acechando a la vuelta de la esquina, amenazando mi feliz infancia.

En 1939 tuvieron lugar algunos desarrollos políticos bizarros. Los ministros de relaciones exteriores, Joachim von Ribbentrop, de Alemania y V.M. Molotov, de Rusia, firmaron un pacto que contenía un acuerdo secreto de devolver Besarabia a la soberanía soviética. Un año más tarde, cuando los soviéticos ocuparon ese territorio, reclamaron también Bucovina del Norte, que incluía a nuestra ciudad, Czernowitz, su capital.

Al comienzo, este pacto germano-ruso trajo esperanza a algunos, y sentimientos ambivalentes a otros. Los ricos temían ser deportados a Siberia, los pobres le dieron la bienvenida con la ilusión de una vida mejor, y la clase media estaba indecisa. Para nosotros, algo positivo que podíamos esperar era que ya no seríamos discriminados por ser judíos.

El nuevo orden, llamado *comunismo*, obligó a muchos capitalistas a huir hacia la Vieja Rumania, a Palestina y a otros países. Otros se quedaron con la esperanza de que nada cambiaría. Pero las cosas cambiaron, y lo hicieron rápidamente.

Afortunadamente, en medio de toda esa inestabilidad política, Tío Sammy y Tía Fanny estaban fuera del país. Si no hubiesen estado visitando a sus dos hijas en Palestina, con seguridad los soviéticos los hubieran deportado a Siberia.

Tío Sammy debía finalizar el embarque de una gran carga de madera desde Rumania, y volvió, solo, unos meses antes de la entrada de los soviéticos. Empacó la mayor parte de sus enseres y le encomendó a un coronel Rumano que vivía en su apartamento su envío hacia Palestina. Dejó en nuestras manos tres enormes tapetes persas y entregó a sus hermanos otros objetos para que los guardaran hasta que volvieran mejores tiempos. Le dio a Tía Cilli un juego de llaves del apartamento y se marchó a Bucarest, muy poco antes de la llegada del Ejército Rojo a nuestra ciudad.

Durante ese clima político confuso, un rayo de esperanza penetró a nuestro hogar, cuando el profesor de violín de Bubi nos trajo una buena noticia. Bubi había sido invitado por la Radio Rumana de Kishinev a tocar el Concierto para Violín Número Uno en La Menor de Johann Sebastian Bach. ¡Estábamos dichosos! Bubi tenía solamente diez y siete años en ese momento, pero ya era bien conocido y requerido. La parte sorprendente era que, por su talento, incluso durante las últimas semanas del régimen antisemita Rumano, los burócratas estaban dispuestos a ignorar el hecho de que fuera judío.

La inmensa alegría de mis padres se vio ensombrecida por la falta de dinero para comprar lo que Bubi necesitaba: un traje nuevo, un boleto de tren y una habitación de hotel. Lograron reunir algún dinero, pero no el suficiente para que fuéramos con él. Bubi tuvo que viajar solo.

Había, además, otro problema: ¿Dónde escuchar el concierto? A pesar de que nuestros familiares, los Zloczowers, tenían un radio, y también los Ulrich, terminamos oyendo el concierto en el apartamento vacío de Tío Sammy. Le pedimos las llaves a Tía Cilli y, acompañados de Tía Anna y Lucie, subimos. Dudando, Papa dio vuelta a la llave, y nos hizo entrar al elegante y abandonado recinto en penumbra. Estar en esa lujosa casa deshabitada, sentada en acolchados sillones y escuchando radio, me parecía espeluznante.

Mayo 10, 1940. Con ansiosa ilusión esperé la voz del locutor. En cuanto anunció el concierto que sería ejecutado por el violinista Manasse Glasberg y los primeros acordes del concierto llenaron el aire, un estremecimiento recorrió todo mi cuerpo. Como lo había escuchado tantas veces mientras Bubi lo ensayaba, lo sabía de memoria. Acompañado solamente por un piano, lo tocó de una manera tan hermosa que todos intercambiamos miradas de sublime aprobación. Yo explotaba de emoción al pensar que todo el mundo podía estar escuchando a mi talentoso hermano.

"Es famoso" pensé. "¡Mi hermano es famoso!". Bubi volvió a casa jubiloso, y nuestro orgullo por él se extendió a nuestro pueblo oprimido. El periódico local, Morgenblatt escribió la siguiente reseña:

(Morgenblatt, Mayo 10,1940)

"Radio-concierto M. Glasberg. El violinista Manasse Glasberg es un joven de Czernowitz cuyo genio artístico y fama se han extendido por toda nuestra ciudad. Con apenas diez y siete años, firme y sereno, transita por su sendero artístico. Fue invitado por Radio Kishinev a tocar el Concierto para Violín Número Uno en La Menor de Johann Sebastián Bach. Su tonalidad resultó especialmente apropiada para el micrófono, con frecuencia de una floreciente plenitud. Su interpretación fue clara, sin faltas y de genuino clasicismo. Si su maestro, el Profesor S. Flor, lo ayuda a pavimentar su camino y a sobreponerse a los primeros obstáculos de una presentación pública, este talento tiene un futuro previsible que sobrepasará el promedio". (Traducido por la autora al inglés)

Junio, 1940. Prudentemente, algunos rumanos, alemanes étnicos y unos judíos que vivían en los territorios en disputa, decidieron abandonar el área antes de la llegada de los soviéticos. Fue triste ver el éxodo de gente en medio de una atmósfera de incertidumbre y miedo. Yo experimenté el primer dolor de las separaciones cuando Ilse y su familia se despidieron de nosotros de una forma que implicaba finalidad.

Una vez que salió el Ejército Rumano, entró el Ejército Rojo. Llegaban en camiones, en ruidosos tanques y a pie, enarbolando banderas rojas y consignas. Algunos espectadores aclamaban y lanzaban flores a los soldados que marchaban cantando. Había en las calles multitudes de adultos curiosos y niños juguetones como yo. Para mí, como para cualquier niño de diez años, un desfile constituía un espectáculo alegre, una expresión de felicidad. Me impresionaron los sonrientes y amables soldados. Era un sentimiento tranquilizador después de un año de ansiedad.

Pero el cambio de un sistema capitalista a uno comunista tuvo sus desventajas, pues automáticamente eliminó todas las empresas privadas, lo que dio como resultado desempleo y austeridad. Pronto siguió la desilusión y la depresión. Los intelectuales y los ejecutivos debieron contentarse con el trabajo que pudieran conseguir, para sobrevivir.

Mi padre, que jamás había hecho ninguna labor manual, tuvo que aceptar el turno nocturno en una panadería. Para él, era humillante y lo que le pagaban no le alcanzaba para alimentarnos. Llegaba a casa en la mañana, exhausto y deprimido, con un solo consuelo: nos traía panecillos calientes, lo que representaba un lujo en esa época y eran una delicia para el desayuno antes de salir para el colegio.

Poco después, miles de empleados del gobierno soviético llegaron a nuestra ciudad y cambiaron su ambiente.

Para nosotros los niños, la conversión al sistema soviético fue un cambio bienvenido. Se terminaron los colegios privados y segregados. Por primera vez, se mezclaban los muchachos con las niñas No hubo más clases separadas de religión para los niños judíos y cristianos, no más rezos en clase. En los colegios públicos de Rumania, los niños cristianos se arrodillaban frente a una imagen cristiana-ortodoxa y a pesar de que los judíos estaban eximidos de hacerlo, debían estar de pie, frente al ícono con las palmas juntas. Esa humillación desapareció.

A cambio, llegó la diaria ración de ideología comunista. El nuevo plan de estudios enseñaba las ideas básicas de fraternidad, igualdad y libertad, sin distingo de religión o raza. Un gobierno que prometía justicia para todos era, para mí, la realización de todo mi optimismo infantil. No podía, sin embargo, borrar mi patriotismo rumano ni mi amor por el rey y el príncipe.

Un inconveniente significativo de la ocupación soviética fue la pérdida de un año escolar, pues tuvimos que repetir el curso anterior para aprender el idioma ruso. La estructura escolar soviética consiste en diez cursos, *dyesyatilyetka*, reunidos bajo un mismo techo. En ese punto fui asignada a un nuevo colegio, más grande y agradable, un poco más retirado de mi casa. La novedad de estar entre niños de todas las edades y bajo el mismo techo que mis primos, conocidos y algunos de mis amigos que anteriormente asistían a colegios privados, era especialmente emocionante.

Nos animaban a estudiar mucho para convertirnos en Pioneros, futuros miembros del Partido Comunista, privilegio reservado sólo para los mejores. El colegio brindaba también toda una gama de actividades sociales, totalmente diferentes a las de la escuela rumana.

No tuve ningún problema para dominar en corto tiempo el ruso y en una pomposa ceremonia, durante la cual un pañuelo rojo triangular, con su correspondiente argolla especial, era colocado sobre nuestras blusas blancas, me uní a las filas de los Pioneros.

Pocos meses antes, había llevado una corbata gris con un uniforme similar, que representaba la orden de la Juventud Rumana, *Strajer*. Mi lealtad a la monarquía rumana, alguna vez expresada en canciones y poemas patrióticos, se volcó hacia Stalin y el régimen soviético. Yo pertenecía a la élite del colegio, cosa que me enorgullecía, pero tuve un problema con un aspecto de la educación soviética: el ateísmo, constantemente predicado por nuestra profesora. Como venía de un hogar religioso y creía firmemente en Dios, no podía aceptar con facilidad esta teoría tan radical. No estaba sola en ese dilema.

Un día, nuestra profesora de ruso se exasperó y exclamó "¡*Bozhe moy!*" ("¡Dios mío!"). Yo, inmediatamente, aproveché la oportunidad para confrontarla.

"¡Camarada Profesora, disculpe!", le dije con aire de inocencia. "¿Cómo es que ha apelado a Dios, pero insiste en enseñarnos que Él no existe?". Antes de que ella pudiera responder, hubo un murmullo de aprobación de mis compañeros de clase.

"Bueno, niños, deben comprender que es una cuestión de costumbre, una manera de hablar", contestó sin convicción.

Mientras los niños nos regocijábamos con la novedad del régimen comunista, nuestros padres se preocupaban, especialmente porque la situación económica se hacía cada vez peor. Faltaba el dinero y había poca comida y, para empeorar las cosas, los comunistas comenzaron a limitar el espacio de vivienda de cada familia a un determinado número de metros cuadrados, abigarrando a varias familias en un solo apartamento. Completos desconocidos tenían que compartir cocinas y baños, situación totalmente inconcebible para mi madre. Desafortunadamente, un día tuvimos que enfrentar esa realidad.

Estábamos todos en casa cuando sonó el timbre repetidamente. Papa fue a abrir y se encontró con varios oficiales que hablaban ruso, diciéndole que traían a los nuevos inquilinos que compartirían nuestro apartamento. Al parecer, Papa no comprendió lo que decían y los dejó entrar. Mama, por su lado, que hablaba ruteno, similar al ruso, sí comprendió y, literalmente, enloqueció.

Comenzó a gritar en alemán, "*¡R—a-a-a-us! ¡R—a-a-a-us! ¡R—a-a-a-us!*"("*¡F-u—u-uera! ¡F-u—u-uera! ¡F-u—u-uera!*"), cosa que ignoraron y procedieron a entrar hacia la sala.

Al verse desafiada, Mama hizo algo muy extraño. Se plantó sobre el sofá, con los dientes y puños apretados, los párpados cerrados, y lanzó un largo y agudo grito, "*¡R-a-a-a-us! ¡R-a-a-a-us!!*". Jamás habría imaginado a mi madre capaz de semejante arrebato. No había manera de razonar con ella. Sólo continuaba gritando "*¡R—a-a-a-us! ¡R—a-a-a-us! ¡R—a-a-a-us!*". Llorando, le imploré "¡Mama, por favor! ¡Estoy asustada! ¡Ya no más!".

Pero no sirvió. Tampoco mi padre ni mi hermano pudieron sacarla de ese estado, lo que nos asustó tanto a nosotros como a los comisarios; unos minutos más de drama y se fueron, anunciando que volverían.

Sólo después de varias horas, logró calmarse. Fue un incidente espantoso, después del cual logramos comprender los fuertes sentimientos que tenía hacia nuestro hogar y hasta qué extremos estaba dispuesta a llegar para defender el territorio de su familia. Era una luchadora, mi madre, pero el destino le ahorró una dura y continua pelea, que fue muy suya: la batalla para obligarme a comer.

La repentina austeridad condujo a la escasez de comida. Esto, a su vez, eliminó la insistencia de mi madre para que yo comiera. Milagrosamente, fue la cura para mi eterna falta de apetito. Por primera vez en mi vida, irónicamente, realmente sentí hambre, un hambre intensa, por cierto. Rogaba que me dieran comida, pero no alcanzaba para todos.

Las cosas se tornaron tan terribles que mi madre, siempre preocupada por mi salud, estaba petrificada. Frustrada y ansiosa, buscó y encontró una solución temporal. Gracias a la intervención de la madre de Reli, fui invitada a almorzar en casa de unos vecinos adinerados. Era humillante, pero la única manera de saciar mi hambre—una nueva y desagradable sensación. Estas visitas duraron poco tiempo, ya que estos vecinos pronto lograron irse a Rumania y de allí viajaron a los

Estados Unidos. Ellos fueron afortunados, porque en esos tiempos las deportaciones a Siberia estaban a la orden del día. Alrededor de 3,800 habitantes de Czernowitz—80 por ciento judíos—fueron deportados allí. Aún teniendo solo 10 años, yo entendía que Siberia era un lugar abandonado por la mano de Dios del que muchos no regresarían jamás. Por una vez, estaba agradecida de no ser rica.

Mi abuelo se ahorró toda la agitación de esos tiempos caóticos, al morir de neumonía en 1940. Ese fue mi primer encuentro con la muerte en nuestra familia, aunque aún no entendía claramente lo que significaba realmente. Pero me inquietaba regresar a su granja al saber que él ya no estaría allí. Yo no asimilaba la idea de la finalidad de la muerte y esto me llevó a hacer muchas, muchas preguntas. Con las respuestas evasivas de mi madre temí que con la muerte de mi abuelo y los nuevos eventos políticos que se venían presentando, mi "paraíso" estuviese en peligro.

Para calmar mi sufrimiento, Papa sugirió que los dos fuésemos a visitar a una tía suya a un pueblo cercano. Viajamos en tren y la pareja de ancianos nos recibió. Los Greif tenían una granja mucho más pequeña que la de mi abuelo. Sin embargo, allí todo era bello y sereno, y disfruté durante algunos días de la vida del campo.

Hacia la tercera noche de nuestra estadía, unos fuertes golpes en la puerta nos despertaron. Cuando nuestros familiares la abrieron, un campesino entró en un estado muy agitado, advirtiéndoles que debían partir y esconderse en algún lado porque estaban en la lista de los que iban a ser enviados a Siberia. El caos imperó en la casa. La noticia fue tan inesperada para mis familiares, que en un primer momento no supieron qué hacer –excepto cuidar de que mi padre y yo estuviésemos fuera de peligro. Finalmente, el campesino se ofreció a escondernos durante la noche.

Los tres caminamos discretamente en esa oscuridad de malos presagios hacia nuestro escondite. Yo estaba tan asustada que mis rodillas se doblaban. Cuando finalmente llegamos a la pequeña casa, los campesinos nos ofrecieron amablemente el suelo para dormir. Aún entonces, temblando de miedo, no soltaba la mano de Papa. Me preocupaba al pensar si volvería a ver a Mama y a Bubi otra vez.

La suerte nos acompañó, y en la mañana pudimos regresar a casa en tren, ilesos pero conmocionados. Este fue mi primer contacto con el verdadero peligro. Lo peor de todo era no saber cuál había sido el destino de la familia Greif.

Después llegaron más noticias estremecedoras: el tío Sammy había sido asesinado en Bucarest durante un pogrom[7] conducido por la Guardia de Hierro. Si se hubiese quedado en Palestina sin preocuparse por cosas materiales, hubiera podido salvarse.

Junio, 1941. Un año después de la llegada de los soviéticos, el Ejército Alemán atacó de repente y sin previo aviso a la Unión Soviética, a pesar del pacto de no agresión que los dos países habían firmado.

El General Ion Antonescu, dictador fascista rumano, prometió total lealtad a Hitler. Como nuestra región hacía ahora parte de la Unión Soviética, nos encontramos en el camino del plan secreto de invasión, cuyo código era *Barbarrosa*. Entre los primeros blancos estaban Besarabia, Bucovina (nosotros) y Ucrania. Antonescu ordenó a su ejército atravesar el río Prut el 21 de junio de 1941, fecha que coincidía con el día en que yo cumplía 11 años. En lugar de celebrar, permanecí todo el día en un refugio antibombas.

El Eje[8] empezó a bombardear nuestra ciudad. Teníamos que cubrir las ventanas de manera que la luz no se filtrara hacia afuera y, como además se rumoraba que tirarían bombas envenenadas, algunas personas, incluyendo a mi familia, compraron máscaras de gas.

Palabras como *camuflaje, apagón, incursión aérea y despejado* comenzaron a ser parte de mi vocabulario.

Yo ignoraba que nuestro edificio tuviese un refugio antibombas, hasta que nos vimos obligados a compartirlo con vecinos de construcciones más antiguas que carecían de uno. En cuanto escuchábamos las sirenas estridentes que anunciaban un bombardeo inminente, nos poníamos las máscaras, corríamos al refugio débilmente iluminado y nos sentábamos en las bancas atiborradas de gente, acomodadas a lo largo de las paredes. Al principio, me resistía a usar la máscara—principalmente por el temor a sofocarme, sensación que no podía tolerar—pero debía usarla.

Con ese atuendo, la gente se parecía a la imagen que me había hecho del "coco". Yo no podía aceptar que mis padres, en cuya cama

---

[7] Pogrom: masacre o persecución realizadas contra los judíos u otros grupos minoritarios.

[8] El Eje estaba constituido por Alemania y sus aliados.

yo me refugiaba de las pesadillas, tomaran la apariencia macabra de las criaturas a las que yo tanto temía.

Cada vez que resonaba una explosión estruendosa, un estremecimiento recorría mi espalda. Cubría mis oídos y cerraba mis ojos, e imaginaba la destrucción de mi querida Czernowitz. Me colgaba a mi padre, quien aún seguía diciendo "Todo va a estar bien".

Mientras tanto, el ejército rumano avanzaba hacia nuestra ciudad, dejando tras de sí un camino de sangre a lo largo de las pequeñas ciudades y pueblos en donde masacraban a los judíos de las formas más bárbaras.

Julio 5, 1941. Dos semanas después del ataque inicial, miembros de la vanguardia rumana entraron a nuestra ciudad; atacaron, saquearon y asesinaron a miles de judíos. A la mañana siguiente, llegaron los escuadrones de la muerte (*Einsatzgruppen*) y terminaron el trabajo. Estos salvajes nazis ejecutaron a cuanto judío encontraron. Al cabo de veinticuatro horas, más de dos mil habitantes de nuestro pueblo habían sido asesinados.

El pánico invadió cada fibra de nuestros cuerpos. La gente permanecía escondida en sus casas ante el temor de ejecuciones esporádicas.

Cuando se había calmado un poco la barbarie inicial, se dictaron un alud de decretos, todos dirigidos a los judíos. Primero, el uso obligatorio de la Estrella de David amarilla, seguido de retirar el acceso a ciertos empleos, la prohibición de asistir al colegio, de reunirse en grupos en la calle y de permanecer fuera de casa en la oscuridad. Estas humillaciones eran difíciles de manejar, pero la prohibición de ir al colegio era la peor para mí. Luego, comenzaron a hacer redadas de miles de judíos y a seleccionar a los jóvenes para trabajos forzados. Los mayores eran llevados a estaciones de policía, o *gendarmeries*, donde eran golpeados, torturados y mantenidos durante días sin agua ni alimento. Además del ejército y la policía, una horda de rumanos con sed de riquezas llegó como un enjambre para enriquecerse saqueando las propiedades de los judíos. Acertadamente se les llamó "los de la fiebre del oro".

Luego llegó la noticia más macabra: ¡toda la población judía de Milie había sido masacrada! El portador de esta nueva tragedia fue el primo de mi madre, Yona Izthac. Milagrosamente logró escapar de Milie y de alguna manera llegó hasta Czernowitz, donde fue detenido por los gendarmes rumanos y llevado rumbo a la prisión por la calle frente al edificio de Tía Anna. Con voz entrecortada y desesperada, le alcanzó a gritar hacia la ventana del cuarto piso "¡Anna! ¡Anna!" "¡Todos fueron asesinados! ¡Todos fueron asesinados!", antes de que los soldados se lo llevaran. De esta manera Tía Anna y Lucie se enteraron de la tragedia.

Más tarde nos horrorizamos aún más cuando supimos que todos nuestros amigos y familiares habían muerto, no a manos de los soldados, sino de sus coterráneos, con quienes habían vivido en perfecta armonía. La Dra. Emma Lustig, miembro sobreviviente de la familia Nagel, relató lo que había sucedido:

> *"Dos semanas después del comienzo de la guerra, en julio de 1941, después de que hubo salido el último soldado soviético del pueblo, sentimos un cambio radical en la actitud de los campesinos. Los ucranianos, que siempre habían sido amistosos, dejaron de saludar a sus vecinos judíos, no compraban el pan y las verduras en sus almacenes, y los evitaban desviándose de su camino.*
>
> *Mi padre, que tenía buenas relaciones con el secretario municipal, fue a averiguar a qué se debía el cambio. El secretario le dijo que permaneciera en casa y le aseguró que nada pasaría. Sin embargo, se respiraba una atmósfera pesada en las calles del pueblo. Nadie caminaba en las calles, no se oían voces, no se veía gente reunida. Aquí y allá, un campesino caminaba por la calle, evitando mirar hacia los hogares judíos.*
>
> *La mayor parte de estas casas estaba localizada en la calle principal. Estas eran las más expuestas al peligro, por lo que sus dueños resolvieron esconderse durante la noche en otras casas judías, cerca del río Cheremosh, y volver sólo de día. Este fue el procedimiento seguido durante varias noches. El viernes, las mujeres prepararon la tradicional cena del Shabat, mientras que los hombres decidieron no ir a la sinagoga para el rezo. Permanecieron en la casa y esperaron hasta la mañana a ver qué sucedería.*
>
> *Un campesino vecino llegó hasta nuestra casa para advertirnos de lo que estaba ocurriendo, pero tenía miedo de escondernos en la suya. "Quién sabe qué pasará" dijo, levantando los hombros.*

En efecto, esa misma noche de viernes, grupos de campesinos, vistiendo uniformes de gendarmes adornados con cintas azules y amarillas en las mangas, fueron a los hogares judíos y nos aseguraron a todos que siguiéramos con nuestras plegarias, comiéramos el challah (pan trenzado) y el pescado, y que mientras permaneciéramos dentro de las casas, nada sucedería. Más tarde, esa misma noche, otro campesino vino a la casa y ofreció escondernos en la suya esa noche. Era Shweike Michaele, quien salvó nuestras vidas. Aceptamos la oferta.

Mi padre salió al centro por la mañana, a ver qué estaba ocurriendo y a mirar la casa, pero tras haber caminado unos cuantos minutos, su cuñado (Yona Izthac) llegó corriendo por la calle, horrorizado, con su cara sangrante. Le dio la horrible noticia: su esposa acababa de ser asesinada.

Mi padre corrió de regreso a nuestro escondite y le rogó al campesino que fuera a averiguar sobre los hechos. Él salió, y al volver después de un par de horas, nos pidió que nos fuéramos de su casa porque "No podría ver que su sangre fuera derramada en mi jardín".

Gritó "¡Algo horrible está pasando! ¡Hospode pomoze! (¡Dios nos ayude!)"

Sin tener otra elección, salimos de su casa. Nos arrastramos a gatas por el pasto hasta que llegamos a una densa pradera, donde nos escondimos toda la noche. Los oímos buscarnos, eran grupos de nuestros "amigables" campesinos que tan a menudo habían frecuentado nuestras casas. Felizmente no nos descubrieron. Al día siguiente, huimos hacia una ciudad vecina, Viznitza. Caminamos a la orilla del río Cheremosh, escondidos todo el tiempo, hasta que llegamos a la ciudad. De allí, fuimos deportados por los rumanos hacia Transnistria, en Ucrania.

Los campesinos, armados con primitivas herramientas de labranza como rastrillos y sierras, asesinaron a toda la población judía de Milie de forma sistemática. Iban de casa en casa y mataban a quien encontraban.

Mi tío Yona Itzhak vio con sus propios ojos cómo asesinaban a su familia. Después de golpearlo hasta la inconsciencia y en la certidumbre de que estaba muerto, lo tiraron al sótano. Más tarde, despertó, se arrastró fuera del sótano hacia el jardín y logró, de milagro, escapar hasta Polonia cruzando el río Cheremosh. En Polonia aún había paz, de modo que pudo viajar a Czernowitz, donde vivían sus hijos.

Yona Itzhak nos contó también sobre el asesinato de un prominente sionista, el señor Geller de Czernowitz, que en ese momento visitaba a sus padres en Milie. Lo habían forzado a ver cómo mataban a su hija de trece años, cortándola en trozos sobre una pila de troncos. Luego, lo mataron a él de la misma manera.

Escondido entre algunos arbustos, mi tío Yona Itzhak presenció también lo que le sucedió a la hermana de mi madre y a su marido. Habían estado escondidos durante algunos días, pero fueron descubiertos. Los desvistieron, los arrastraron desnudos por todo el pueblo, fueron forzados a cavar su propia tumba, a bailar alrededor de ella y finalmente les dispararon. Ellos fueron los únicos ejecutados con arma de fuego. Más adelante hallaron más judíos escondidos. Los llevaron al cementerio cristiano, los obligaron a cavar sus propias tumbas y después los mataron."

Yo me negué a creer que todos los judíos que conocía habían sido asesinados en Milie, "mi paraíso", que ahora había desaparecido para siempre.

Habíamos estado sentados sobre una serie de bombas de tiempo, pero no todas detonaron a la vez. Cada día que pasaba explotaba una—algún tipo de tragedia, generalmente cerca, aunque no en nuestro medio—hasta que un día nos llegó el terrible impacto.

Por nuestra propia seguridad, vivíamos recluidos en el apartamento. Una mañana, Papa decidió aventurarse y salir durante una hora a averiguar qué estaba pasando. Lentamente pasaron las horas, llegó la tarde. Nos preocupamos. Se hizo de noche y aún no llegaba; nos pusimos todos muy nerviosos. Nos rehusábamos a creer que hubiera podido caer en una redada, pero nos mortificaba la sospecha y estábamos inconsolables. Yo temía lo peor y lloré durante horas, a pesar de los esfuerzos de Mama por consolarme.

Cuando al día siguiente averiguamos que Papa se hallaba entre los miles de judíos apresados en una redada policial (*razzia*) y llevados a los calabozos, nos sentimos destrozados. Las mujeres fueron requisadas y enviadas a casa, pero los hombres habían sido detenidos. Después de algunos terribles días, se nos permitió visitarlo y llevarle agua y comida. Allí estaba, tras las rejas, junto con cientos de otros judíos. La cara de mi pobre Papa, sucia y sin afeitar, con sus ojos hundidos, expresaba un miedo desesperado. El verlo así me rompió el corazón. Apenas si pudo comerse el pan que le habíamos llevado.

"¿Qué crimen había cometido?" me pregunté. "¿Porqué él? ¿Porqué castigaban a mi padre, honesto y gentil como era?"

Quería gritar para que se hiciera justicia, hacer que se viera su inocencia, pero me habían advertido que no abriera la boca por miedo a que todos fuésemos castigados. "¿Porqué?, ¿porqué?" le pregunté a mi madre.

"Porque es judío" fue su única respuesta. Yo la miré sorprendida, me esforcé en comprender, pero simplemente no lo logré.

Al cabo de cinco días, para nuestro enorme alivio, se nos dijo que los hombres serían liberados, siempre y cuando se pagara un rescate colectivo de cuarenta o cincuenta dólares por cada uno. Los líderes de la comunidad judía rápidamente recaudaron el dinero necesario para pagarles a los rumanos, o su equivalente en joyas. Poco después de llevada a cabo la transacción, fueron liberados.

Sin embargo, nuestro alivio no duró mucho. A la mañana siguiente, la policía se llevó a mi hermano a trabajos forzados. Por milagro, fue liberado después de unos cuantos días. Inmediatamente lo escondimos en el apartamento vacío de nuestra casera, quien le había dejado sus llaves a mi madre al partir hacia América.

Mantener a Bubi escondido fue exasperante. Como si se tratara de un criminal, le llevábamos comida y agua. El intenso miedo por su vida y las precarias circunstancias en las que vivíamos me hicieron desear que no hubiésemos nacido judíos.

Escuché fragmentos de conversaciones sobre más asesinatos en las calles, sobre campos de trabajo para muchachos y sobre una posible evacuación de toda la población de judíos de Bucovina y Besarabia a Ucrania. Un rumor alentador era que, una vez reubicados, se daría a los judíos terrenos para cultivar. Este rumor me gustaba. Otro, al que yo hacía oídos sordos, sostenía que todos seríamos deportados y asesinados.

Octubre 11, 1941. El gobernador de Bucovina decretó la instalación de un gueto, a sólo unas cuantas cuadras de nuestra calle. En el curso de las siguientes veinticuatro horas, cincuenta mil judíos fueron enviados allí, evacuados de sus hogares con lo que podían llevar en sus manos y espaldas. Toda el área fue rodeada de alambre de púas, y había soldados haciendo guardia a las puertas día y noche. Habría que visualizar un perímetro en el que cabían diez mil personas, albergando ahora a cincuenta mil, además de la población cristiana que vivía allí.

Mis padres se vieron ante la formidable tarea de hallar un sitio para instalarnos en medio de la aglomeración de las viviendas en las que hasta cincuenta personas compartían una habitación. Quienes no lograban acomodarse, se veían obligados a dormir en buhardillas, sótanos y, en casos extremos, a la intemperie.

Después de una exhaustiva búsqueda, encontramos un lugar en una vivienda sin las condiciones de higiene adecuadas. Debíamos compartir una habitación con otras tres familias. Era casi imposible conseguir comida. El gueto no era solamente un sitio donde nos obligaban a vivir en condiciones inhumanas y desesperadas; era también un campo de transición del cual miles de personas eran desterradas hacia Ucrania cada día.

Milagrosamente, un poco después, las autoridades agrandaron el gueto y se nos permitió regresar a nuestro apartamento, en el que ahora alojábamos a otras familias. Durante un tiempo vivimos una vida casi normal.

En el ínterin, treinta mil judíos de Czernowitz fueron deportados, antes de que llegara la orden de interrumpir los transportes. Muchos años más tarde me enteré del desarrollo de estos episodios.

El papel más importante en el enorme esfuerzo por cambiar el trágico curso de eventos fue el del alcalde de Czernowitz, el Doctor Traian Popovici, uno de los pocos rumanos justos que tuvieron el valor de expresarse abiertamente contra la maldad.

Popovici, en un desesperado llamado, rogó a Corneliu Calotescu, gobernador de Bucovina, que disolviera el gueto y detuviera las deportaciones; le advirtió sobre la parálisis que experimentaría la ciudad si los profesionales y aquellos dedicados a la cultura y las artes fuesen deportados. Tras su intervención y la de muchas personalidades judías y rumanas, así como del clero de diversas denominaciones, a nivel nacional, Ion Antonescu, el dictador rumano, eximió a alrededor de veinte mil judíos de Czernowitz de ser deportados. Después de proferida esta orden, el gobernador autorizó al alcalde, al embajador alemán, y al General Ionescu para que continuaran decidiendo quién se iría y quién no, pero se abrogó el derecho de firmar cualquier autorización por sí mismo.

Personalmente, Popovici firmó cuatro mil de estas autorizaciones para que judíos altamente calificados permanecieran en la ciudad. Estas personas recibieron el nombre de "Los Judíos Traianos". Al recibir la buena nueva, el Dr. Popovici vino personalmente al gueto a traer un rayo de esperanza a los desesperanzados.

El comité de selección apeló a los líderes de la congregación para la conformación de las listas. El desesperado deseo de ser incluidos en ellas dio pie a sobornos y corrupción; de esta forma el dinero se convirtió en un factor más decisivo que la justicia.

Fue privilegio de los ricos comprar su propia libertad. Miles de personas, incluyendo a nuestros familiares cercanos, sobornaron a oficiales rumanos. El sistema rumano de *baksheesh* o soborno, brindaba por lo menos una alterativa que salvaba vidas, cosa imposible de concebir en Alemania. Tía Anna, y otras como ella, viudas de empleados del gobierno, estaban exentas por ley.

En ese momento comenzó la cacería de judíos sin autorización. Cada día los soldados rumanos requisaban una calle diferente, formaban a los judíos en columnas y los perseguían hacia la estación del tren, mientras saqueaban cuanto podían de sus hogares abandonados.

A pesar de que yo había perdido cualquier noción de seguridad de mi infancia, encontraba aún un rayo de bondad en todo este caos. Como consideraba cualquier tipo de viaje una aventura, no dejaba de decirme que sería apenas otro paseo en tren, para ir con mis amigos al campo. Procuraba, y a veces lo lograba, bloquear toda preocupación adulta sobre escondites, escapes y sobornos para evitar la deportación.

Desafortunadamente, nosotros no fuimos parte de la Lista Traiana. Mi padre no fue considerado indispensable, ni teníamos el dinero para sobornar, lo que dio lugar a serios debates con nuestros familiares.

Recuerdo las airadas palabras de mi madre: "Nos están engañando para quitarnos nuestro dinero, pero al final no van a deportar a nadie".

Ella no creía que fuesen a cometer tal atrocidad. Nuestros familiares trataron de convencerla para que vendiera los tapetes persas que Tío Sammy había dejado a nuestro cuidado para comprar un certificado de exención, pero categóricamente rechazó la idea. "Estos tapetes nos fueron confiados y tenemos la obligación de conservarlos hasta que ellos regresen", era su respuesta. No hubo argumento que la convenciera de que nuestras vidas corrían peligro y que Tío Sammy, en caso de que volviera, entendería porqué habíamos hecho lo que hubiésemos hecho.

El otro asunto por el que se discutía era sobre pedirle ayuda a Tío Max. Los Zloczower tenían dinero y podían, con facilidad, permitirse comprarnos un certificado. Recuerdo cómo mi madre presionaba a Papa para que fuera y pidiera el dinero, pero él no quería; era demasiado orgulloso. Sin embargo, cuando comenzaron las primeras deportaciones, el peligro se volvió real, la desesperación venció su orgullo y lo pidió. Lo esperamos ansiosos a que volviera con la buena nueva. Poco después Papa entró con una expresión en su rostro que lo decía todo. Estábamos estupefactos. Mis padres nunca perdonaron a Max. La amargura y el resentimiento de no contar con su apoyo en un asunto de vida o muerte fue tema de conversación durante mucho tiempo.

En vista de la inminencia de la deportación, comenzamos a pasar todos nuestros enseres donde los Zloczower, que vivían a una cuadra de nosotros. Irónicamente, los tapetes persas terminaron en casa de ellos en vez de salvarnos. Permanecimos en nuestro apartamento con todo empacado en morrales y paquetes: uno por persona, de acuerdo con las órdenes. Como yo era pequeña, mi morral era también pequeño; mi madre lo había cosido con la tela de un viejo vestido café suyo. Cuando se hizo evidente que podíamos ser deportados en cualquier momento, los Zloczower comenzaron a tener remordimientos de conciencia y llegaron afanosamente con planes para escondernos en un apartamento ubicado en un sótano que había sido ocupado alguna vez por su ama de llaves. Aceptamos y permanecimos allí unos pocos minutos llenos de ansiedad, pero Bubi y yo, temerosos de ser descubiertos, presionamos a mis padres para que regresáramos a nuestro apartamento a esperar nuestro destino.

El caos total y el pánico que me rodeaban, así como el temor a lo desconocido, amenazaban con destruir el último ladrillo de la fortaleza de mi infancia. De ese momento en adelante, como una avalancha, las desventuras de mi familia comenzaron a ir de mal en peor.

La Deportación

CAPÍTULO 3   *Noviembre, 1941.* ¡Hora Cero!
Esa mañana fue *nuestra* puerta la que los soldados golpearon, maldiciendo y gritando obscenidades. Nos ordenaron salir del apartamento y dirigirnos a la calle. Con las mochilas sobre nuestras espaldas y algún equipaje en nuestras manos, dejamos nuestro hogar para siempre.

Aterrorizada, observé silenciosamente el pandemonio en las otrora tranquilas y conocidas calles de mi infancia. Entre despiadados empellones la gente venía en tropel en estado de pánico, gritando, mientras los caballos relinchaban y se alebrestaban.

Antes de darnos cuenta, ya estábamos atrapados en medio de ese caótico destierro: humanos de todas las edades y orígenes sociales, mujeres cargando en brazos a sus sollozantes bebés, gente enferma ayudada por niños, ancianos encorvados con sus espaldas cediendo al peso de sus mochilas. Otros luchaban con pesados bultos. Algunos hasta empujaban carretillas cargadas con sus objetos de valor y baratijas escondidos entre ropa de cama sobre la cual colocaban bultos de ropa amarrados apresuradamente con cuerdas. A cambio de un pago, algunas carretas tiradas por caballos transportaban el equipaje y a los pasajeros a través de ese mar de almas angustiadas.

Mis padres me colocaron en lo alto de uno de esos carros lleno de equipaje. Desde allí, yo podía mirar la inmensa caravana que, lo supe después, contenía unas dos mil personas. Al oír los llantos de las mujeres y los bebés, así como fuertes gritos

48

de *Shemah Israel* (Escucha, Oh Israel), un rezo judío que suele cantarse en las más horrendas circunstancias, comencé a percatarme de lo que estaba sucediendo. Me daba la impresión de un grotesco cortejo fúnebre . . . el nuestro. Había escenas desgarradoras de familias que se separaban, llantos que alcanzaban un tono atormentador, y lamentos semejantes a los de un animal capturado.

En medio de esa angustia y confusión, un pensamiento atravesó mi mente: ¿cómo podían nuestros amigos y vecinos rumanos o alemanes voltearnos la espalda? ¡Algunos hasta colaboraban con los fascistas! (en ese momento yo no sabía que muchos no habían apoyado al sistema, no colaboraron, y que algunos llegaron a poner sus vidas y sus posiciones en peligro al ayudar a los judíos a esconderse o a escapar).

Los soldados condujeron la caravana hasta una vía férrea que no era la estación principal. Allí nos esperaba, con las puertas abiertas, un tren de aproximadamente treinta vagones, normalmente destinados para el transporte de ganado. Alrededor, toda el área se encontraba inundada de policías y soldados blandiendo sus bayonetas y gritando con sorna "¡Hace un año le dieron la bienvenida a los rusos! ¡Por esa traición, Transnistria será su recompensa!".

Al principio no podía creer que esos vagones nos estaban destinados. Pero no había tiempo para pensar, ya que los soldados nos gritaban sin cesar que subiéramos a bordo.

¿Acaso *éste* era el paseo en tren que yo tanto había soñado? ¡Era peor que una pesadilla!

Subimos a bordo y llenamos un vagón: diez, veinte, treinta . . . y más, y más, hasta que no hubo más espacio. Estaba tan atestado que sentíamos que nos sofocábamos.

Debíamos ser cerca de ochenta personas apretujadas como animales en una jaula. Yo sujetaba la mano de Papa en absoluto silencio. Quería llorar y decir algo, pero el miedo devoraba mi habla.

Antes de que los soldados cerraran las puertas, todos nos abalanzamos hacia la abertura con la esperanza de dirigir un último adiós a algún ser querido. Muchas personas que contaban con permisos especiales para quedarse, o en cuyas calles aún no se habían llevado a cabo las redadas, vinieron a la estación para ver la partida de sus seres queridos. Los soldados los mantenían alejados del tren.

Di una última mirada fugaz a lo que solía ser mi querida Czernowitz, y al hacerlo, divisé entre el gentío desconsolado que agitaba sus manos en señal de adiós, una cara familiar. ¡Era Tío Max! ¡Qué asombroso! Estaba ahí parado, solo, diciéndonos adiós con su mano. Estábamos estupefactos, pero Mama inmediatamente ofreció esta explicación: "Tiene remordimientos por no habernos ayudado a comprar un certificado, así es que vino a mostrarnos su preocupación".

Después de unos cuantos silbatos estridentes, los soldados deslizaron con dificultad la pesada puerta de madera y la cerraron con cerrojo desde afuera. Estábamos atrapados como animales. Pensé que éste sería nuestro fin.

Demasiado tarde, Tío Max.

Tratamos de acomodarnos lo mejor que pudimos en ese espacio sobrepoblado. La mayoría se sentó en el piso, recostándose en sus bultos, mientras que otros permanecieron parados, pegados a la puerta, quizás esperando poder escaparse en cuanto la volvieran a abrir. Pero esto no sucedió. Lo que hubo, en cambio, fue un silbato familiar, el olor a humo de la locomotora y el chirrido de metal sobre metal a medida que el tren daba bandazos hacia lo desconocido.

Con la primera sacudida, se desató el infierno. La gente rezaba, maldecía, lloraba, gemía, y se aferraba a los suyos buscando apoyo. Lo peor de todo era el llanto de los niños.

Le pregunté a Dios "¿Porqué a los niños? ¿porqué a nosotros?¿porqué a mí?". Creía en Dios y había sido formada en un hogar impregnado de religiosidad. Creía en la bondad del ser humano, en la belleza, en la amistad, y en la libertad. ¿Qué pudo haber causado un cambio de tal magnitud que ponía irrevocablemente al revés mi mundo infantil de simples alegrías y tristezas?

El vagón tenía una pequeña rejilla de ventilación, suficiente para unas cuantas vacas pero no para ochenta seres humanos. Fue un milagro que no sofocáramos. Durante el día, el interior se mantenía oscuro, y durante la noche era la negrura total; a medida que el tren avanzaba, perdimos la noción del tiempo. Día y noche se confundían en un lóbrego trayecto interminable.

Tratamos de dormir sentados, recostándonos unos sobre otros, pero yo no podía encontrar una posición cómoda. Entre más tiempo permanecía despierta, más mi estómago se rebelaba con furia a causa del hambre. Aún teníamos una pequeña reserva de agua y comida para unos pocos días, apenas suficiente para mantenernos vivos. Pero comer y beber, aún en mínimas cantidades, creaban otro problema: cómo ir al baño. Después de un tiempo, hasta mis necesidades personales se convirtieron en un asunto de urgencia. Nos aguantábamos lo que era humanamente posible. Pero los niños y los ancianos pronto empezaron a sucumbir. Ante esa coacción, la gente empezó a mostrarse muy inventiva. Algunos habían traído bacinicas, mientras que otros usaban cualquier tipo de recipiente para recoger sus desechos. El resto utilizaba una cubeta común. Para proveer intimidad, los familiares sostenían cobijas y sábanas que hacían las veces de mamparas. Como no era posible deshacerse de toda esa inmundicia acumulada en los recipientes, tuvimos que enfrentarnos durante toda la duración del viaje con nuestros propios excrementos y su intolerable hedor.

Después de aproximadamente dos días, el tren se detuvo. Escuchamos a los soldados quitar los cerrojos de la puerta y abrirla al fin. Era una noche pavorosa, en alguna parte de la campiña de Besarabia, y sin embargo un glorioso momento de tregua al sofocamiento y al hedor.

Cuando los escoltas nos permitieron salir, todos corrimos para inhalar un poco de aire fresco y frío, para realizar nuestras necesidades fisiológicas y para vaciar los desechos del día anterior. ¡Qué alivio era poder hacerlo en el campo o detrás de los arbustos! No obstante la falta total de intimidad, la gente exponía su ropa interior frente a los demás, se bajaba los pantalones y se quitaba los vestidos.

A partir de ese momento, el concepto de intimidad se convirtió en un lujo que ninguno de nosotros, pobre o rico, podía permitirse. Éramos como animales haciendo lo que fuese necesario para sobrevivir.

Pronto los soldados nos ordenaron regresar a nuestras jaulas humanas y nuevamente pusieron el cerrojo en la puerta. Recostándonos unos sobre otros, hambrientos, sucios y cansados, tuvimos que soportar ese tormento durante dos días y dos noches más.

Yo trataba desesperadamente de conciliar el sueño, de soñar con alguna salvación al final de esa travesía inimaginable, pero la angustia, la incomodidad extrema, el hambre paralizante y el hedor de los excrementos humanos era simplemente intolerable. Así es que durante todo el trayecto, el sueño se me escapó.

Al cuarto día, el tren se detuvo. Los soldados retiraron el cerrojo de la puerta gritando "¡Fuera, fuera, judíos sucios!".

Hambreados, exhaustos y mugrientos, apenas si podíamos mantenernos de pie. Nos ordenaron formar una columna y nos hicieron marchar sobre lodo espeso hasta el pueblo Marculeshti, en Besarabia, aproximadamente a 200 kilómetros al sureste de Czernowitz. Más tarde nos enteramos que la noche que nos dejaron salir, separaron el tren en dos secciones. Los otros quince vagones, con más de mil personas, fueron llevados a Ataki, y luego a Moghilev, pueblo en las riberas del río Dniester, al norte de nuestra ubicación. También oímos que algunos de los ancianos y bebés que murieron durante el trayecto fueron arrojados a los campos, como si fuesen trapos de desecho.

Ahora sólo quedábamos unos mil.

Los soldados nos hicieron marchar sin misericordia bajo una implacable lluvia fría entre el barro que nos llegaba a los tobillos, lo que dificultaba caminar bajo el peso de los bultos que llevábamos. Al aproximarnos a las afueras del pueblo, escuchamos súbitamente un coro de gritos proveniente de la cabeza de la columna. No podíamos ver qué ocurría. Sólo al entrar al campo de Marculeshti pudimos escuchar la horripilante explicación.

Algunas personas tropezaron con una zanja repleta de cuerpos: hombres, mujeres y niños amontonados unos sobre otros. Según los rumores, eran los judíos residentes de ese pequeño pueblo que habían sido masacrados. Más de mil personas habían sido asesinadas a tiros y parcialmente enterradas en fosas comunes.

Nos percatamos que había tumbas colectivas recientemente cavadas cerca de algunas de las casas. No se veía ni una sola alma viviente. Yo estaba abrumada por un sentimiento espeluznante y premonitorio. Nos habían acarreado a un campo de pequeñas casas primitivas que solían estar habitadas por los judíos locales. Faltaban las puertas y ventanas, probablemente retiradas en el botín general por los campesinos que querían mantener sus estufas ardiendo. El campo de Marculeshti servía como centro de procesamiento desde el cual los judíos eran enviados a varios "puntos de transferencia" en Transnistria.

Quedamos perplejos al ver las cruces blancas pintadas en cada segunda o tercera casa. Alguien explicó que se trataba de una advertencia de que en esas casas había habido tifo. Más parecía que era un signo de que los habitantes de esa casa habían sido ejecutados. Pero cualquiera que haya sido la razón, permanecer durante la noche afuera bajo la lluvia helada no era una alternativa tentadora. Preferimos tener por lo menos un techo y paredes que nos protegieran. Junto con nuestros vecinos, los Korn, nos atrevimos a entrar a una de esas casas marcadas y, con un frío entumecedor, pasamos nuestra primera noche en el exilio.

La mañana siguiente oímos que nos enviarían más lejos y tendríamos que pasar por un puesto de control.

Recuerdo que Freddy, el mayor de los dos hijos de los Korn, regresó un día para contarnos como, escondido en un árbol, había podido ver lo que ocurría en el puesto de control. Los soldados confiscaban todos los objetos de valor, de forma rutinaria, mientras la columna pasaba por allí.

Durante los primeros pocos meses antes de las deportaciones, la gente encontró la manera de ocultar joyas, monedas de oro y dinero cosiéndolos en los dobladillos de la ropa o en los fondos de las mochilas. Eso funcionaba para los pequeños objetos, pero las cosas grandes, como cubiertos de plata, eran simplemente empacadas normalmente en maletas o en bultos de ropa de cama. Algunos días después, mientras nos conducían al puesto de control, vimos a mucha gente orgullosa tirando sus objetos de valor al barro antes que dárselo a los codiciosos rumanos quienes no sólo nos quitaban los pocos objetos de valor que nos quedaban, sino que además destruían nuestros documentos de identidad. Quizás de esa manera pretendían borrar cualquier huella de nosotros para siempre. Hasta ese momento, mi hermano había aferrado su estuche del violín con el ardiente deseo de tocar su música nuevamente, de alguna manera, en algún lugar. Al pasar por el puesto de control, los inspectores lo pasaron por alto o no pensaron nada del violín, para nuestro gran alivio. Sin embargo, a los pocos minutos de iniciar la marcha, uno de los soldados que nos escoltaban vio el violín y lo pateó de la mano de Bubi con sus asquerosas botas.

"¡Cochino judío, tu anhelo de tocar el violín desaparecerá pronto!", gritó.

Bubi retrocedió atemorizado mientras veía, desvalido, su amado instrumento profanado por el barro. La expresión de humillación de su rostro me hirió profundamente. Me estaba ahogando en lágrimas y sentía ganas de gritar, pero ya había aprendido a mantenerme callada y a aguantar mi llanto por miedo a ser golpeada o a que me dispararan. En cambio, miré a mis padres y todo lo que vi fue un profundo dolor grabado en sus rostros. Adiviné sus pensamientos: aquí estaba su talentoso hijo que habría contribuido a la cultura del mundo, obligado a observar cómo su violín le era brutalmente arrebatado de su vida.

Papa tenía sólo cincuenta y cinco años, pero sufría de una doble hernia que le impedía caminar por largo tiempo. Con las pocas reservas de dinero que mis padres habían podido esconder, pagaron para tener el privilegio de subirnos a mi padre y a mí en una de las carretas de equipaje, que sólo se permitían para los niños pequeños, los ancianos y los débiles. Al soldado que nos escoltaba, mi padre le pareció demasiado joven para un trato tan considerado, por lo que al poco tiempo de iniciar nuestro recorrido, detuvo nuestra carreta lanzando insultos a Papa y ordenándole apearse.

"¿Cuál es el problema? ¿Está muy cansado para caminar? ¡Bájese, cochino judío, o lo mato!". Papa imploró comprensión. "Por favor, señor gendarme, estoy viejo y enfermo, no puedo caminar mucho".

Eso enfureció aún más al nazi rumano. Fue un milagro que no le disparara; en cambio, balanceó la bayoneta de su rifle y golpeó a Papa sin piedad en la cabeza. El golpe hizo que Papa cayera rodando de la carreta, gritando de dolor y con la sien ensangrentada. Todo ocurrió muy rápido. Sus gafas se deslizaron de su cara y a medida que la gente se arrastraba a través del área, sus lentes fueron rápidamente enterrados en el barro. Sin ellos, Papa era prácticamente ciego.

El dolor y la vejación infligidos a mi padre me hicieron temblar de rabia. Llorando, bajé de la carreta y corrí hacia Papa. Horrorizada, miré a mi héroe caído retorciéndose de dolor y humillación—mi pilar de fortaleza destruido ante mis ojos. Mama y Bubi aparecieron y entre los tres le ayudamos a ponerse en pie.

Sin pensar en las consecuencias, y esperando aún una pizca de amabilidad humana por parte de ese soldado endurecido, le supliqué llorando "Por favor, por favor, permita que mi padre enfermo viaje en la carreta, yo caminaré en su lugar".

"Cállate, cochina semilla de judíos. Regresa a la carreta o te mato", dijo, empujando el cañón de su rifle hacia mi hombro.

Desvalida y con profundo dolor, sucumbí al observar a Papa haciendo acopio de su última gota de fortaleza para unirse al resto de la columna en fila con Mama y Bubi.

Llorando en silencio, subí a la carreta, girando continuamente mi cabeza para ver a mi familia. A través de lágrimas y rabia, mantuve un ojo vigilante sobre ellos mientras trataban desesperadamente de avanzar al mismo paso que el convoy. Nunca sabré cómo Papa pudo lograrlo. Recé porque ninguno de ellos se quedara rezagado, convencida de que yo poseía el poder de proteger a mis seres queridos mientras mantuviera mi vista fija sobre ellos.

Al mismo tiempo, me sentía culpable por ir en la carreta mientras ellos debían caminar bajo severas amenazas. Los primitivos caminos de terracería estaban extremadamente lodosos a causa de una inundación catastrófica del río Dniester durante el verano de 1941. Como para empeorar la situación, las intensas lluvias del otoño y la inusitada anticipación del invierno hacían que el lodo fuera tan profundo y pegajoso que caminar se convertía en una prueba de resistencia para todos.

En un principio se suponía que habría suficientes carretas para todos, pero en realidad sólo proporcionaron unas cuantas. En esas condiciones, muchos ancianos, los enfermos, y los niños se iban quedando atrás y eran ya sea asesinados o abandonados para siempre. Apesadumbrados, sus parientes debían desprenderse de sus seres queridos y alejarse sin poder hacer nada al respecto.

Bajo un aluvión de humillaciones e insultos, esta caravana humana de todas las edades desafió el lodo, el hambre, la sed y el temor. La gente caminaba penosamente como sombras, con sus cabezas agachadas y sus rostros deformados por el dolor, siguiendo a las carretas sobrecargadas bajo el hostil cielo gris de ese día de noviembre.

Fornidos soldados y comandantes fascistas rumanos, bien armados y bien alimentados, nos conducían y nos rodeaban. Los que manejaban las carretas eran insensibles campesinos ucranianos o rumanos, vestidos con sus típicas chaquetas y gorros de lana de oveja, totalmente ajenos a la tragedia, comportándose como si estuviesen haciendo su trabajo habitual de transportar ganado o cualquier otro producto al mercado. La lluvia caía interminablemente a cántaros durante horas y horas, haciendo que una tarea de por sí imposible fuera aún más difícil. Creyendo todavía en el poder de Dios para controlar la naturaleza, estaba convencida de que nos había abandonado completamente, a nosotros, su "pueblo elegido".

Hacia la tarde, luchando contra ese terrible aguacero, finalmente llegamos a un bosque cerca del pueblo de Cosautzi. "¡Deténganse! ¡Deténganse! ¡Detengan a los caballos! ¡Todos bajen de las carretas!", gritaron los soldados.

Los cocheros jalaron las riendas e inmediatamente cuidaron de sus caballos dándoles agua y comida. No podía entender cómo podían atender a sus animales mientras a nosotros no nos ofrecían ni un trago de agua.

Antes de poder reflexionar demasiado sobre esto, una voz retumbó diciendo "¡Todos, entren al bosque! ¡No intenten escapar porque dispararemos!". Tan pronto como me bajé de la carreta, mi familia vino a buscarme para poder pasar la noche juntos en el bosque.

Estábamos tan cansados, hambrientos, sedientos y desmoralizados, que aún ese oscuro y húmedo bosque se presentaba como un consuelo prometedor. Todos los que habían caminado durante todo el día anhelaban descanso y algo de beber.

"¡Agua! ¡Agua! ¡Agua!" era la súplica ronca y omnipresente que salía de todos los labios, a gritos o apenas susurrada. "¡Agua!"

Ese precioso líquido vital, que siempre habíamos dado por hecho, ahora se convertía en nuestro principal foco de atención. La supervivencia dependía más de él que del alimento, por lo que mucha gente se aventuró para conseguirlo, especialmente para sus niños o para los enfermos. En la noche y en un bosque desconocido, no podían saber exactamente cuándo se salían de los límites, por lo que tropezaban con los guardias que les disparaban sin prevenirlos, pensando que intentaban escapar. Hubo algunas personas, valientes o desesperadas, que realmente trataron de escapar, sólo para ser también asesinadas.

Los rumores de que seríamos abandonados en ese bosque o ejecutados esa misma noche hacían que la noche fuese aún más inquietante. El constante sonido de disparos nos convenció de que ya se estaban llevando a cabo algunas ejecuciones. Pero a pesar de eso, nos preparamos con temor para nuestro tan esperado y requerido descanso.

Haciendo gala de su ingenio, la gente sacó sábanas, abrigos y otros objetos grandes, amarrándolos entre los árboles como si fuesen tiendas de campaña, convirtiendo ese bosque en un extraño y sobre poblado campamento de gitanos durante una noche. Pero esos techos improvisados apenas si mantenían afuera la lluvia. Muchos, incluyéndonos, no tenían ni la fuerza suficiente ni los objetos necesarios para crear tales techos. Nos acurrucamos juntos durante la noche bajo un enorme árbol cuya copa era ancha y gruesa.

Podíamos escuchar los disparos, pero desde nuestro lugar no podíamos ver lo que ocurría. El susurro natural del bosque se vio ahogado por los gritos, los disparos, los ronquidos, los gemidos y los llantos que convirtieron la noche en un horror fantasmagórico. ¿Quién podría dormir? Yo estaba paralizada de miedo, incapaz de comprender el caos que me rodeaba. Sospechaba que estaban realmente matando a la gente esa noche, pero mis padres quisieron protegerme de la verdad.

Apenas amanecía cuando escuchamos las voces de los comandantes. "¡Arriba! ¡Arriba! ¡Salgan a la carretera!".

A medida que íbamos tomando nuestras posiciones en la columna e iniciamos la marcha, comenzaron a circular nuevos rumores acerca de nuestro destino: nos dispararían cerca del río Dniester, hacia el que nos conducían, y nuestros cuerpos serían echados en sus aguas, o quizás nos tirarían vivos al agua y nos dejarían hasta que nos ahogáramos.

Esos rumores no eran en absoluto producto de la imaginación de gente aterrorizada. Estaban basados en información de primera mano que poseían algunos de los que estaban entre nosotros, que habían logrado escapar de transportes anteriores, pero que habían sido capturados y deportados nuevamente. Habiendo sido testigos de las peores atrocidades, eran una enorme fuente de información. Alguien presenció la ejecución del hermano de Mama, Moishe, y le contó en detalle cómo había sido.

Moishe Katz era un hombre encantador y bien parecido, un líder natural; fácilmente hizo amistad con los comandantes rumanos de su transporte. Cuando los deportados de Besarabia llegaron al río Dniester, se ordenó dispararles y dejarles ahogar. En el último minuto, un comandante se aproximó a Tío Moishe con un ofrecimiento generoso: a cambio de una enorme suma de dinero, dejaría que los judíos cruzaran vivos el río.

Apresuradamente, Tío Moishe juntó la suma requerida y la entregó al comandante. Este sádico ordenó a la columna que empezaran a cruzar el puente, de dos en dos, y tan pronto como la procesión comenzó, ordenó a los soldados disparar con ametralladoras. La primera bala fue para mi tío quien, igual que las demás víctimas, cayó al río y se ahogó. Esta monstruosa información nos dejó perplejos, pero destrozó absolutamente a mi pobre madre.

Nuestro convoy continuó su ruta durante muchas horas, ya que los líderes disfrutaban al desviarnos para agotarnos y desmoralizarnos aún más. Los que estaban a cargo tenían plena jurisdicción sobre nosotros y nuestras vidas, y tomaban cualquier oportunidad para dar rienda suelta a sus fantasías más sádicas.

Se divertían maldiciéndonos y bombardeándonos con observaciones sarcásticas como "¿Así es que recibieron con flores a los rusos el año pasado, eh? Nuestra gente les pondrá la alfombra roja al otro lado del Dniester". "¿Extrañan mucho a Stalin? Lo encontrarán pronto al otro lado del río, pero convertidos en cadáveres, con sus cabezas cortadas", decía el comandante con una voz de la que brotaban invectivas.

Comenzamos a especular y a preguntarnos unos a otros, "¿Nos dispararán? ¿Nos permitirán cruzar el río con vida?".

Debe haber sido al final de la tarde cuando desde una cierta distancia vislumbramos el río, la frontera natural entre Rumania y Ucrania. Ahora era nuestro turno.

Cuando nos aproximábamos al temido Dniester, la marcha hizo un alto. Nos hicieron descender de las carretas y formar una columna de dos en línea. Adelante había un venerable puente antiguo que crujía y se balanceaba cuando una carreta lo atravesaba. Todos debíamos cargar nuestro equipaje para evitar tanto peso sobre el viejo puente. Pero esto ofrecía un resquicio de esperanza para nosotros: ¡qué alivio descubrir que al menos podríamos cruzar vivos!

La deportación a Transnistria.

A la orilla del río Dniester los deportados esperando la orden de cruzarlo.

LA DEPORTACIÓN

Primero cruzaron las carretas y, detrás de ellas, una columna de personas arrastrando sus bultos. Me uní a caminar con mi familia y después de atravesar el puente, pusimos nuevamente el equipaje en la carreta, conmigo encima. Estábamos ahora en Ucrania, ocupada por los nazis, llamada Transnistria.

La carretera estaba embarrada y parcialmente cubierta de nieve. Continuaba con mis ojos fijos sobre mi familia, con un temor tan intenso de ser separada de ellos que poco a poco me comencé a sentir arrastrada, como si estuviese en otro cuerpo y en otra mente.

El convoy avanzó lentamente, atravesando vastos e interminables campos de remolachas azucareras. Hasta donde llegaba la vista, sólo había nieve y remolachas, nada más. Nunca habíamos visto una tal extensión de tierra con un solo cultivo; era el sistema comunista de granja colectiva, llamado *kolkhoz*.

Al ver las remolachas, rompimos filas y nos lanzamos a los campos a cosecharlas. Estábamos tan extáticos de poder mojar nuestros labios y llenar nuestros estómagos vacíos con las dulces remolachas crudas, que no pensamos en las consecuencias. Durante los siguientes días, sobrevivimos gracias a esas remolachas, nuestra única fuente de nutrición, que pronto se convirtieron en fuente de diarrea y dolor estomacal.

A medida que avanzábamos, un extraño fenómeno atrapó mi atención: a distancias irregulares, troncos de árboles caídos cubiertos de nieve, semejando figuras humanas, bordeaban ambos lados de la carretera. Perpleja, traté de comprender su origen y propósito, pero desde la carreta no había buena visibilidad. Mientras podía apreciar claramente que todos tenían cabezas humanas, los troncos ciertamente no eran cuerpos humanos; eran enormes en proporción. Mi imaginación me dijo que podría tratarse de señales de carretera específicas de esa región, o quizás troncos de árboles listos para ser transportados. Les pedí una explicación a los ancianos que se encontraban en la carreta; al principio dudaron en dármela, pero mi insistencia los obligó a ofrecerme la aterradora verdad: se trataba de cuerpos humanos de transportes previos, hinchados y tiesos por el congelamiento, gente que fue incapaz de proseguir en la agotadora marcha y se quedó para siempre en la carretera.

La visión de esos cadáveres hizo más que aterrorizarme. Me petrificó porque siempre había tenido un temor espantoso de la muerte y de morir. El más simple pensamiento de cadáveres solía hacerme sentir escalofríos en todo el cuerpo. Siempre evité ver procesiones de funerales y rehuía todo lo que tuviese que ver con la muerte. Ahora no había manera de evitar esa macabra escena.

Finalmente, llegamos a las afueras del primer pueblo de Ucrania, llamado Yampol. Allí, en un *kolkhoz* abandonado, con pocas casas y establos, nuestros persecutores nos permitieron descansar unos cuantos días. La multitud se dispersó rápidamente, y para cuando llegamos al primer establo, ya estaba lleno de recién llegados, además de los cadáveres que habían quedado de los transportes anteriores.

De alguna manera logramos encontrar un cuarto atestado para acostarnos, y rápidamente nos atribuimos una cuna que estaba libre. A pesar de que teníamos que compartir el cuarto con varias familias, estábamos agradecidos de tener nuevamente un techo que nos cubriera y darle a nuestros cuerpos un descanso. Dormimos sentados en la cuna, complacidos con ese mínimo confort. Nuestra mayor demanda continuaba siendo de alimento y agua.

Haber visto los cadáveres en la carretera a una cierta distancia era suficientemente desagradable, pero estar cara a cara con montones de cadáveres apilados, era insoportable. Estaban en todas partes: en los establos, en las bodegas y dentro de las casas. Inevitablemente, los muertos se convirtieron en una parte integral de nuestro entorno. No había lugar en el que pudiera apartar mis ojos de ellos. Estaban abandonados como animales, sin siquiera recibir el beneficio de que alguien cerrara sus ojos vidriosos, ojos que parecían implorar paz eterna.

A pesar de que vivíamos íntimamente con los muertos, aún estábamos vivos y necesitábamos desesperadamente agua y alimento. Por la situación extrema en que nos hallábamos, ideamos todo tipo de estratagemas, incluyendo un sistema único de trueque por el cual ofrecíamos nuestras pertenencias a los campesinos a cambio de comida. Una camisa podía ser canjeada por una cebolla, un abrigo por una rebanada de pan, y así sucesivamente. Naturalmente, los que tenían más y mejores bienes, más joyas u otras posesiones, hacían los mejores tratos. Eso, a su vez, les daba mejores oportunidades de supervivencia. Estas fueron lecciones muy duras sobre la vida.

Este sistema de trueque se volvió una práctica normal, y en los años siguientes mi percepción del valor estaba completamente fijada según la cantidad de comida que se podría conseguir a cambio de una pieza de ropa. Pronto aprendí lo útil que era tener monedas de oro o joyas que pudieran llevarse sobre uno mismo en caso de emergencia. Eso salvó muchas vidas. Esa experiencia me dejó con la convicción de que nunca debo adquirir nada de valor que no pueda poner en mi bolsillo al salir corriendo con premura.

Otra lección tuvo que ver con la higiene común. Fue otro evento que me hizo considerar lo rápido que habíamos quedado reducidos al nivel de los animales.

Había oído hablar de piojos, pero jamás los había visto antes. Pero aquí estuve rascando mi cuerpo durante días antes de enterarme lo que eran esas criaturas vivas de seis patas que chupaban la sangre. Mi madre se puso histérica cuando hizo el descubrimiento. Me mostró las pequeñas burbujas que se adherían a las costuras de su vestido, explicándome la metamorfosis del parásito. "Estas liendres se convierten en piojos que chupan la sangre de nuestro cuerpo y nos contagian enfermedades", me dijo mientras las aplastaba entre sus dedos. ¡Repugnante!

Habíamos permanecido muchos días sin bañarnos ni cambiar nuestra ropa, por lo que todos se rascaban sus cueros cabelludos y sus cuerpos, tratando afanosamente de quitarse los piojos. Era una escena tragicómica que semejaba a los monos en el zoológico aseándose. Para cuando llegamos a Yampol, el lugar ya estaba totalmente infestado.

Para evitar una epidemia, alguien aconsejó que las mujeres se cortaran el cabello muy corto. Irónicamente, esta nueva adversidad me libraría al fin de mis largas trenzas y podría cumplir mi eterno sueño de tener el cabello corto. Un niño es un niño, aún en los tiempos más difíciles, así es que una pequeña cosa como llevar mi pelo rubio rizado de la manera en que siempre lo había anhelado, me produjo alegría.

Snip, snip, snip, hacían las tijeras, y mis detestadas trenzas cayeron al suelo. Esta vez Mama no puso objeción; ya no había reglas que ella pudiese imponer. Lamentablemente no pude admirarme, ya que no había espejos, ni podía ser admirada por mis amigos porque tampoco estaban allí.

Mi felicidad duró exactamente dos días. Después, llegaron más malas noticias: tendríamos que rapar nuestras cabezas para detener la infestación de piojos. Un barbero que compartía el cuarto con nosotros se encargó de llevar a cabo el procedimiento con una pequeña máquina. Miré con consternación mientras mi hermoso cabello caía en cascada sobre el piso de tierra, dejándome con un sentimiento de desnudez y vergüenza.

No fue sólo la aniquilación de aquel sueño de verme bonita y femenina lo que me golpeó, sino el hecho de que ya no me veía como una niña. Me habían humillado y robado mi identidad. Mi consuelo era que aún las niñas más grandes habían tenido que sufrir la misma indignidad y que todos, hombres o mujeres, nos veíamos parecidos—extraños y grotescos—una vez que nuestras cabezas fueron rasuradas.

Esta humillación me reducía a ser sólo una cara más en la multitud. La falta de cabello me dejó una huella terrible en mi auto-imagen, por lo que decidí cubrir mi cabeza calva con un sombrero de lana.

A pesar de las cabezas rasuradas, los piojos no desaparecieron. Al contrario, dejaban huevos en nuestra ropa mugrienta y continuaban multiplicándose. Prosperaron, chupando la sangre de nuestros emaciados cuerpos sucios. Como resultado, mucha gente comenzó a caer enferma de tifo.

Lo peor de todo era el hambre intolerable y la sed. Su intensidad a menudo embotaba nuestras mentes. Traer agua de un pozo era una empresa peligrosa. Sólo aquellos que estaban en forma y eran valientes se atrevían a colarse por entre las rejas. Los afortunados regresaban; los otros eran capturados y asesinados en el sitio mismo.

Después de unos cuantos días se nos ordenó retomar nuestra marcha hacia otro destino desconocido. El único cambio consistió en la adición de colaboradores ucranianos fascistas, que hacían todo lo posible no sólo para supervisarnos, sino para humillarnos aún más, tarea que realizaban con suma eficiencia siniestra. Robar, torturar, asesinar y hasta vender a algunas personas a los campesinos constituían su mayor placer. Los campesinos que compraban a las desafortunadas víctimas las ejecutaban sólo para quedarse con su ropa.

Así, con nuevos escoltas, se repitió la misma configuración de carretas cargadas de equipaje y gente, la misma columna de seres humanos andando penosamente en las carreteras lodosas, y la marcha continuó. Una vez más, estuvimos expuestos al mismo paisaje de cadáveres hinchados adornando ambos lados de la carretera.

Los despiadados guardias nos hicieron caminar aproximadamente veinticinco kilómetros por día, sin comida ni agua. Lo único que nos permitían era una parada de descanso de tres horas. Sólo en la noche podíamos tener una pausa más extendida, generalmente en otro establo abandonado que debíamos compartir con cadáveres. Una pequeña concesión nos era hecha, sin embargo: quien quisiera y pudiera permitirse sobornar a los escoltas podía pasar la noche en el pueblo, en casa de un campesino. Horrorizada ante el prospecto de dormir nuevamente sobre el heno sucio en un establo maloliente, Mama optó por lo anterior.

Esta concesión sólo se daba a condición de que un miembro de la familia se quedara en el establo bajo vigilancia para garantizar el regreso de los demás. Papa se ofreció como voluntario para quedarse con el equipaje, así, nosotros tres podríamos encontrar alojamiento para pasar la noche. Mi madre era una líder audaz y valiente—era una luchadora. Papa, en cambio, se había rendido por completo.

En esa helada noche de noviembre, nos dirigimos al pequeño pueblo deseosos de encontrar un alojamiento caliente. Tocamos la puerta en todas las casas que estaban iluminadas, rogando a los dueños que nos permitiesen pasar la noche. Algunos ya tenían huéspedes, otros no respondieron. Finalmente encontramos una familia amable que nos ofreció pernoctar en su único cuarto a cambio de alguna ropa.

Mis ojos se llenaron de lágrimas ante la escena familiar de la casa de un humilde campesino, y el aroma de la madera que ardía en la estufa encalada de barro, al lado de la cual nos permitieron dormir. La aparente normalidad de sus vidas contrastando con la nuestra, en zozobra y en peligro, era como un oasis en medio del desierto. Nos ofrecieron una comida caliente que devoramos como perros hambrientos. Sentí lentamente el calor penetrar en mi cuerpo helado y el confort me hizo caer rápidamente en el sueño de los santos. Durante una noche olvidé la enormidad de nuestros sufrimientos.

La mañana siguiente, muy temprano, regresamos al establo en donde encontramos a Papa temblando y pálido cual fantasma. Nos relató que un miliciano ucraniano caminó por el lugar durante horas, mirando a su alrededor, observando cada movimiento de quienes se encontraban dormidos. Probablemente buscaba una víctima que no presentara ningún desafío; por lo tanto, escogió a mi padre y, apuntándole al pecho con su rifle cargado, le dijo "¡Tengo un enorme deseo de dispararle a alguien esta noche!". Papa le rogó misericordia y le ofreció una de nuestras mochilas llena de ropa como soborno. "¡Eso no es suficiente! ¡Deme también algo de dinero!", replicó el hombre.

Desesperado, Papa le entregó algún dinero que había escondido, y sólo entonces el miliciano lo dejó tranquilo. Estábamos tan conmocionados y sentíamos tanta lástima por mi pobre Papa que ignoramos por completo la pérdida material que hubiera podido ayudarnos a comprar más comida o refugio. Estábamos simplemente felices de que la vida de Papa hubiese sido perdonada.

Al amanecer, nuestra difícil marcha continuó. Dejando tras nosotros al pueblo de Kachikovca, nos preguntamos qué tan lejos estaría nuestra siguiente parada de la noche. Exceptuando el primer y el último pueblo, siempre nos quedamos en establos helados, malolientes, oscuros y sobre poblados, sin comida ni agua, y presenciamos el incesante drama de familias que se separaban. Un abuelo a punto de sofocar tuvo que ser arrancado del lado de su nieto que lloraba a gritos; parejas, padres, hermanos y niños debían dejar atrás a los suyos cuando estaban demasiado enfermos y débiles para continuar la marcha, destinados a morir en los establos o en la carretera.

Llegamos a un establo en Balanovka en donde, en medio de los cadáveres que habían quedado del transporte anterior, encontramos a varios judíos ancianos y marchitos aún con vida. Sus ojos vidriosos no mostraban expresión alguna. Pensé que estaban muertos, hasta que los oí susurrar "¡Agua! ¡Agua!". Pero no pudimos hacer nada por ellos.

Palabras sabias continuaron difundiéndose en nuestras filas. La última era que debíamos vigilar si alguien dormía demasiado tiempo. Se temía que muchos pudieran congelarse durante su sueño. Así es que se convirtió en un hábito el impedir que alguien durmiera por más de dos o tres horas. Por alguna razón, una noche decidí probar qué tan alerta se encontraba mi madre simulando estar dormida. Pero ella estaba observándome y después de unas cuantas horas me sacudió para asegurarse que yo no estaba muerta. Eso me tranquilizó.

Desgastados por el hambre, la sed y las constantes marchas forzadas, logramos todavía llegar al último *kolkhoz* soviético abandonado, Obodovka, en donde nuevamente encontramos refugio para pasar la noche en casa de un campesino. Sólo que esta vez le tocó a mi hermano el turno para quedarse con el equipaje, como garantía de nuestro retorno. Cuando regresamos en la mañana, lo encontramos en estado de pánico. Lloroso y con voz trémula, nos relató un incidente casi idéntico al de mi padre en el que un miliciano ucraniano le arrebató la mochila que cargaba en su hombro y salió corriendo.

En total, atravesamos diez pueblos, todos ofreciéndonos el mismo escenario de miseria. Yo no habría podido recordar sus nombres si no fuera por los apuntes de mi hermano. Aún me siento perpleja por el hecho de que él hubiera cargado en su bolsillo una foto suya de cuando era niño en la que aparece recostado en alguna cobija lanuda. Nadie pensó en llevar consigo fotos o en salvar el álbum familiar. Probablemente a falta de papel, Bubi garabateó detrás de la foto los nombres de todos los pueblos por los que íbamos pasando: Yampol, Kachikovca, Olashanka, Romanovka, Krizhopol, Zhabokritch, Tsibulovka, Obodovca, Lobodovka y Balanovka.

Poco a poco nuestros recursos iban menguando, al igual que nuestra caravana. Aproximadamente dos semanas después de haber dejado Czernowitz, llegamos al pueblo llamado—Bershad.

El Infierno

CAPÍTULO 4

No hay miedo que enfrente al hambre,
ni paciencia que la agote,
la repugnancia simplemente no existe
donde hay hambre;
y en cuanto a supersticiones, creencias, y
lo que podría llamarse principios,
son menos que briznas al viento.

JOSEPH CONRAD

Nuestra columna, notoriamente disminuida, se arrastró a duras penas hasta Bershad, donde confiábamos encontrar algún alivio a nuestra continua errancia. Sin embargo, Bershad no habría de ser nuestra última parada. Tendríamos que caminar aún otros cuarenta kilómetros, cruzar luego el río Bug para ser entregados a los S.S. alemanes. Para entonces, todo el mundo sabía que el otro lado del Bug era sinónimo de muerte. Escuchamos, sin embargo, que un soborno al comandante rumano haría posible que nos quedáramos. Aparentemente el solicitado soborno, en joyas y dinero, fue recaudado en nuestro grupo y se nos permitió permanecer allí.

Al cerrar la transacción, la gente, exhausta y desnutrida, fue hacinada como ganado en un área rodeada de alambre de púas. Era el gueto-campo de Bershad, un sitio primitivo que estaba parcialmente en ruinas pero, comparado con todos los demás lugares donde habíamos estado, presentaba una cierta normalidad.

Describir Bershad en detalle es difícil. Mi recuerdo es vago, ya que el hambre opacaba mis sentidos.

Estaba demasiado enferma para investigar y ver por mí misma, pero me dijeron que era un pequeño perímetro donde vivían los judíos locales antes de la guerra. El campo consistía de aproximadamente doce calles angostas y sin pavimentar, dos calles principales más anchas y alrededor de cien casas diminutas de arcilla y techos bajos. Dentro de esta área tenían que acomodarse unas veinte mil personas—con frecuencia había escasamente espacio suficiente para permanecer sentados en el piso.

Comencé a pensar: "¿Era esta la 'tierra prometida'? ¿Era esto lo que los fascistas tenían en mente cuando nos prometieron que habría tierra para reubicarnos y colonizar?"

Bershad era el mayor y más infame de los más de cien campos de Transnistria. Pronto se hizo famoso por tener las peores condiciones, el mayor número de víctimas y por haber tenido en sus inicios al administrador más sádico, Florin Ghineraru. El gobierno fascista rumano lo había designado también como lugar para llevar a cabo asesinatos masivos.

Muchos miles habían sido ejecutados cuando, en el otoño, sobrevino un cambio de planes y se suspendieron las ejecuciones masivas. Lo que averiguamos más tarde, fue que tras este cambio de política, no se había ideado ninguna otra estrategia para organizar viviendas u otras previsiones para las decenas de millares de personas que llegaron después. Estos nuevos deportados serían abandonados sin ningún medio de subsistencia, para que murieran por su propia cuenta. Algunos de los judíos locales habían huido con los soviéticos, antes de que el pueblo cayera en manos de los nazis, pero entre los que se quedaron muchos fueron asesinados, y solamente unas pocas familias se escaparon de la masacre. Se les permitió permanecer en sus casas dentro del gueto. Pero la mayoría de hogares judíos fueron abandonados y estaban en ruinas como resultado de las bombas y los disparos.

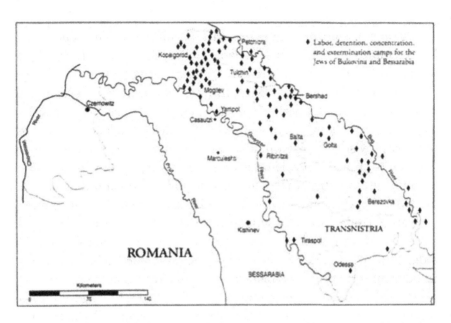

The columns below the map (left to right):

Concentration Camps in Transnistria for the Jews of Bukovina and Bessarabia, 1941–44	Chernevtz	Lohova	Skazhinetz	Zabokritch
	Chetvartinovka	Lozova	Slidi	Zatisia
	Chianovka	Lutchinetz	Slivina	Zemrinka
	Chichelnik	Lutchinik	Stanislovtschek	
	Chiorna	Malo-Kiriuka	Stefanka	
Akmitchetka	Chirnasovka	Manikovka	Suha-Balka	Concentration Camps beyond the Bug River under German Administration
Alexandrovka	Clocotma	Marinovka	Sumilova	
Ananiev	Codima	Mishkovka	Tatarovka	
Arva	Conotcautzi	Moghilev	Tiraspol	
Balanovka	Crasnoye	Moloknia	Tivrin	
Balki	Crivoie-Ozero	Mostovoi	Tridubi	Berezovka
Balta	Crizhopol	Murafa	Trihat	Bogokov
Bat	Cucavka	Nesterovka	Tropava	Bratslav
Bershad	Cuzmintz	Nikolayevka	Trostinetz	Corievka
Birzula	Derebcin	Nimratz	Tulchin	Gaisin
Bogdanovka	Dimidovka	Obodovka	Tzibulovka	Ivangorod
Bondarovka	Djurin	Odessa	Vapniarka	Mateyevka
Brailov	Domanovka	Olgopol	Varvarovka	Mikhailovka
Britovka	Dubasari	Olianitza	Vaslinovo	Naravevka
Bucov	Frunza	Ostia	Vazdovka	Nicolayev
Budi	Golta	Ozarinetz	Vendiceni	Nimierov
Capusterna	Gorai	Pankovka	Verkhovka	Ordovka
Capustiani	Grabivtz	Pasiuka	Vigoda	Seminka
Cariera de Piatra	Grosolovo	Pavlovka	Vindueni	Talalayevka
Cariskov	Haltchintzi	Pechiora	Vinozi	Taplik
Carlovka	Hrinovka	Popivitz	Vitovka	Tschiukov
Cazachiovka	Israilovka	Raschstadt	Vladislavka	Zarodnitza
	Ivashkauta	Ribnitza	Yampol	
	Kopaigorod	Savrani	Yarishev	
	Ladizhin	Shargorod	Yaroga	

Un mapa y lista de los campos de Transnistria bajo la administración rumana, 1941-1944. Adaptado de Dora Litani, "Transnistria" (Tel Aviv 1981)

EL INFIERNO

Un gueto es normalmente una parte de un pueblo en la cual viven los miembros de una minoría, pero tienen acceso al exterior. Pero los guetos creados por los nazis en Transnistria, Polonia y Lituania se convirtieron en campos de concentración. La única diferencia era que en vez de barracas, las personas debían permanecer hacinadas en sitios ya existentes. Nos hallábamos presos, rodeados y vigilados sin la más mínima provisión de agua ni alimento. Se esperaba que nosotros, los deportados, muriéramos lenta y silenciosamente, sin embargo eso no impidió que nuestros carceleros / perseguidores organizaran olas de matanzas, dependiendo de quién estuviera a cargo en ese momento.

Para cuando llegamos, un opresivo y helado invierno seguía al triste, lluvioso y enlodado otoño. La nieve estaba apilada y lo cubría todo. El penetrante frío helaba la respiración. Debe haber sido finales de noviembre o comienzos de diciembre. Realmente no recuerdo.

A medida que nuestra caravana se adentraba en las angostas calles cubiertas de nieve, masas de personas agotadas y demacradas golpeaban a las puertas de los pocos judíos locales, esperando encontrar refugio. Por supuesto, los primeros, los más rápidos, los más aptos y los más ricos ocuparon los mejores lugares. Nosotros también golpeamos a muchas puertas. Curiosamente no recuerdo haber visto ni una sola cara; de lo único que me acuerdo es de haber oído gritar la palabra "*Tief*", que significaba "Tifo", desde detrás de las puertas cerradas con llave. No tardamos mucho en tener la impresión de que los judíos locales utilizaban esta excusa para asustarnos y hacernos ir. Esto no le dejó a mi familia otra opción que la de instalarnos en la parte trasera de una casa parcialmente destruida. Igual que en Yampol, en un rincón de la habitación había una pequeña cuna. Inmediatamente mi madre tomó posesión de ella. Ya sabíamos cómo apretujarnos, dos o tres a la vez. Así por lo menos algunos de nosotros nos protegíamos lejos del piso de tierra helado sobre el que dormían los otros, sentados sobre una cobija o alguna prenda. La casa consistía de tres habitaciones en hilera, con una entrada al frente y una atrás. Los cuartos de adelante y del centro estaban intactos, pero ocupados. Nuestra habitación de atrás estaba destrozada. Le faltaban la puerta y la ventana, con todo y marcos. Pero al menos estábamos bajo techo y cuatro paredes nos protegían, a pesar de que teníamos que compartir el espacio con veinte personas más.

No bastaría la más vívida imaginación para visualizar las inhumanas condiciones en las que vivíamos. Éramos veinte personas en una pequeña habitación de una casa semi destruida cuyo techo goteaba, sin puertas ni ventanas, para no mencionar electricidad, agua corriente y baños, lujos totalmente desconocidos por la población local. Ni siquiera tenían letrinas; se utilizaban las callejuelas detrás de las casas.

El único lujo del que disfrutábamos en nuestro nuevo "hogar" era una improvisada estufa llamada *trinitchka*. Constaba de dos ladrillos sobre el piso de tierra, a unos treinta centímetros uno del otro. En el espacio que quedaba en el centro, se prendía el fuego. En la parte superior, un viejo pedazo de metal servía de parrilla para poner una olla. Para alimentar el fuego, la gente buscaba afanosamente cualquier pedacito de madera que pudiera encontrar entre los escombros. Esa estufa nos proporcionaba no solamente un poco de calor, sino además nos permitía derretir nieve para obtener agua para beber. La escasez de comida era el problema más serio.

La intolerable fatiga producida por las dos semanas de marcha, además del terrible frío, eran motivo suficiente para la desesperanza, pero peor aún era el hambre feroz. Papa, ya reducido a un esqueleto humano, con una corta barba gris y ojos profundamente hundidos, se había tornado completamente apático. Le tocó a Mama la tarea de aventurarse en busca de comida. Tomó varias prendas de vestir y juntas caminamos hasta el límite del campo, donde se permitía que los campesinos vendieran su mercancía en una especie de "mercado". Allí empezó de nuevo el extraño negocio de canjear objetos de valor por comida.

Fue la primera y última vez que acompañé a Mama al "mercado". Después, me encontraba demasiado débil y permanecía en el cuarto. Mi hermano no estaba en mejor condición y, sin embargo, los ocupantes de la habitación contaban con que saliera a recoger trozos de madera en las decrépitas casas para alimentar nuestra pequeña estufa.

Yo sentía una profunda piedad hacia él, mi ídolo, el virtuoso, el genio, reducido a esqueleto recolector de leña. Pero continuó haciendo su oficio durante varios días sin una queja, a pesar de que saltaba a la vista que ya estaba siendo consumido por el tifo.

Un día Mama regresó de una de sus expediciones de canje con una bolsa llena, pues había logrado cambiar unas camisas y unos zapatos por unas cuantas cebollas, papas y una hogaza redonda de pan. Ese día, tuvimos un banquete de una papa y una rodaja de cebolla rociadas con unas gotas de aceite, acompañadas por una taza de *kipiatok* (agua hirviendo, en ruso). Sin embargo, no tocamos el pan, pues debíamos racionarlo. Antes de dormir, Mama colocó el pan y el resto de sus compras de vuelta en la bolsa y la colgó en el poste de la cuna.

Nos turnábamos para pasar la noche sentados sobre la cuna. Esa noche, en particular, nos tocaba a Papa y a mí. Él pudo dormirse—yo no. El cuarto estaba en silencio. Mis sentidos estaban entregados al pan que colgaba de la cuna.

¡Pan! Todo un pan, oscuro, redondo, que olía a gloria.

La pequeña voz de mi conciencia me advertía que no hiciera nada impulsivo. Las fuerzas del bien y el mal estaban trenzadas en una fiera batalla. No fue la ambición ni el egoísmo lo que me corrompió; fue el hambre feroz que había aguantado durante tantas semanas la que me atormentaba y que jamás podré describir con palabras.

Sólo una diminuta esquina del pan por ahora, me dije a mí misma. Mis delgados dedos partieron un pedacito. ¡Dios! ¡Sabía divino! Arrastrada por una fuerza desconocida, tomé otro pedazo, y otro, y al final ya no había pan.

Mama nos iba a dar ese pan a la mañana siguiente, así que alargó su mano hacia la bolsa que ahora estaba vacía; no lo podía creer y preguntó, "¿Dónde está el pan que compré ayer?".

"No lo sé", mentí.

Nunca sabré si mi madre me creyó o no, pero no dijo ni una palabra. También mi padre y Bubi callaron. Pero yo sabía la verdad; sabía que yo era la responsable de haber privado a mi familia de ese precioso alimento durante los siguientes pocos días. Fue como un pecado capital cuyas repercusiones aún me atormentan.

Nos alojábamos con totales extraños, excepto la familia Sattinger, conocidos de Czernowitz. Nos había unido el destino y los veinte aprendimos a adaptarnos a una situación en la que la privacidad y la dignidad humana eran nociones olvidadas. Al comienzo dormíamos sentados o semi reclinados sobre nuestros bultos, o unos sobre otros. Estirarse era un lujo que se asignaba por turno, cuando se sacaba un cadáver. Mientras más cadáveres se retiraran, más espacio había para estirarse.

Aprendimos a adaptarnos a esta grotesca situación, desarrollando una especie de parálisis emocional. De otra forma, habríamos enloquecido. Llegó el momento en que yo no podía distinguir entre un muerto y una persona dormida e inmóvil—la única diferencia era que los cadáveres eran eventualmente sacados. Sólo entonces me daba cuenta de quién era el muerto.

En silencio, sin conmoción, sin un grito, uno a uno, morían los que nos rodeaban. Estaban demasiado débiles para gemir o quejarse. Era un silencio ensordecedor, ese silencio, el "silencio a gritos" en el que se deslizaban hacia la muerte. Esos cuerpos permanecían con nosotros en la habitación días enteros, hasta que eran recogidos por los enterradores. Cada cierto tiempo oía el sonido de una campana de metal. Al comienzo me traía recuerdos de mejores días cuando estos sonidos estaban asociados con la alegría de los cascabeles. Al cerrar mis ojos podía incluso soñar despierta y verme en los trineos que se deslizaban durante el invierno en Czernowicz, con las campanas melodiosas y alegres de sus caballos tintineando, invitando a los niños a jugar.

Era casi Navidad. Pero el sonido de la campana, aquí, no era un llamado a jugar, ni tenía nada de alegre. Era seguido por la fuerte voz de un hombre que repetía las mismas palabras a gritos: *"¿Meth?"* (¿Un cadáver?).

Alguien salía e indicaba dónde estaba el cadáver. Poco después llegaban dos hombres, agarraban al muerto de pies y manos y lo arrastraban fuera. Yo aún no comprendía lo que sucedía, hasta que un día miré por la ventana sin vidrio, y me helé de horror.

Dentro de un trineo de madera con dos postes a cada lado para aumentar su capacidad, se hallaban los esqueléticos cuerpos de hombres, mujeres y niños; sus miembros colgaban por entre los agujeros de los palos. Esta macabra escena ocurría día tras día.

Era imposible escapar de las escenas de muerte. Ya no estaba sólo al voltear la esquina. Se hallaba en todas partes, permeaba cada poro. La inhalábamos, la olíamos y la mirábamos todo el tiempo. Al comienzo, estos enterradores hacían rondas diarias, y llenaban su trineo. Pero a medida que morían más personas, clavaban los postes para poder cargar más cuerpos y evitar así múltiples viajes al cementerio localizado en las afueras del pueblo. Luego, venían solamente cada tantos días, debido a la creciente demanda y al intenso frío que congelaba la tierra e impedía cavar tumbas. Simplemente apilaban los cuerpos en el helado piso y no los enterraban.

A pesar de la odiosa presencia de los enterradores, los miembros sobrevivientes de las familias estaban ansiosos de que sus muertos fueran enterrados lo más pronto posible; de acuerdo con la ley judía, no deben transcurrir más de veinticuatro horas entre el deceso y el entierro. Apenas en la primavera nos enteramos de la verdad sobre los cadáveres sin enterrar.

Las condiciones inhumanas en las que vivíamos eran suelo fértil para infecciones y enfermedades. Pasaban semanas sin un baño o un cambio de ropa. La temperatura exterior estaba bajo cero y congelaba cada gota de líquido; dentro de nuestro refugio no hacía mucho más calor. El agua era traída de lugares que quedaban lejos, por lo que solamente los pocos que aún estaban sanos podían ir hasta ellos. Esto sucedía con poca frecuencia y dejaba a la mayoría sin agua. Cuando no había nada más, derretíamos la nieve y la bebíamos.

El líquido salvador de vidas era tan escaso que preferíamos hervirlo para tomarlo y no utilizarlo para lavarnos. Lo que hacíamos, en cambio, era refregar nuestras manos y cara con nieve. El resto del cuerpo permanecía sucio, así que los piojos seguían dándose festines con nosotros. Como resultado, el tifo invadía nuestros cansados cuerpos con una velocidad aterradora, y se convirtió en el primer factor de muerte, seguido por el hambre, la disentería, el frío, y esporádicas ejecuciones.

Mi padre fue un blanco fácil. Probablemente no tenía defensas inmunológicas debido a su obsesión por la limpieza y la esterilización. Yo no me di cuenta de lo enfermo que estaba hasta que un día traté de sacudirlo para que saliera de su silencio y lograr que me hablara. "Papa, dime que todo va a estar bien", le rogué. Con enorme esfuerzo y para no defraudarme, se las arregló para susurrar, "Si, Muttika mía, no te preocupes. Todo va a estar bien". Lejos estaba de saber que estas serían sus últimas palabras.

Pocos días después Mama llamó al Dr. Menschel, nuestro vecino de la habitación de adelante, para que lo revisara. Puedo recordar la escena como si se estuviera llevando a cabo en este momento. El doctor entró, se paró detrás de la cabeza de mi padre, miró su marchito cuerpo en la cama y, sin siquiera tocarlo, pronunció su veredicto.

"Señora Glasberg", dijo, "lo que su marido necesita es medicina, comida, un baño caliente y un lecho cómodo, y no le puedo ofrecer ninguna de esas cosas; no hay nada que yo pueda hacer".

Yo lo miraba y no lo podía creer, lista para gritar y pegarle. Sentí el dolor y el miedo que mi pobre padre debió experimentar al oír ese veredicto—si es que todavía oía. ¿Cómo podía un médico ser tan insensible y falto de tacto?

La cama era ocupada ahora por Papa y Bubi, que estaban muy enfermos, mientras Mama y yo, relativamente sanas, dormíamos en el piso.

Una mañana de diciembre, mi hermano gritó desde la cama, con voz asustada: "¡Mama! ¡Mama! Creo que . . ."

No comprendí el significado de su inconclusa frase. Sólo cuando Mama se levantó para mirar a Papa y volvió su horrorizado rostro hacia nosotros, me golpeó la verdad con la fuerza del trueno. Mi corazón se detuvo durante un momento y luego vino una sensación de ahogo. Atontada por dentro, me acerqué a la cama y me hallé mirando los ojos azules, abiertos e inexpresivos de mi padre.

Me puse histérica y grité "¡Papa! ¡Papa!, ¡Contéstame, por favor!", esperando todo el tiempo que mi poder imaginario tuviese algún efecto. Su cara serena, con la boca ligeramente abierta como si estuviera sonriendo, me daba la impresión que fingía no oír mis gritos. Toqué su cara—estaba fría como el hielo. Mis gritos fueron en vano.

Estaba muerto. Mi dios estaba muerto. Murió en silencio, sin ser notado, se extinguió como la llama de una vela con una expresión de bondad congelada para siempre en su rostro.

Sin pronunciar palabra, Mama y Bubi me retiraron de la cama. Nadie se movió ni mostró compasión, nadie ofreció una palabra de consuelo o un abrazo, como si la muerte fuera esperada y solo fuera cuestión de aguardar su turno.

Seguí gritando durante un tiempo, hasta que un adormecimiento emocional me invadió. Una sensación helada recorrió todo mi ser y no pude llorar.

Alguien cerró los párpados de Papa, sin cubrir su cuerpo, y lo pusieron en el suelo con los demás cuerpos. Yo miraba fijamente el cuerpo sin vida de mi amado padre. La rebelión, la rabia, el dolor, el miedo—todos fueron lentamente suprimidos. Mis sentimientos se escindieron del mundo aterrador que me rodeaba y donde él ya no viviría. En ese momento entré en un estado de pseudo-anestesia emocional; de repente miraba toda esa locura como si no me concerniese, como si fuera la proyección de una película de algún otro mundo, con el que no tenía conexión alguna. Pude sobrevivir únicamente fingiendo que no era sino una espantosa pesadilla, disociada todo el tiempo de la realidad.

Como había aprendido a no hablar, ese adormecimiento me protegía. En ese momento, igual que ahora, no había palabras para describir el horror del que fuimos testigos.

De pronto, la campana del enterrador adquirió otro significado más para mí; sería mi padre quien iba a ser arrastrado fuera como un perro. Tres días más tarde, sucedió. Papa se había ido para siempre, y con él se fue una parte de mí misma.

A medida que se incrementaba la mortalidad, menos personas muertas eran recogidas. Ahora era cada pocos días, después serían semanas. Una pared de la habitación se convirtió en improvisada morgue, con cuerpos de toda la casa apilados. Esperar a los enterradores se convirtió casi en una obsesión para los vivos que teníamos que compartir la habitación con los muertos. Nadie acompañaba los cuerpos; nadie sabía qué pasaba con ellos una vez que se los llevaban. Pocos tenían la fuerza física para acompañar al trineo a pie hasta las afueras del pueblo. A los enterradores se les había dado luz verde para meter las manos dentro de las bocas, arrancar coronas de oro, quitar ropas, y simplemente para tirar los cadáveres en el terreno del cementerio judío sin cavar tumbas en el piso congelado.

Pocas semanas más tarde, nuestra abigarrada habitación de veinte alojaba sólo a seis: los dos Sattinger con su hijita de dos años y medio, y nosotros tres. Ellos se acurrucaban en un rincón del cuarto, sobre el piso, mientras nosotros ocupábamos la cuna, sentados con las rodillas dobladas, en el otro rincón. A pesar de que no recuerdo todas las conversaciones de los adultos, ciertamente me acuerdo del diálogo exacto que comenzó entre mi madre y la señora Sattinger apenas murió mi padre.

"Señora Sattinger, recuerde lo que le estoy diciendo", le decía mi madre. "Todos en este cuarto morirán, excepto Ruthi y ustedes dos". Pronunció esta premonición con aire de autoridad. Sabía. ¿Pero cómo?

¿Acaso el devorar el pan le indicó que yo era una luchadora y que haría lo que fuese necesario para sobrevivir? ¿O acaso creía en el dicho de que el árbol delgado aguanta el huracán?

La señora Sattinger regañó a mi madre: "¡Cómo se atreve a decir semejante cosa, *Frau* Glasberg! Es pecado". Trató de cambiar el tema entablando una conversación sobre el futuro con mi hermano enfermo.

"*Herr* Glasberg, ¿qué quiere ser cuando salga de aquí?"

"Ingeniero", contestó mi hermano sin dudarlo. Alcancé a ver una fugaz mirada de desilusión en el rostro de mi madre al oír esta respuesta.

Mi hermano les había mostrado a los Sattinger las anotaciones en el reverso de su foto de bebé, con la lista de los nombres de los pueblos que habíamos pasado en el camino a Bershad. "¿Porqué los escribió, *Herr* Glasberg?", le preguntó la señora Sattinger. "Si sobrevivimos este infierno, quisiera recordarlo todo, para poder contarlo al mundo", contestó.

Mi madre, por su parte, continuó con sus predicciones e insistió en que yo sería la única sobreviviente de nuestra familia. Quería morir en paz con la seguridad de que alguien se encargaría de cuidarme, y ese "alguien" sería la señora Sattinger.

"*Frau* Sattinger, por favor, prométame que cuidará a Ruthi cuando se quede sola", le imploró.

"No voy a prometer nada porque usted no es adivina. Y deje de asustar a sus hijos", contestó la señora Sattinger. Pero mi madre no se dio por vencida.

Sentada allí, yo escuchaba; no podía creer lo que oía, confiaba en que ella se equivocara. En el fondo de mi corazón estaba petrificada. Esa angustia se intensificaba en mi hambreado, congelado y emaciado cuerpo. ¿Cómo podría sobrevivir? Apenas si me podía sostener de pie.

Ahora que Mama y Bubi estaban tan terriblemente enfermos y yo no podía caminar, dependíamos totalmente de la misericordia de los Sattinger y los Menschel. La familia del Dr. Menschel vivía en la habitación del frente y como era médico, tenía autorización para salir del gueto y tratar a campesinos ucranianos que le pagaban con alimentos. Sobrevivíamos con los restos de sus compensaciones, consistentes en una comida al día, que constaba del agua salada en la que habían hervido sus papas. Para nosotros era un delicioso bocado, que esperábamos con gran ilusión. Sólo con suerte alguien agarraba un fragmento de papa que hubiera quedado por accidente en el agua.

Ese tipo de alimentación no conservó la vida de la pequeña de los Sattinger durante mucho tiempo. Pronto, la nena murió. Aún estando tan enferma, mi madre, aguda e inventiva como siempre, aprovechó ese trágico momento para conseguir el asentimiento de la adolorida madre. "Sobre el cuerpo de su hija muerta, debe jurarme que se encargará de Ruthi, para que yo pueda morir en paz", insistió.

No recibió respuesta. Toda la noche la señora Sattinger abrazó el cuerpo de la niña muerta y apenas en la mañana, antes de ponerla finalmente en el piso, accedió al ruego de mi madre. Repitió las palabras con voz solemne:

"Sobre el cuerpo de mi hija muerta, juro que me encargaré de Ruthi".

De repente me vi atrapada en un drama que tomaba giros cada vez más bizarros.

La casa que nos cobijaba tenía tres habitaciones: una al frente, en buen estado, albergaba a la familia Menschel, en medio una pequeña, repleta de gente, y la nuestra,—la que estaba en peor estado. Como tenía una puerta atrás, servía también de morgue. Por lo tanto, los cadáveres de las otras piezas eran traídos a la nuestra y apilados contra la pared, cerca de la abertura de la puerta.

En esos tiempos, Bubi había dejado de hablar. Estaba sentado con sus hombros y su cabeza encorvados, el mentón sobre el pecho, sus ojos parcialmente cubiertos por el sombrero de piel que solía quedarle bien, pero que ahora era demasiado grande y se deslizaba sobre su frente y sus ojos. Yo pensaba que lo hacía adrede, para evitar ver todo el sufrimiento.

Mama estaba sentada inmóvil frente a Bubi, y dijo que no podía ver nada; también se quejó de no poder moverse. Estaba completamente lúcida pero se negaba a recibir el líquido de las papas. Rechazaba todo, hasta el agua. El que repentinamente quedara paralizada y ciega a la vez, iba más allá de mi capacidad de comprensión.

"Ruthi, mira cómo está Bubi", me pidió Mama.

"¿Porqué no lo miras tú misma?", le respondí.

"No veo nada y no me puedo mover", dijo.

Bubi estaba directamente en su campo de visión, y sin embargo decía que no lo veía. Eso realmente me intrigó, pero le obedecí y fui a revisarlo. Al levantar un poco su sombrero de piel pude ver sólo un par de ojos vidriosos.

"Ruthi, ¿cómo está? ¿Está respirando?", preguntó Mama.

"Sí, Mama, respira pero no me contesta", reporté.

"Dale el agua caliente con una cuchara", me dijo.

"Hazlo tú, por favor, Mama", le rogué.

"No puedo. ¿No lo comprendes?", respondió débilmente.

No, realmente no comprendía. Obedientemente hice lo que me pedía, pero cada vez que trataba de darle una cucharada, la devolvía llena de espuma. Eso me enfurecía. Pensé que estaba jugando conmigo. También estaba enfadada con mi madre por no hacer las cosas por sí misma. Me senté al lado de mi hermano a mirar su lenta agonía, sin saber que en ese momento estaba en coma.

Como niña que era, reaccioné sólo con indignación, pues pensaba que todos se estaban burlando de mí. Estaba atrapada en medio de mi hermano silencioso que no respondía y una madre paralizada e "invidente", mientras yo misma podía escasamente sostenerme en pie. Las semanas de inanición habían drenado mi cuerpo y los eventos de las últimas semanas también debían haber hecho algo en mi mente. No sé qué cambios químicos o eléctricos tienen lugar en el cerebro de una criatura que se enfrenta a tan indescriptibles traumas y pérdidas, pero estoy segura de que suceden.

Casi dos semanas después de la muerte de mi padre, mi hermano, que había permanecido inmóvil y silencioso durante muchos días, de pronto gritó "*¡¡¡Ruzena-a-a-a!!!*". Fue su última palabra.

Yo estaba anonadada ante la idea de que, entre todas las cosas que hubiese podido estar soñando, escogiera nombrar a nuestra vaca de Milie. Muchos años más tarde, logré comprender que en esos momentos tormentosos y en su estado obviamente comatoso, quiso volver a Milie y revivir las alegrías de antaño. Confío en que haya sido transportado en espíritu y haya muerto con recuerdos felices.

Le quité el sombrero. El forro estaba tapizado de piojos.

Estaba aterrorizada ante el espectáculo de su cráneo sin cabellos, cubierto por una espesa capa de piojos simulando un matojo de cabellos cortados al ras. Sus ojos miraban al vacío y su cara estaba muy pálida. Aún estaba sentado, pero su cabeza cayó hacia adelante sobre su pecho. Mi madre le pidió a la señora Sattinger, con una voz débil y desprendida, que confirmara su muerte. Lo hizo.

Mi Bubi ya no existía.

La culpa me aplastaba. ¿Qué era lo que *yo* había hecho mal? En mi ingenua mente, asumí que de alguna forma mi ignorancia había resultado en su muerte. Era *mi* culpa que él hubiese muerto.

Me aterraba sentarme hombro a hombro con su cuerpo muerto, pero callé y no lloré. Mama permaneció inmóvil donde estaba. A pesar de que yo podía moverme, estaba como anestesiada. Las dos tomamos su muerte con callada resignación.

Alguien lo bajó de la cama al piso de tierra. Yo permanecí sentada, atontada y enfurecida. Mi hermano amado, talentoso y buen mozo, de diez y ocho años no era más que otro cadáver tieso.

No teníamos una mortaja de verdad para envolverlo, así que Mama les rogó a quienes lo habían depositado en el piso: "¡Por favor pónganle un camisón blanco! Aún hay uno entre nuestros paquetes, en algún lado".

Pero le reprocharon: "¡No sea tonta! Los enterradores se lo quitarán de todas maneras para venderlo".

Sin embargo, Mama insistió. "No me importa lo que hagan. Debe dejarnos de acuerdo con las leyes y tradiciones judías. Lo que esos bandidos hagan después, está más allá de mi control".

En ese entonces yo no sabía que de acuerdo a la Torah, el último rito es considerado como el mayor acto de amor y generosidad. Ahora comprendo la acción de mi madre, a pesar de que carecía de toda lógica.

A los pocos días se oyó el siniestro repicar de la campana de los enterradores. "*¿Meth?*" Como siempre, alguien tuvo que salir y hacerles señas. Vinieron, pues, y cargaron a mi Bubi con los demás cadáveres. Me pregunté "¿Quién será el próximo?".

Todos los días subía la cuenta de los muertos en el campo. En nuestra casa, y en particular en nuestra habitación, en el lapso de un mes, sólo quedábamos cuatro, de los veinte que éramos.

Durante ese tiempo no sabía qué pasaba afuera. Aquí y allá oía fragmentos de información sobre crueldades y matanzas, pero no me afectaban; yo veía los resultados del "otro método" —no menos letal— y eso me bastaba.

Mi mundo estaba confinado a esa mórbida habitación, de la que nunca salía por falta de fuerza física. Escasamente tenía suficiente energía para salir y realizar mis funciones corporales en la parte de atrás de la casa. Allá, los hombres se abrían los pantalones para orinar en la nieve mientras yo me acurrucaba, encogida por el frío.

Después de un tiempo, los Sattinger se mudaron a una mejor vivienda en casa de una familia local judía. Nuestros vecinos del cuarto de al lado estaban enfermos y rara vez se les veía, así que Mama y yo permanecíamos solas en el cuarto que semejaba una morgue con los cuerpos que no habían sido recogidos.

Afuera, el viento aullaba, haciendo entrar el penetrante frío por los agujeros de la puerta y la ventana. La nieve estaba apilada hasta la ventana. Adentro, sólo estábamos las dos . . . y los cadáveres. No teníamos comida, ni calor, ni esperanza.

Yo me pegué a mi madre en mi pesar y desesperación, siempre esperando una palabra de aliento. Mama, a su vez, comenzó a prepararme para la eventualidad de una vida sola.

"Ruthika", me dijo, "debes comprender que después de perder a Bubi—mi única esperanza y propósito en la vida—no puedo seguir viviendo. Tú eres la única que va a sobrevivir". Luego comenzó un sermón sobre la vida y los valores.

"La gente es generosa y se encargarán de ti. Sé buena, obediente, honesta, compórtate y todo estará bien. Un día volverás a casa donde tus tíos y tías te cuidarán. Serás la hija de Tía Anna. Y recuerda que todos nuestros bienes están en casa de Tía Cilli. Eso te ayudará a sobrevivir hasta que crezcas".

Esa manera de hablar me asustaba y le rogué que callara. "Mama, Mama, por favor no me dejes sola", le repetí una y otra vez.

Durante dos semanas, mi madre sólo me habló de su inminente muerte y de mi futuro después de ella. Me rebelé y traté de convencerla de que hiciera un esfuerzo por mí. Sólo respondió que cuando una madre pierde un hijo, no hay motivo para vivir. La implicación de que yo no era suficiente motivo para que viviera me dolió profundamente. Lo que no me dijo fue lo desesperadamente enferma que se hallaba. Pero, por lo menos hablaba, y eso era un pequeño consuelo y la última vara de la que me agarraba para no ahogarme en ese mar de angustia y dolor.

Todos los días le rogaba que no se muriera y no me dejara sola, pero continuaba hablando sobre su muerte hasta que un día ya no pudo hablar. En ese punto me di cuenta de que mis esfuerzos eran en vano. Sin embargo resolví redoblarlos para evitar que muriera. Permanecí despierta día y noche durante dos semanas; periódicamente la sacudía y la llamaba "¡Mama! ¡Mama!", ante lo cual respondía débilmente "hmm, hmm". Se escuchaba como si estuviera en otro mundo, pero era la única muestra de que estaba viva—el último rayo de esperanza al que podía asirme.

Gradualmente comencé a desfallecer. Con terca fuerza de voluntad había suprimido el sueño durante dos semanas con el único propósito de mantener a mi madre viva. Para bloquear esa inexpresable eventualidad, cerraba mis ojos a ratos y me imaginaba de vuelta en los tranquilos alrededores de Milie.

Estoy sembrando semillas en los surcos recién arados detrás de la casa. He venido a mirar a mis bebés. ¡Están retoñando! Los miro crecer día a día, verdes cebollas y rábanos. Camino por el jardín y recojo frambuesas que meto a la boca. ¡Qué húmedas y deliciosas están! Quiero comerlas con crema, dulce y fresca.

El cuarto frío, oscuro y desolado parecía acorralarnos a mi moribunda madre y a mí. Pensé que nos había llegado el fin, cuando de repente algunas personas del cuarto del centro se apiadaron y nos mudaron con ellos, con todo y cuna. Me ayudaron a acomodar a mi madre estirada en la cuna, con las rodillas dobladas para que cupiera, y sentada a su cabecera continué mi vigilia.

¡Agua! Agua fresca después de la lluvia en Milie. Salgo corriendo mientras afuera aún llueve y pongo baldes en todas las bajantes. El agua me deja el pelo tan suave, nuestra ropa tan suave y limpia. La lluvia cesa y el aire huele a fresco. Ahora corro al columpio y con mis pies descalzos salto en el charco que hay debajo de él, Bubi me llama para ir a buscar gusanos y a pescar con él. Luego Mama cocinará una deliciosa trucha.

"¡Mama! ¡Mama!", dije, al recordar mi vigilia. "Hm, hm", fue todo lo que pudo murmurar.

Como Mama estaba ahora paralizada, había perdido todo control sobre sus funciones corporales. Se ensució, y cuando ya no pudo tolerar más me susurró algo para que la limpiara. Yo estaba tan débil y acabada que no tenía nada de energía. Además, ¿dónde iba a encontrar agua, jabón y trapos para hacerlo?

Lentamente me bajé de la cuna, recogí unos papeles y retazos de ropa vieja e intenté limpiar a mi madre. Traté de levantarla, pero a causa de su parálisis, sus piernas parecían pesar una tonelada. Con toda mi fuerza intenté no caerme bajo el peso. La inmundicia que veía y el olor casi me hacen desmayar. Logré limpiarla un poco, pero después de un rato tuve que abandonar a mi pobre madre a pudrirse en sus propios desperdicios.

La indefensión y la culpa me destrozaron. Vencida y avergonzada, subí de nuevo a mi lugar en la cuna. Desde allí continué mi vigilia, a pesar de mi deteriorada condición. Durante la decimocuarta noche mi fuerza de voluntad colapsó y sucumbí al sueño. Pero la obsesión de la vigilia entró en mis sueños. Desperté sobresaltada y la sacudí llamándola: "¡Mama! ¡Mama!". Silencio. La volví a sacudir, pero ni siquiera así contestó con su débil "Hm, Hm". Había escogido para morir el momento en que cesé de llamarla y la dejé en paz para morir. Aprovechó el silencio para deslizarse de este mundo loco.

Toqué su cara fría como el hielo y grité con todas mis fuerzas, "¡Socorro! ¡Socorro! ¡Por favor, alguien ayúdeme!". Nadie contestó.

La muerte era una ocurrencia tan común que ya no evocaba ninguna emoción. La gente se había vuelto insensible, anestesiada, y de seguro yo también. Pero ahora me convertí en un animal herido.

Le grité a mi madre, reprochándole, "¿Cómo pudiste dejarme sola en este loco mundo?". Luego grité, "¡Dr. Menschel! Dr. Menschel!". A través de la puerta cerrada llegó su apagada respuesta: "Ya es demasiado tarde. No hay nada que yo pueda hacer".

El doctor ni siquiera se molestó en venir a verla. A nadie le importaba; las almas de la gente estaban muertas después de todas las tragedias que habían presenciado. Cada quien esperaba su turno en silencio.

Permanecí sentada abrazando el cuerpo frío de mi madre, gritando a todo pulmón, confiando que de alguna manera pudiera ser revivida. Al hacerlo, tenía la sensación de no haber sido aún dejada sola del todo. Había perdido todo sentido de razón.

Más tarde, las personas con quienes compartía el cuarto se acercaron a la cuna, la miraron bien, y sin palabras, sólo con la típica expresión de indefensión y resignación en sus rostros, confirmaron su muerte. Mientras seguía agarrada de su cuerpo, pensamientos encontrados cruzaron mi mente: por un lado, no podía soltarla todavía, pero también quería huir de su frío cuerpo sin vida.

No puedo recordar quién finalmente llevó a Mama a la improvisada morgue, la habitación que antes solíamos ocupar. Mientras la ponían con los demás cadáveres, no salió ni una lágrima de mis ojos, a pesar de que reinaba dentro de mí una espantosa confusión. ¿Tenía razón Mama en sus predicciones sobre mi supervivencia? ¿Porqué no fui yo quien murió de hambre y frío?

El cuerpo sin vida de mi madre yacía sobre el piso de tierra como un bulto de huesos sostenidos por una capa de piel transparente. Yo esperaba que los enterradores la recogieran pronto. Me hallaba desconcertada por el total sinsentido que me rodeaba y sorprendida por mi propia supervivencia en contra de todas las probabilidades. En retrospectiva, debo haber alimentado una cierta brasa de esperanza que me mantuvo. Quería vivir, esperar, a pesar de la horrenda realidad. Cuando las cosas se volvieron intolerables me retiré a mi rico mundo interior y construí una muralla alrededor. Soñar despierta con mis días felices en Milie o en Czernowitz me ayudaron a aguantar las experiencias más incomprensibles. Una parte de mi fortaleza tiene que haber venido de todo el amor que había absorbido de mi familia a través de los años, en especial de mi padre. Pero igualmente debe haber habido algo espiritual que mi madre me transmitió. Quizás Mama detectó en mí algún don especial que ella secretamente sabía que me ayudaría a sobrevivir. Yo pensaba: tengo que sobrevivir puesto que en su lecho de muerte Mama me ordenó vivir. Toda su voluntad estaba centrada en mi inmortalidad—por lo menos por el momento.

Para mi gran sorpresa, la señora Sattinger cumplió el juramento que le hizo a mi madre; tres días más tarde, ella y su marido vinieron. Sin quererlo, se habían convertido en mis guardianes. La señora Sattinger no era una mujer amistosa, tal vez a causa de un defecto físico en un pie. Su esposo, Markus, era más simpático, pero también era poco afectuoso. Ninguno de los dos sabía cómo ofrecer una palabra de consuelo o prestar un hombro para llorar en él. A su manera, sí me ayudaron a luchar por sobrevivir. Me dijeron que no había mucho que pudieran hacer fuera de llevarme a casa de unas señoras de nuestra ciudad, dispuestas a darme un techo y algo de comida a cambio de objetos que guardaba en mi paquete. En el estado de ánimo en el que me encontraba, poco me importaba lo que quisieran pedirme.

Salimos a mediados de enero y caminamos por las angostas callejuelas que yo veía por primera vez desde nuestra llegada. Eran de una desolación deprimente; no se veía un alma, fuera de unos cuantos perros flacos que buscaban comida. La nieve se apilaba en todas partes. Las casas desvencijadas no daban muestras de vida humana. Tuvimos que hacer un gran esfuerzo para cruzar esa gélida y profunda nieve, hasta llegar a la casa de las dos hermanas que se ocuparían de mí. Los Sattinger entraron conmigo, me presentaron y al poco rato se fueron.

Las dos hermanas me recibieron de forma amistosa, lo que produjo una grata sensación. Me tranquilizó especialmente no ver cadáveres en la habitación atestada. Me dieron un trozo de papa con una gota de aceite y me sentaron en medio de las dos, sobre una banca. Me gustó estar allí sentada y ayudarles a partir y volver a amarrar las hebras de lana con las que tejían. Pero más que nada, me gustó el calor de sus cuerpos grandes y gordos que me protegían del fiero frío de la pieza. Los días, en esa época del año, eran cortos, y las noches, especialmente por la falta de electricidad, eran intolerablemente largas. Una improvisada lámpara de aceite o una vela era todo lo que podían permitirse, así que la mayor parte del tiempo la pasábamos en la oscuridad.

Las dos mujeres hablaban sin cesar en un extraño lenguaje que me molestaba tanto como me fascinaba. Les ponía mucha atención, y después de muchos días de escuchar cuidadosamente, descubrí que hablaban alemán en jerigonza, usando un código secreto. Lo que hacían era alterar las palabras insertando una *p* entre cada sílaba para que sonara diferente. Para mi sorpresa, pronto aprendí el truco, y me aseguré de no revelar mi secreto. Así, pude enterarme de una cantidad de divertidos chismes de adultos.

De cuando en cuando las señoras me daban una pequeña porción de *mamaliga*, una papilla de maíz, típico plato rumano. En mis días de suerte lo comía sazonado con un pedazo de cebolla y un poco de aceite. No era mucho, no era suficientemente frecuente, no era demasiado bueno; pero sabía a gloria comparado con mi dieta previa, totalmente carente de comida sólida. El piso de tierra era mi cama, el paquete con mis pertenencias mi almohada y mi abrigo azul corto de marinero, mi colchón y mi cobija.

A pesar de la mejoría de mi vivienda, mis pensamientos volaban constantemente hacia el cuerpo abandonado de mi madre que, sabía, no se habían llevado aún. Todos los días me aventuraba a salir para ir a verla, a pesar de que aún estaba muy débil. El frío era tan intenso que podía ver las blancas nubes de mi propia respiración. Sola, con mis penosos pensamientos, volvía a la destrozada casa; alguna fuerza me atraía hacia mi madre muerta. Yo comprendía que estaba muerta; veía que estaba muerta y, aún así, no podía dejarla ir. Quería verla cada vez que iba. Sin embargo, no podía hallar tranquilidad hasta que se la llevaran y, confiaba, la enterraran adecuadamente. Ya para entonces entendía que eso debía hacerse con los difuntos. El conflicto y el dolor me consumían. Hoy en día parece imposible creer la grotesca escena: una niña de once años, emaciada y calva, peleando contra el frío glacial, parada sola en la profunda nieve cerca del cuarto que parecía una morgue, mirando por entre el hueco que alguna vez fuera una ventana, el cuerpo de su madre muerta.

Luego sucedió un siniestro fenómeno que intrigaba mi ya confundida mente. Todos los días encontraba su cadáver en un sitio diferente del cuarto. Me daba escalofríos. No podía comprender qué pasaba. Si estaba muerta, ¿por qué no permanecía en el mismo lugar todo el tiempo? En mi fantasía infantil tejí toda suerte de explicaciones—de las más ridículas hasta las más macabras. Finalmente, interrogué a mis "mamás adoptivas" al respecto. Me explicaron que además de personas hambrientas, había muchos perros hambrientos en los alrededores que comían de los cadáveres abandonados. Se solucionó el misterio. ¡Horror de horrores! ¡Mi madre estaba siendo arrastrada y quizá incluso comida pedazo a pedazo por perros hambreados! ¿Cómo podía yo evitarlo? ¿Por qué los enterradores no la habían recogido?

Desde ese momento comencé una cruzada en busca del entierro de mi madre. Cada vez que iba a visitar su cuerpo, seguía desesperadamente a los enterradores, intentaba seguir las abarrotadas carretas e imploraba a los hombres que fueran a la abandonada morgue improvisada a recoger el cuerpo de mi madre. Escasamente podía caminar, pero la fuerza de la desesperación, de alguna manera, me llevaba a correr. Estaba fuera de mí, obsesionada por la idea de que nunca llegarían hasta allá. En ese momento hacían hasta cincuenta viajes diarios al cementerio con cargas completas, y cada vez que los alcanzaba, o no tenían tiempo, o no había espacio para ella.

Durante dos largas y dolorosas semanas fui religiosamente a mirar a Mama. Contemplaba su rostro sin vida, temerosa de entrar al cuarto o de acercarme a ella. Todos los días me paraba durante horas frente a esa ventana, hasta que casi me convertía en hielo. Sólo entonces, y con un peso en el corazón, me iba, temiendo que en mi ausencia los perros la devoraran. Sabía que debía convencer a los enterradores para que la recogieran, pero ¿quién escucharía a una "niña esqueleto"? Tal vez esperaban un soborno para recoger el cadáver, pero no tenía nada.

Al decimocuarto día, fui a verla como de costumbre. Esta vez, finalmente, ya no estaba.

Me invadió una mezcla de alivio y tristeza. Sentí una opresión en el corazón al darme cuenta que ese era el fin, que ahora estaba realmente sola. Ya no era la niña de nadie. No había nadie que me amara incondicionalmente, nadie que me cuidara. Con la cabeza gacha y lágrimas congeladas en mis mejillas caminé hasta mi casa adoptiva. *Enero 27, 1942.* A la edad de once años, quedé sola en el mundo.

Con mucho cuidado, con la ayuda de los Sattinger y de otros sobrevivientes, reconstruí las fechas de las muertes de los míos en los calendarios hebreo y cristiano, de modo que pudiera conmemorar sus aniversarios en caso de sobrevivir—lo que no parecía probable.

Pronto caí presa de la terrible enfermedad del tifo, lo que provocó que flotara entre la conciencia y la inconsciencia. A veces no entendía o no reconocía a las personas. Oía murmullos, sin poder armar una frase. Veía sombras y percibía ambientes de una manera irreal y fragmentada.

Me dije: "¡Esto es! Mama puede no haber tenido razón, a pesar de todo. Me voy a unir a ellos en el otro mundo".

En uno de mis mejores días, desde mi "cama de enferma", en el helado piso de tierra, vi a un hombre que lucía saludable—cosa extraña. Luego me dijeron que era un *Feldsher* (antiguo barbero-cirujano). Se arrodilló, escuchó mi corazón directamente con su oído. Revisó mi ardiente cuerpo afiebrado, les dijo algo a las hermanas y partió. Como de costumbre ellas hablaban en su lengua con la *p*, que yo ya comprendía, Oí sólo una frase: "El doctor dijo que su corazón no puede durar mucho más".

Había escuchado mi veredicto y esperaba al verdugo, y sin embargo no quería morir.

Los días y las noches se convirtieron en una nube oscura que me impedía ver mientras entraba y salía del delirio. Luego, de repente, la nube se levantó como soplada por un fuerte viento. Se disipó la bruma y sin darme cuenta cuándo, mis ojos se abrieron y estaba despierta—para desilusión de mis madres adoptivas, que confiaban en poder apoderarse de mis pocas y miserables pertenencias. Vi la expresión de sus caras: indiferencia y quizás resentimiento. De milagro me había recuperado, sin medicinas, sin una cama caliente, y sobre todo, sin cuidados amorosos.

Pero nadie se alegró de verme mejorar. Así como siempre había sido mimada y cuidada por la menor tos y animada por mi familia cuando me sentía mejor, ahora, mientras me recuperaba, todo lo que recibía eran miradas desdeñosas. Yo era una carga. No deseada. Una boca más para alimentar.

Un joven muchacho que compartía el cuarto con nosotras notó la conducta de las hermanas. El, según me dijeron mucho después, fue a contarles a los Sattinger. Les dijo que ellas habían vendido casi todas mis pertenencias sin darme el equivalente en comida. Fue así como me enteré de que eran, de hecho, ambiciosas y deshonestas. Molesto con este nuevo desarrollo de la situación, el señor Sattinger me llevó con él. Sin más, me condujo donde una pareja de judíos de Bershad, que serían mis siguientes padres adoptivos. Con ellos vivía la anciana madre de la señora. Habitaban una casa de dos cuartos, simple pero limpia y amueblada. Era el primer hogar en el que estaba desde que abandoné el nuestro. El acuerdo era que mis guardianes pagarían por mi lecho y desayuno con el producto de la venta del resto de mis cosas, e iría a tomar una de las comidas a casa de los Sattinger. Yo sabía que ellos también estaban en la misma lucha y que estaban haciendo lo que mejor podían por mí. Me sentí agradecida de tener al menos guardianes.

En mi nuevo hogar compartía la sala sin calefacción con la madre de la casera. Dormíamos en sofás individuales, un lujo que casi no podía creer. Esto desencadenó una serie de dolores que, ignoraba, eran precursores de una recaída. Me dio un punzante dolor, terriblemente agudo, en la parte superior del abdomen que me hizo quejarme y gritar toda la noche. "¡Ayayay, me duele. Me acuchillan!", grité en alemán. "¡Acuchilla de vuelta!", me dijo la anciana, en yidish, molesta porque había interrumpido su sueño. Este ridículo diálogo bilingüe continuó a lo largo de esa noche y varias más, y nadie me ayudaba.

La idílica situación de dormir en un sofá pronto se terminó, probablemente a causa de las protestas de la anciana sobre mis quejas nocturnas. La joven pareja me llevó a su pequeñísima habitación, donde me pusieron a dormir en—¡sorpresa!—una cuna. Sospeché que había pertenecido a su difunta hija, tema que jamás tocaban. Al ver una cuarta cuna destinada a mí, me convencí de que existía una conspiración que hacía que aparecieran cunas dondequiera que fuera. Pero al mismo tiempo, me gustó estar en una pieza medianamente caliente y no me importó la cuna. De hecho, mi delgado cuerpo y corta estatura se ajustaban perfectamente a ella; podía incluso estirarme sin problema.

Dormir en el cuarto de la pareja me hizo ser una testigo inconspicua de su intimidad marital. Aquí descubrí, por primera vez el acto del amor. En la oscuridad de la noche no veía nada, pero podía oír claramente los gemidos y suspiros de ella rogando en yidish *"Pameilej, pameilej, pameilej"* (suave, suave, suave). Me sonaba como si el marido le estuviera haciendo daño, y ella estuviera dispuesta a aguantarlo. Lo que oía me excitaba y me intrigaba, y al mismo tiempo me asustaba que ella fuera maltratada. Pero permanecía callada, aparentando estar dormida, para que no me sacaran.

Al comienzo de mi estadía, la pareja de Bershad me daba un pedazo de pan de ajo para el desayuno—una delicia. Para la comida de mediodía caminaba un trecho corto hasta la casa de los Sattinger, donde recibía una porción similar, que debía bastarme hasta el día siguiente. Mientras hubiera algo en mi estómago una vez al día, yo estaba contenta.

Pero mi salud siguió deteriorándose, hasta el punto en que ya no podía caminar. No había recobrado mi fuerza del primer episodio de tifo cuando, de repente, sufrí una recaída con fiebre alta, cólicos, diarrea y delirio.

En vez de cuidarme, mis padres adoptivos, temerosos del contagio, pasaron mi cuna al helado porche. Sin embargo, tuvieron la decencia de avisar a mis guardianes, quienes vinieron a verme unos días más tarde.

Yo permanecía acostada en la cuna, sin la menor noción del tiempo. Vivía aislada, sin contacto humano, y sin ningún tipo de conversación fuera de la de los Sattinger, en sus ocasionales visitas; no sé cómo no perdí la razón.

Mientras tanto, cada vez menos y menos de mis pertenencias estaban disponibles para cambiarlas por comida. Mis guardianes me daban cada día porciones menores, lo que no me molestaba gran cosa pues había perdido el apetito de todas maneras. Sentí que me estaba desvaneciendo y pensé que mi hora había llegado, con seguridad. De nuevo emprendí la retirada a mi "área protegida", los recuerdos de Milie:

Es julio, tiempo de cosechar la fruta, especialmente las ciruelas de docenas de árboles. Todo el mundo está involucrado. Los niños sacamos las semillas mientras los adultos preparan las hogueras. Ponen los grandes calderos de cobre sobre el fuego y mezclan la fruta con azúcar y especies. La mermelada hierve y hierve mientras Mama y Tía Anna agitan la mezcla con una larga espátula que parece un remo. Todo el pueblo huele al rico aroma de la jalea de ciruela. Yo esparzo una gran cantidad en un trozo de pan hecho con harina cultivada en los campos de Dziadziu, molida en su molino, y horneado en el horno caliente. ¡Milie!

Olvidada por Dios y el mundo, arrojada de un lugar a otro, tratada como una leprosa, podría haberme entregado a la desesperación, si no hubiera sido por mi optimismo y la devoción de los Sattinger. Venían una vez al día, me traían algo de comer y me proporcionaban contacto humano. Incluso, trajeron un médico que diagnosticó mi enfermedad como "paratifoidea" pero no proporcionó ninguna ayuda médica. No recuerdo durante cuánto tiempo entré y salí del delirio, o cómo manejé mis necesidades corporales puesto que la temperatura exterior paralizaba los movimientos. Pero increíblemente, de nuevo, me recuperé.

Cuando desperté de una larga hibernación y miré hacia afuera, no podía creer lo que mis ojos veían—era primavera. Estiré mis piernas y, lentamente, me senté, ansiosa por caminar de nuevo; mis piernas habían olvidado cómo hacerlo. Estaba aterrada ante mi total falta de fuerza y me asaltó un terrible temor. Sin embargo, no me di por vencida. Decidí en cambio hacer un inmenso esfuerzo y volver a aprender a caminar. Al dar mis primeros pasos me sostenía de la pared, como un bebé y, lenta, muy lentamente, trastabillé hasta afuera. Donde antes había nieve ahora se veían parches verdes que nacían, y el aire estaba fresco.

Respiré profundo. Todo parecía nuevo y emocionante. Me había olvidado de que había algún tipo de vida allá afuera y que algunos niños todavía podían jugar en las callejuelas del campo, que existían otras familias y otras casas. Me sentía como una extraña perdida en un sitio desconocido.

Decidida a caminar como una persona normal, cada día daba unos pasos más. Cuando vi a unos niños de mi edad que jugaban rayuela, brincaban, corrían y reían, traté de unirme a ellos, pues recordaba el juego como si fuera desde otra vida. Fallé en mi primer intento de saltar al primer cuadro. ¡Ay, Dios! ¿Qué me había pasado? Miré mis pies con cuidado y noté que estaban hinchados al doble de su tamaño normal. Luego supe que existe algo llamado edema por hambre. Yo era un desastre. Viva, quizás, pero parte de mí había muerto. ¿Qué me deparaba el destino?

La señora Sattinger respondió a esa pregunta en su siguiente visita. Todas mis pertenencias habían sido vendidas, explicó. No quedaba dinero para pagarles a mis padres adoptivos y ellos, los Sattinger, no tenían con qué alimentarse a sí mismos. El siguiente paso sería internarme en un orfanato que recientemente había establecido la comunidad judía

Los Orfelinatos

Ahora me tocaba vivir la vida que tanto temía; la vida de una huérfana de padre y madre. El único orfanato que conocía era uno en Czernowitz, que visité cuando tenía siete años. Mis tías pertenecían a la Organización Sionista Internacional de Mujeres (WIZO), que atendía las necesidades de los niños. Un día me llevaron a ver una presentación organizada por los huérfanos. Me dijeron que eran niños que no tenían padres, que vivían juntos en un gran edificio, y eran cuidados por personas extrañas. Mi empatía con esas pobres almas creció hasta convertirse en obsesión. Me imaginaba a mí misma en una tal situación: sin padres, sin un hogar, sin un abrazo, sin besos y, sobre todo, sin amor. La idea me hacía temblar y rezaba para que nunca me pasara a mí; prefería morir que vivir así.

Después de esa visita comencé a pintar muchos dibujos de horrores. Giraban más que todo alrededor del temor de lo que sucedería si mis padres murieran y me dejaran sola. Para calmar el miedo, hallé una solución que me consolaba: para entonces, los científicos habrían inventado una píldora de inmortalidad. Así, me dormía segura, sabiendo que esas cosas les sucedían a los demás y nunca me pasarían a mí.

Aquí estaba, sin embargo, llevada de la mano hacia ese terrible destino. Me sentía como si me hubieran sentenciado a pasar el resto de mi vida en prisión. Me pregunté si también allí habría una cuna esperándome.

De la mano de la señora Sattinger, caminé unas cuantas cuadras hasta mi nuevo "hogar". No tenía equipaje, sólo la ropa que llevaba puesta—una falda marrón, rota, una blusa, un abrigo marinero azul oscuro con botones dorados—y en mi mano libre, mi única herencia: un tenedor, un cuchillo y una cuchara de plata.

Un aspecto del Gueto de Bershad.

Un huérfano de Transnistria.

El primer orfelinato de Bershad.

Parada ante el orfelinato medio derruido, una casa de tres cuartos frente a una pequeña plazoleta, no pude evitar compararla con el orfelinato de mi ciudad, una residencia rodeada de bellos jardines y árboles.

La señora Sattinger me entregó a la voluntaria que estaba a cargo de los niños. Me paseó por los tres cuartos en busca de un espacio para dormir. Cada pieza tenía una plataforma no muy alta, de pared a pared, hecha de burdas tablas de madera, que servía de cama abierta. Niños de todas las edades, incluidos algunos bebés, estaban embutidos en ella, como sardinas. Ya no había espacio y tuve que contentarme con un rincón en el suelo. Con todo, la señora Sattinger me dijo que debía considerarme afortunada de tener un techo sobre mi cabeza, puesto que el límite de edad era diez años y yo ya tenía once. Fue sólo con la intervención de Benjamín Korn, presidente del Comité Judío, que habían hecho una excepción.

Los Korn habían sido nuestros vecinos en Czernowitz, y la señora Korn era también una familiar lejana de mi padre. Mi hermano había sido tutor de sus dos hijos, Freddy y Friedrich. Por coincidencia habíamos estado en el mismo transporte a Transnistria, y pernoctado a menudo en los mismos establos hasta que llegamos a Bershad, donde perdimos contacto. Habían escondido algún dinero que les permitió alquilar una habitación en la casa de una familia judía local dentro del campo. De esta manera, se libraron de la epidemia de tifo de ese primer invierno. También, en el verano de 1942 disminuyó la cifra de muertes en Bershad, más que todo debido al nuevo comandante, menos duro que Florian Ghinararu y a la presión de las comunidades judías de Rumania y de las organizaciones internacionales.

El señor Korn había sido el adinerado propietario de un gran terreno y estaba acostumbrado a tratar con las autoridades rumanas y con los campesinos ucranianos. Tenía un porte imponente que irradiaba tanto seguridad en sí mismo como humor. Debido a su personalidad carismática y su talento para la organización, aglutinó a la comunidad y, a pesar del caos reinante, creó un pequeño comité judío. Entre los mismos prisioneros, recogieron el poco dinero que pudieron, y su prioridad fue crear un orfanato.

Los huérfanos fueron recogidos en las callejuelas, rescatados de casas en ruinas, establos y pilas de cadáveres. La mayor parte estaban enfermos, helados hasta los huesos, flacos, sucios y silenciosos. No hablaban de sus tragedias personales; no mostraban ningún signo exterior de duelo. Gente diminuta. Niños con caras envejecidas. Paquetes de dolor. Callados, atemorizados, y profundamente tristes. Un exacto reflejo en espejo de mí misma.

La comida era operada por mujeres que cocinaban *mamaliga*, pero nadie se encargaba del cuidado físico de los huérfanos en sí. Los bebés y los niños pequeños eran atendidos por los mayorcitos. De esta forma, yo llegué a ser la encargada de varios de ellos, menores que yo. Me apegué mucho a una nenita muy hermosa, de tal vez un año, que estaba muy enferma. No sabía hablar, pero sus ojos lo hacían por ella. Jamás olvidaré esos ojos negros, grandes y tristes. Probablemente por instinto maternal la adopté y establecimos un vínculo muy fuerte. Me convencí a mí misma de que yo sería quien la llevaría de vuelta a la salud y ella sería mi hermanita.

Le cantaba canciones de cuna, le contaba el cuento de Cenicienta, le daba esa horrible papilla de maíz, obviamente nociva para una bebé enferma.

Le rogué a Dios por su supervivencia, que se convirtió en integral para la mía. Al declararla mi hermana, confiaba reconstruir una familia, cualquier familia. Esta bebé sin nombre me dio un nuevo propósito en la vida.

Pero a pesar de todo el amor que le di, un día la bebita murió en mis brazos. De nuevo sentí el dolor de una pena más en la cadena de mis pérdidas acumuladas. Un devastador sentimiento de vacío me embargó y le pregunté a Dios, "¿porqué me quitas a todos a quienes amo?".

Vi en la muerte de la bebé una advertencia de no apegarme a nadie, por lo que me retiré a mi pequeño rincón en el suelo a trabajar mi duelo. Con las rodillas contra el mentón, me acurruqué, protegida del frío solamente por mi abrigo marinero, la mitad del cual era colchón y la otra mitad cobija. Permanecí perdida en mis pensamientos hasta que me quedé dormida. Pero también el sueño fue intranquilo.

Noche tras noche sentía unos fuertes piquetes, primero en la cabeza, luego en otras partes de mi cuerpo. Por la oscuridad no podía ver nada, así es que intentaba espantar lo que creía era un mosco. Pero una noche sentí más bien como rasguños o mordiscos. Traté de agarrarlo y toqué algo peludo. *¡Era una rata!*

Grité de horror . . . pero nadie se movió siquiera. Muerta de susto, me quedé despierta el resto de la noche, esperando ansiosa los primeros rayos de luz para investigar. Para mi profunda repugnancia, descubrí un hueco en el piso, justo en el sitio donde ponía mi cabeza. La sola idea de ese horrendo roedor cavando cerca de mi cara fue motivo suficiente para no dormir. No había ningún otro sitio disponible.

Después de muchas noches de insomnio, que pasé sentada, no pude resistir más. Con un pedazo de trapo, taponé finalmente el hueco, esperando lo mejor. Recordé los sermones de mi padre sobre el peligro de jugar con gatos que se comían a las ratas enfermas, y me pregunté qué me habría contagiado esa rata.

En nuestra casa yo solía dormir en una cuna a los pies de la cama de mis padres, hasta los siete años. Como me gustaba leer por mi cuenta, especialmente los cuentos de hadas de Grimm—algunos de los cuales me molestaban profundamente por las injusticias y el sufrimiento infligidos a personas inocentes—a menudo tenía pesadillas. Cada vez que me despertaba de uno de esos horribles sueños, me metía al lado de Papa en la cama. El me acariciaba y me daba seguridad con palabras tranquilizantes y, a la larga, yo me dormía. Pero daba vueltas y botes en la cama y, para no despertarme, Papa a menudo se salía de la cama y dormía en el suelo.

Finalmente, a la edad de siete años, me mudaron a la sala a dormir en el diván al lado de la alta estufa de cerámica. Otro diván, cerca a la ventana, era la cama de Bubi. Estoy segura de que él no se sintió encantado con su nueva compañera de cuarto pero, como de costumbre, no protestó.

Yo siempre posponía el momento de acostarme, pero en las frías noches de invierno, Papa me sobornaba calentando mi edredón en la estufa de cerámica, me arropaba como una momia y me daba un beso de buenas noches. Este procedimiento me hacía sentir amada y protegida, y pronto me quedaba dormida.

Pero esto no era un sueño y no había quién me acariciara y me diera seguridad con palabras tranquilizantes.

El verano de 1942 siguió su lento curso. Pasábamos los largos días esperando una salvadora comida, durmiendo y aplastando piojos. La única noticia que nos alegró fue un rumor de una eventual repatriación a la vieja Rumania de todos los huérfanos de padre y madre menores de quince años. Para nuestra gran alegría, ese rumor se volvió un hecho.

No supimos cómo se dio el arreglo, pero oímos que se había logrado un acuerdo entre las comunidades judías de Rumania y el gobierno rumano. De hecho, el plan era liberar a varios miles de niños y embarcarlos hacia Palestina. Nos embelesaba la idea de ser nuevamente libres, soñábamos con comida, un baño caliente, una cama tibia. Estas fantasías nos dieron fuerzas para manejar la miseria y el sufrimiento que padecíamos.

Hacia el final del verano, el sueño se hizo realidad. La plazoleta frente al orfanato se llenó de niños de todo el campo: grandes y chicos, enfermos y sanos, niños y niñas, los más llevaban ropas rotas, tenían la cabeza rapada y arrastraban sus pies descalzos o envueltos en trapos.

Como en Bershad no había conexión ferroviaria, debíamos llegar a otro campo llamado Balta para abordar un tren hacia Rumania. Docenas de carretas de caballos estaban listas para transportarnos. Los organizadores leían una lista: "Appelbaum . . . Berkowitz . . . Cohen . . . Glasberg . . . .". Cuando pronunciaban el nombre, cada niño era admitido en una carreta, con delegados judíos como escoltas.

Tengo apenas un brumoso recuerdo del viaje porque estaba enferma. Al comienzo pensé que era mareo por el movimiento, pero resultó ser algo más serio.

El convoy emprendió su lento viaje por caminos de terracería a través de valles y montes. Al llegar a un monte, los mayores debíamos descender de las carretas para aliviar la carga de los cansados caballos. En el camino monte arriba, de repente tuve dificultades para mantener el paso con los demás. Mi ritmo se hizo cada vez más lento; mis pies no me obedecían. Terminé siendo la última, y me rezagaba cada vez más de la columna. No pude caminar más. Presa del pánico, me senté al lado del camino y lloré amargamente al recordar lo que le sucedía a la gente que se quedaba atrás en el curso de la marcha hacia Bershad—eran fusilados o morían congelados. Las circunstancias eran otras, pero el recuerdo persistía.

Cuando ya me iba a entregar a la desesperación, surgió una carreta de la nada y se detuvo frente a mí. Llevaba a algunos de los líderes del convoy, quienes me subieron, me calmaron y me permitieron ir con ellos hasta el siguiente pueblo.

Le agradecí a Dios por salvarme del abandono, pero no por la violenta lluvia. Temblorosa y empapada hasta los huesos, me dejaron frente a una iglesia, al final de una larga fila que ya los niños habían formado para entrar. Angustiados y ansiosos por encontrar refugio para la noche, no me notaron. Fue mi deseo de vivir lo que aparentemente disparó desde la nada la energía necesaria para arrastrarme hacia adentro y colapsar en el ya congestionado piso. En la iglesia no había bancas y los niños ocupaban cada milímetro de espacio. Desde ese momento, hasta nuestra llegada a Balta, todo lo que recuerdo es que nos detuvo una brigada de desinfección y nos regaron con un oloroso líquido; también nos raparon la cabeza, para lo cual tuvimos que hacer fila.

La larga espera me hizo sentir náuseas, la pieza comenzó a girar y se oscureció. Me desmayé. Cuando abrí los ojos, estaba en una especie de hospital. El médico me dijo que mi mal se llamaba malaria terciana; luego averigüé que esto quería decir que la enfermedad se presentaría tres veces y podía ser mortal si no se la trataba. Esto era muy descorazonador puesto que no contábamos con medicinas.

A lo largo de mi estadía en el hospital estuve más que todo inconsciente, con fiebre alta y violentos escalofríos. Sólo más tarde mis amigos me contaron sobre los alarmantes eventos que tuvieron lugar mientras estuve enferma.

Se suponía que debía haber un orfelinato regional grande para todos los niños de los campos pequeños de Transnistria que estaban en tránsito para Palestina—por lo menos eso era lo que pensaban los organizadores. De hecho no existía tal sitio, ni hubo jamás tal plan. Al hacerse aparente esta realidad se produjo una gran confusión. En medio del caos que siguió, llegaron los soldados rumanos locales, encerraron a los niños en un área rodeada de muros, y los mantuvieron bajo vigilancia. El rumor de una inminente ejecución, hizo que cientos de huérfanos entraran en un frenesí de llantos y gritos que se podía oír a kilómetros de distancia.

El comité judío de Balta intervino inmediatamente y logró convencer al comandante de soltar a los niños. Los asustados pequeños se calmaron y fueron llevados a una edificación de la comunidad, donde les dieron de comer y los alojaron durante los siguientes días. Al no poder ocuparse de nosotros en Balta, el comité organizó que volviéramos todos a nuestros respectivos campos. Enferma como estaba, me pusieron en una carreta y, con los demás niños, hice el viaje de vuelta a Bershad. Volvimos, pues, al comienzo, desilusionados y deprimidos.

Mientras tanto, el comité judío de Bershad había adquirido una casa más amplia, donde cabían más huérfanos. Esta nueva estructura, situada a orillas de una quebrada, consistía de cuatro cuartos, con las mismas plataformas de madera que hacían las veces de camas.

Con el tiempo, esta casa tuvo que dar cabida a unos doscientos niños. El espacio no era suficiente para todos los huérfanos. Muchos tuvieron que encontrar refugio en otros lados, pero tenían derecho a una comida diaria en ella; una pequeña porción de *djir* (papilla líquida de maíz) o *mamaliga* eran nuestra mayor fuente de alimentación.

En el nuevo edificio, cada cuarto fue asignado a una madre de salón, quien a cambio de sus servicios recibía su propia angosta cama y la misma comida que el resto de nosotros. Al comienzo, yo estaba en la habitación con niños de ambos sexos, todos menores de doce años. Los niños y niñas mayores de esa edad eran separados y asignados a cuartos distintos. En la parte trasera de la casa, accesible sólo por medio de una escalera de madera desde afuera, había otra pieza. Era llamada el "sanatorio", y lo ocupaban niñas enfermas mayores de doce años.

Me pusieron en un cuarto junto con veinte a treinta niños apretujados en una gran cama-plataforma. Estaba tan abarrotada que teníamos que dormir con las rodillas dobladas para permitir que otros cupieran a los pies. En el día, esto no planteaba problema. Pero de noche surgían las batallas territoriales por cada centímetro de espacio. Puesto que al dormir no teníamos control sobre nuestros movimientos, a menudo se presentaban caídas o lesiones.

Yo tuve la suerte de que se me permitiera dormir sobre la plataforma, ya que aún estaba convaleciente de mi primer ataque de malaria. Para muchos solo había espacio para sentarse en el suelo durante el día, pero para dormir de noche, tenían que encaramarse y acomodarse a nuestros pies. Mi "persona a los pies" era un pequeño, con quien traté de ser lo más considerada posible. Pero, no obstante mi cuidado por controlar el excesivo movimiento, no lo lograba con los que se daban de manera involuntaria.

Una noche fui bruscamente despertada por un agudo dolor en una pierna, como si mi carne hubiera sido cortada con un cuchillo. Grité de dolor, y mi grito se mezcló con el del niño, quien había caído pesadamente al suelo.

Aparentemente me había clavado las uñas para evitar la caída y al hacerlo, me arrancó un pedazo de carne. Sangraba profusamente, me ardía y estaba furiosa, pero al hacerme consciente de que la culpa era mía por estirarme y empujarlo fuera de la plataforma, me calmé.

Desafortunadamente, mi herida se infectó y no sanó sino dos años más tarde.

En el otoño, me dio el segundo ataque de malaria. Mi cuerpo, débil y agotado, quemaba como si estuviera en llamas, con temperaturas que sobrepasaban la marcación del termómetro. Los escalofríos eran convulsivos e incontrolables. Mis dientes entrechocaban de manera tan violenta que amenazaban con romperse, y como no tenía frazadas suficientes para mantenerme caliente, los episodios eran más de lo que mi cuerpo podía tolerar. Después de cada uno, perdía el sentido.

Terriblemente enferma, floté entre consciente e inconsciente durante días, quizás aún semanas, y probablemente entré en coma. Tenía un vago recuerdo de esos horribles días. De vez en cuando oía voces lejanas o veía sombras, pero no podía reconocer a las personas. Fuera de mi raída ropa, no tenía con qué calentarme durante los escalofríos. Sentí que se acercaba el final. Pero no habría de ser.

Una vez más la niebla desapareció y me permitió reconocer lo que había a mi alrededor. Me intrigó encontrarme en el suelo y no en la cama-plataforma. La madre del salón me explicó luego que mi forzado temblor interrumpía el sueño de los niños, por lo cual me mudó al suelo. Por otra parte, pensó que se podrían asustar si yo moría estando entre ellos.

Un día en el que mi estado era tan crítico que los niños de hecho pensaron que había muerto, antes de llamar a los enterradores, la madre del salón quiso asegurarse y se agachó para hacer una valoración más cuidadosa. Fue entonces cuando detectó mi débil respiración, el único signo de vida que daba. Exhausta, consumida por la fiebre y los temblores, sin líquidos ni comida, milagrosamente sobreviví, para mi sorpresa y la de todos los demás. Quizás sí tenía un "ángel guardián"—o era inmortal.

Había sobrevivido hasta los doce años, a pesar de que físicamente no aparentara esa edad. Sin embargo, fui sacada de la habitación "mixta" y transferida al "sanatorio", con las otras niñas enfermas. Era como una promoción.

De hecho, el cuarto de arriba estaba menos abigarrado—sólo veinte niñas. Era más limpio, mejor organizado y supervisado. Para mí, lo más importante fue que las niñas eran amables. Todas eran mayores que yo, excepto una, de diez años. La habitación tenía dos camas-plataforma y estábamos asignadas diez por cama. Si extendíamos una cobija a lo ancho, nos cubría a todas. La madre del salón, la señora Tierer, sentada en su tabla en otro rincón, mantenía sus ojos vigilantes sobre nosotras todo el tiempo. Compartíamos no sólo el espacio, el hambre y el sufrimiento general, sino el dolor intenso de haber perdido a nuestras familias. Dentro de ese atestado orfelinato, nos apoyábamos instintivamente y nos apegamos mucho, en todos los sentidos. Como reza el dicho "mal de muchos, consuelo de tontos": no nos sentíamos solas. El destino nos unió.

Nuestras conversaciones versaban más que todo sobre las circunstancias bajo las cuales habían muerto nuestros seres queridos, lo que habíamos comido, lo que nos gustaría comer, nuestros males, y por supuesto, nuestros sueños y esperanzas, aunque esto no evitaba alguna pelea ocasional.

Éramos una mezcla de niños de diferente procedencia social. La mayoría eran de Besarabia, donde entre los judíos se hablaba yidish, mientras que en Bucovina se hablaba alemán. Así es que para poder comunicarnos, tuvimos que aprender el yidish, lo que sucedió por "ósmosis".

El carácter de cada quien era tan diferente como nuestra procedencia: algunos eran astutos, otros ingenuos, algunos industriosos, otros totalmente pasivos y dependientes. Por supuesto, se formaron bandos. Los germano-parlantes de Czernowitz, que éramos mayoría, tendíamos a discriminar un poco, por considerarnos de mejor clase por nuestra educación, nuestros modales y antecedentes.

Al sanatorio llegaban las niñas más enfermas, las más frágiles e impedidas. Cinco o seis niñas tenían una extraña enfermedad que les imposibilitaba moverse. Tres de ellas—Henia, Mitzi y Adela—se convirtieron en mis mejores amigas. Sus esqueléticos cuerpos estaban cubiertos con costales de papa o con trapos, y sus cabezas rapadas hacían que sus ojos, hundidos y llenos de tristeza, parecieran aún más grandes. Nos contaron que incluso después de la muerte de sus familias, la terrible falta de espacio y la necesidad de protegerse del frío, las había forzado a sentarse y a dormir en posición fetal. Durante semanas o incluso meses, mantuvieron esta posición esperando que llegara su turno para morir. La prolongada inactividad endureció sus coyunturas y atrofió sus músculos. Les era imposible flexionar sus piernas—en el mejor de los casos se movían acurrucadas como patos. Así fue como muchos fueron hallados antes de ser traídos al orfelinato.

Era dolorosamente deprimente observar a cientos de niños calvos, arrugados y sucios, deambular como sombras, con sus cuerpos cubiertos de piojos y heridas que supuraban. Esta cruel realidad nos enseñó a pelear por nuestra supervivencia como pudiéramos. Fue una escuela dura, pero agudizó nuestros sentidos y los volvió más alertas. Nos enseñó a lamer nuestras heridas y a darnos cuenta de que las plegarias no bastaban.

Hallábamos fuerza y motivación en el apoyo y el cuidado que nos brindábamos los unos a los otros. Compartíamos los recuerdos felices al lado de los dolorosos. Las niñas capaces de hacerlo, daban masajes en las piernas de las que no podían caminar. Los muchachos sanos y más osados, salían hasta el río, rompían el hielo y traían agua para lavarnos, un lujo muy apetecido en invierno. El altruismo era la regla, no la excepción. Algunos arriesgaban sus vidas al escapar fuera del campo a pedir o robar comida, que luego compartían con otros.

Dentro del orfelinato formamos una pequeña comunidad, con sus líderes, seguidores y los inevitables subgrupos. Los muchachos respetaban más a los niños cuyos padres habían sido asesinados que a los que habían muerto como resultado del hambre o las epidemias. Por contraste, las niñas respetaban a quienes venían de familias conocidas y proyectaban una imagen más sofisticada. Sin embargo, en nuestros vestidos de costal y los retazos de ropa que llevábamos puestos, todas nos veíamos, irónicamente, uniformadas.

En cuanto a mí, conservar mi individualidad y mi identidad como ser humano era crucial. Después de que me privaran tan completamente de ambas, me forcé a pelear por mi supervivencia como un animal. Traté también de salvaguardar mi conexión con el pasado, mi sensación de ser Ruthi, como fuera posible. Conservé los códigos de comportamiento enseñados por mis padres y reforzados por mi madre en su lecho de muerte. Por ejemplo, no participaba en la rutina diaria de los demás niños cuando iban a pedir o robar comida. Aunque no los criticaba, simplemente yo no podía hacerlo.

Además, conservé mi única herencia, el juego de cubiertos de plata con las iniciales grabadas M.G. del nombre de mi hermano Manasse Glasberg. Los había usado desde que aprendí a comer con tenedor y cuchillo. Eran de plata verdadera, con bordes martillados y, como habían sido hechos para un niño, eran más pequeños que los cubiertos normales.

Yo estaba convencida de que habían sido hechos para mí, pero una de las iniciales grabadas no correspondía. A menudo me sentí intrigada y finalmente confronté a mi padre con la pregunta lógica. ¿Porqué *M* si mi inicial era *R*? Rápidamente se inventó la historia de que la *M* era por Muttika, su apodo para mí. Yo quería creerle, y lo hice hasta que crecí y me di cuenta de que habían pertenecido a mi hermano Manasse—Bubi—y él me los había regalado.

No tuve control sobre mis otras pertenencias que habían sido vendidas, pero me aferré a estos cubiertos que no habría cambiado por todo el oro del mundo. Prefería pasar hambre. Este vínculo material con mi corta infancia me daba una sensación de dignidad y me recordaba quién había sido e, inevitablemente, aún era. Mantenía mis modales de mesa y utilizaba mis cubiertos de plata hasta con un humilde pedazo de *mamaliga*, a pesar de lo ridículo que se veía. Esto provocó muchos comentarios sarcásticos por parte de algunos niños, quienes me apodaron *Preetze* (Baronesa).

Sus burlas me herían, pero sonaban mucho mejor que los apodos que les habían puesto a otros niños. Por lo menos el mío tenía un aire de nobleza. Además, su percepción de que yo era diferente me hacía sentir especial y, por lo tanto, más viva.

De resto, yo era tan miserable como los demás huérfanos. Casi veinte de nosotras compartíamos una sola cama-plataforma y dos cobijas. Dormíamos con los cuerpos amoldados uno dentro del otro en la misma dirección para caber en el limitado espacio de la dura plataforma infestada de insectos. Si una de las niñas se volteaba dormida, todas nos dábamos vuelta para conservar la formación y poder seguir compartiendo la cobija.

Girábamos con precisión militar: *¡Izquierda! ¡Derecha! ¡Izquierda! ¡Derecha!* El derecho a un trozo de manta terminaba a menudo en una ridícula guerra de tirones. Tan pronto como la persona del extremo izquierdo halaba la cobija hacia su lado, la del derecho gritaba y tiraba hacia el de ella . . . y así seguía. Nos turnábamos para dormir en los extremos de modo que todas pasáramos por la misma molestia. Este arreglo parecería tolerable durante unos días, quizá semanas. Pero nosotras tuvimos que manejarlo durante más de dos años.

El contacto corporal tan cercano tenía por lo menos una ventaja. Nos mantenía calientes. Por otro lado, esparcía enfermedades y plagas.

Después del hambre que debilitaba, los peores y más dolorosos males que tuvimos que aguantar fueron los piojos, la sarna y los forúnculos, con su incesante rasquiña. Pasábamos la mayor parte del tiempo aseándonos a nosotras mismas o la una a la otra, sacando pus de abscesos, de heridas de sarna, o aplastando piojos entre las uñas. Había piojos en todas partes; aún siendo calvas, encontraban otros sitios en nuestros cuerpos en donde multiplicarse. Ponían sus huevos en nuestra ropa sucia que nunca cambiábamos. Eran inclementes.

Las chinches, que mordían, eran otra fuente de molestia. Luchábamos contra ellas con fuego; desbaratábamos las tablas de la cama y utilizábamos una mecha encendida o un pequeño fuego que prendíamos en el cuarto. Eso nos proporcionaba un alivio durante unas pocas semanas, pero luego volvían.

Desesperadas y sin medicinas, comenzamos a tomar en serio los "cuentos de comadres" y a usar absurdos remedios caseros. Uno de estos sobresale por absurdo. "La orina cura la sarna". En la bacinilla que teníamos, recolectábamos la orina de varias niñas y, una a una, empapábamos nuestras manos infectadas con sarna, esperando una cura milagrosa. Como resultado, nos re-infectábamos y el ciclo se perpetuaba.

Una helada noche de invierno estábamos paradas alrededor de una pequeña fogata que ardía en un recipiente de hierro en el centro del cuarto, calentándonos las manos. Una de las niñas se acercó demasiado y su vestido ardió en llamas. Como no teníamos agua para apagarlo, otra muchacha instintivamente agarró el único liquido disponible—nuestra bacinilla llena de orina—y le regó su contenido encima. El humor negro nos hizo soltar la risa. Bajo esas circunstancias no le importó la humillación. Y así, la orina que no nos curó la sarna, por lo menos salvó una vida.

Sin importar lo que hiciéramos, nunca pudimos librarnos ni de los parásitos ni de las enfermedades. La única enfermedad de la que sí me curé fue la malaria, y eso porque recibí unas tabletas de quinina que uno de los doctores del campo había conseguido de un reciente embarque de la Cruz Roja. Desafortunadamente no podía tragar la diminuta píldora y tenía que pulverizarla para no atragantarme. Tres veces diarias tenía que tomarme esa amarga medicina, cuyo sabor permaneció en mi boca por meses. Ni siquiera tenía un cubo de azúcar para neutralizarlo.

Simultáneamente con la malaria, sufrí de disentería, parásitos intestinales y diarrea crónica. Esto, combinado con el hambre atroz, me causaba tal fatiga que a veces me sentía demasiado débil hasta para sentarme para la diaria ración de comida.

Las ocupantes del sanatorio éramos privilegiadas, ya que no teníamos que hacer fila en el vestíbulo de abajo para recibir la comida. Por consideración con nuestro mal estado de salud, las voluntarias habían abierto un agujero en la pared, de modo que la recibíamos directamente desde la cocina.

En el vestíbulo, cientos de niños hacían fila; eran los que no tenían espacio para dormir en el orfelinato.

Voluntarios del campo desempeñaban una variedad de tareas, desde cocinar hasta enseñar. La persona que yo más quise fue Israel Pesate, un cantor de Czernowitz, que era nuestro director de coro. Organizó un grupo con las mejores voces, después de hacer pruebas a todos los niños. Cuando llegó mi turno, me informó que yo tenía la voz perfecta para cantar solos de contralto. Esto me sorprendió pues no sabía que poseía ese don.

Las visitas de Pesate significaban mucho para nosotros. Esperábamos ansiosos las pocas horas durante las cuales cantábamos, porque olvidábamos el hambre que roía, por un rato. Nos enseñó canciones en muchos idiomas, que incluían yidish, hebreo y alemán.

Mi amiga Mitzi, con voz de soprano, era la otra solista y las dos nos sentíamos especiales; nos daba una cierta popularidad, lo que es importante para cualquier niño, pero para nosotras era vital. Ensayábamos aplicadamente para nuestras presentaciones. La gente del campo venía a oírnos y hacían una contribución nominal que era destinada a harina o aceite. Sería necesaria una imaginación más que humana para visualizar el grotesco espectáculo. Un coro de niños emaciados, calvos y tristes, que cantaban canciones en yidish tan tristes que hacían llorar, y que reflejaban el dolor que realmente sentían los cantantes. Por supuesto, cantábamos también canciones alegres, pero pocas.

Fue allí donde aprendí a utilizar mi voz para conquistar corazones. Era demasiado orgullosa para pedir limosna. Pero encontré una alternativa: visitaba a los conocidos de mi familia por turnos, como si fuera una visita casual. Apenas llegaba, me ofrecían algo de comer. A veces un pedazo de tocino o una papa entera, ocasionalmente hasta un pedazo de pan con una tajada de cebolla y aceite. Después de que devoraba estas delicias, me pedían que cantara. A raíz de nuestras presentaciones, mi fama de cantante se esparció, y me pedían que cantara en todas partes; lo hacía gustosa, pues sabía que me implicaría algo de comer.

Pero, por cada niño que, como yo, no pedía, había otros que sí lo hacían. Algunos muchachos astutos encontraron incluso la manera de robar papas o remolachas de los campos de los campesinos. Otros se atrevían a escabullirse del campo y encontrar labores por las que los campesinos les pagaban con comida. Todo esto dio lugar a una empresa de canje de comida dentro del orfelinato, que iba acompañada de diarios diálogos:

"¿Quién ofrece una cebolla a cambio de una tajada de pan?"

"¿Quién cambia un pedazo de *mamaliga* fría por una papa?"

"¿Quién quiere un trozo de *makuch* a cambio de un ajo?"

El *makuch* era el residuo de las semillas de girasol prensadas. Era como comer puntillas. Destrozaba nuestros estómagos, pero era nuestra única fuente de calorías. Irónicamente, era el mismo *makuch* que mi abuelo solía dar a los campesinos para que alimentaran a sus cerdos en Milie.

Los niños conseguían estas "cuchillas de afeitar intestinales" con los campesinos o en la prensa de aceite de girasol, donde trabajaban de vez en cuando. Eran los muchachos quienes nos proporcionaban los trozos de esas tortas salvadoras. Para compartirlas, las cortaban en pequeños pedazos, de modo que alcanzaran para todos, o las canjeaban por otras comidas. El *makuch* nos mantuvo vivos, pero dañó nuestro sistema digestivo para siempre. Ciertamente arruinó el mío. En los días en que me hallaba demasiado débil para hacer mis salidas "cantables", estos niños mercaderes venían muy bien. Yo aprovechaba sus provisiones siempre que tenía algo para canjear. Naturalmente, conseguir comida era lo más importante de la agenda diaria y el tema más popular de conversación. A menudo yo soñaba con pan con mantequilla cubierto con mermelada de cerezas o de ciruela, o con miel de los panales de mi abuelo.

Una y otra vez hablábamos de nuestra esperanza de ser libres, de retornar al colegio y dar vuelta a las blancas páginas de un libro, de tomar un baño caliente con fragante jabón, de cambiar nuestros harapos por ropa, y de dormir solos en una cama limpia y suave.

Estas visiones nos daban fuerzas. Parecíamos desarrollar una especie de habilidad para aguantar lo inaguantable. No tengo idea de cómo tolerábamos los olores, la mugre y la suciedad de los demás. En el verano nos las arreglábamos para lavarnos en el río cercano, pero durante el inclemente invierno ucraniano era virtualmente imposible. Aún así, algunos valientes se limpiaban con nieve. También cuidaban de sus necesidades en la nieve.

De hecho, todo el campo era un baño al aire libre. Cada callejuela y solar, así como el lecho del río, servían como tal. Y nosotros, los que vivíamos al lado del río, teníamos que tolerar el hedor todo el tiempo. Camino al río, era casi imposible evitar las pilas de excrementos que cubrían prácticamente la superficie de su lecho.

Nuestro sótano y las paredes de una casa en ruinas aledaña, también eran utilizados con el mismo fin. Hombres y mujeres hacían sus necesidades, sin inmutarse por la presencia de los demás. Estábamos reducidos a un comportamiento animal; la vergüenza y la modestia no tenían cabida cuando estaba en juego la supervivencia.

Nos bañábamos en un río contaminado con excremento humano, y tomábamos su agua. Sólo nos librábamos del hedor en el invierno, cuando el área de nuestro baño público se helaba.

No nos atrevíamos a salir al baño de noche pues era cuando los soldados rumanos y alemanes rondaban los campos, y violaban y mataban al azar. Usábamos a cambio un balde, hasta que se llenaba. Todas las mañanas una de las niñas más saludables era asignada para desocuparlo en el río. El miedo a ser asesinados era omnipresente. Tratábamos de reprimirlo, pero temíamos el momento en el que cualquier oficial loco diera la orden de atacar el orfelinato.

Bershad, sin embargo, era tolerable, comparado con el destino de los niños de otros lugares de Transnistria. Corrían siniestros rumores sobre el salvajismo nazi. El peor era sobre niños enterrados vivos.

El periódico rumano *Scanteya*, con fecha de Octubre de 1944, incluyó el siguiente recuento sobre el pueblo de Valegotilovo:

En la ruta de los simpatizantes nazis: Niños enterrados vivos en Transnistria

"Las bestias nazis han arrasado todos los países que han ocupado, pero su salvajismo nunca se manifestó tanto como en la U.R.S.S. donde cientos de miles de judíos han caído ante la crueldad de estas bestias. Ucrania en sí se convirtió en el campo de ejecución nazi."

Dejemos que hablen los documentos. He aquí lo que declaró Constinenko del pueblo de Valegotilovo.

"El pueblo fue ocupado por los alemanes el 6 de agosto de 1941, a medio día. Inmediatamente comenzó el fusilamiento de judíos y comunistas. Muchos se escondieron en los campos. Las unidades especiales de la S.S. los interceptaron y comenzaron una cacería. Las niñas bonitas fueron distribuidas entre los oficiales y fusiladas después de usadas . . . Las ejecuciones tenían lugar en trincheras, a 500 metros del pueblo. Los hombres formaban un grupo; las mujeres y los niños otro. Se arrodillaban de cara a la trinchera. Los alemanes pasaban a caballo y les disparaban en la nuca. Los gritos de las mujeres y los niños, los harían temblar . . . Las mujeres embarazadas recibían el tiro en el abdomen. Algunas veces les abrían el vientre y el bebé caía. Los niños menores de dos años eran enterrados vivos.

"Cuando se habían extinguido los últimos vestigios de vida, los criminales limpiaban la sangre de sus armas y manos en las caras y ropa de las víctimas. Luego, comenzaban a cantar, comer y beber, mientras los desafortunados campesinos cubrían los muertos con tierra." (Traducido por la autora al inglés de una copia hallada en la Biblioteca del Congreso en 1989).

El Cemeterio Olvidado

Lenta, muy lentamente, pasaron los meses del invierno. La nieve se derritió y la primavera de 1943 hizo su aparición. El despertar de la naturaleza acrecentó mi inquietud respecto a las oscuras circunstancias en las que fue enterrada mi familia.

Había imaginado algún tipo de fosa común en un sitio lejano e inaccesible. Pero de acuerdo con los rumores, la realidad era mucho más triste, con historias de cuerpos sin enterrar y fosas comunes sin marcar. Temblé con solo visualizar el siniestro cuadro.

Para mi gran alivio, me enteré que el cementerio judío quedaba solamente a un par de kilómetros del campo. Y a pesar de que era territorio prohibido, la gente iba hasta allá, corriendo el riesgo de ser descubierta. Sin importar el peligro ni mi debilidad, decidí ir. Después de haber visto tanta muerte, se podría pensar que ver un cementerio no me inmutaría. De manera paradójica, conservé el terror ante todo lo que estuviese relacionado con la muerte. Sin embargo, la ardiente necesidad de encontrar las tumbas de mis seres queridos y estar con ellos en espíritu, suprimió mis temores.

Un día, junto con un grupo de huérfanos mayores, me lancé a mi peregrinaje más solitario y dramático. Fue una caminata larga y agotadora. Cuando finalmente llegamos, cada quien se fue por su lado; me dejaron sola entre las antiguas tumbas de los Jasídicos[9] y las más recientes de los judíos que habían muerto en Bershad antes de la guerra.

---

[9]   El Jasidismo es un movimiento místico judío (N. E.)

Temblando de miedo miré a mi alrededor, estudiando el área en busca de una marca reciente. Mas no existía señal alguna que indicara el lugar del eterno descanso de las miles de víctimas que habían perecido durante el invierno de 1941-42.

Al adentrarme en el cementerio, noté algunas tumbas recientes de diferentes tamaños, pero sin ninguna marcación. De repente, hice un descubrimiento siniestro. Esparcidos por toda el área, esqueletos y huesos individuales—huesos humanos—cubrían el suelo como conchas en una playa.

Mi búsqueda de una fosa común fue inútil. Había sólo huesos y más huesos—un espectáculo fantasmagórico y de pesadilla. Para asegurarme de que no se trataba de alucinaciones, me detuve para tratar de calmarme. No había duda—era realidad. Por un momento, se me ocurrió que entre esos huesos podían encontrarse los de mi familia. Entré en pánico. La sangre se me subió a la cabeza. Poseída por un loco impulso, comencé a hablarles a esos huesos como si tuvieran características humanas.

Primero levanté un hueso largo. "Esta podría ser una de tus piernas, Papa", pensé. Luego recogí otro. "Bubi, ¿es este uno de tus brazos?". Vi un cráneo y lo toqué lentamente mientras continuaba mi investigación. "¿Eres tú, Mama?".

En ese momento, el adormecimiento de mis emociones que me había impedido llorar, se disipó. Fue como si de repente se hubiese abierto un dique. Las lágrimas rodaban por mis mejillas, lágrimas que ya no podía suprimir. Lloré mucho, histéricamente. Luego sentí que alguien me tocaba y me sacudía. Cuando recuperé mi sano juicio, reconocí a uno de mis compañeros. El grupo tuvo que esperar un rato antes de que fuera capaz de controlarme para regresar al orfanato.

Amargada y con el corazón destrozado, juré hacer todo lo posible para mantener vivos los nombres de mis padres y hermano.

Con el recuerdo de esa experiencia, comencé a comprender la importancia de las costumbres judías y las tradiciones religiosas. La muerte era aún un suceso diario en el campo, pero como la tasa había disminuido un tanto, había más tiempo para tratar a los difuntos de manera más humana. Escuchar el *kaddish*, la oración de difuntos, adquiría para mí un significado especial.

Otra plegaria, sin embargo, me producía una abrumadora pesadumbre: el *yizcor*. A pesar de que yo no entendía las palabras, la tristeza de la melodía me rompía el alma. Lloraba por dentro cada vez que la escuchaba y me lamentaba de no tener un familiar masculino para desempeñar esos ritos, o la forma de pagarle a alguien para que lo hiciera, dado que sólo un adulto varón puede recitar esas oraciones.

Seguían ocurriendo fallecimientos a diario, aunque en menores cantidades. Parecía no haber alivio a la vista, como si el mundo nos hubiese olvidado. En nuestro aislamiento, no podíamos saber que el Consejo Judío de Rumania estaba tratando desesperadamente de mandarnos ayuda. Ese intento era posible sólo porque Rumania, a pesar de estar aliada con los nazis, no estaba bajo su ocupación y, por lo tanto, podía actuar de manera independiente contra el mandato alemán, y a menudo lo hacía.

A pesar de encontrarse bajo la dictadura nazi, muchos rumanos—intelectuales, miembros del clero o simplemente humanitarios—a quienes siempre llamo "la mayoría silenciosa", se oponían al genocidio y se atrevieron a intervenir a favor de los judíos. Esto se hizo factible porque muchas personalidades importantes mantenían sus relaciones y contactos con prominentes líderes judíos que luchaban incansablemente por la liberación de sus hermanos en desgracia. El Rabino Alexandru Safran, el Dr. Wilhelm Filderman y Fred Sharaga, fueron algunos de los muchos líderes judíos sobresalientes; y para nombrar sólo a algunos de los gentiles, estaba la Reina Madre Elena de Rumania, Nicolae Balan, el Mayor Agapiescu, Charles Kolb (representante de la Cruz Roja Internacional en Rumania), y la señora Ioan, directora de Cruz Roja de Rumania. Urgido por el Consejo Judío, el nuncio papal Andreas Cassulo visitó Transnistria en 1943, y envió un reporte al Vaticano. Como resultado, la Santa Sede transfirió más de un millón de *lei* rumanos para ayudar a los deportados.

El cementerio de Bershad. En el centro el
obelisco erigido por los sobrevivientes 1943, en memoria de los
20 mil judios deportatos quienes perecieron allá.

Por fin fue aprobado el permiso para la ayuda. El mariscal Ion
Antonescu, líder rumano, ordenó el apoyo para Transnistria, no
necesariamente para salvar a los judíos, sino para cumplir con una
exigencia de los comandantes del ejército alemán que temían una
epidemia de tifo. De todas maneras, nosotros fuimos los beneficiados.
En vista de los últimos desarrollos de la guerra, el mariscal Antonescu
aflojó la constricción alrededor de los campos de Transnistria,
probablemente por temor a ser juzgado como criminal de guerra. Eso,
a su vez, permitió la entrada de más ayuda para combatir el hambre y
las enfermedades.

Todos los campos recibieron algún dinero para ayudar a los
orfanatos, los hospitales y las cocinas gratuitas. Se estableció una línea de
comunicación con los familiares de los deportados que habían quedado
en los sitios de origen. En mi caso, no sé cómo alguien se enteró de
mi supervivencia y paradero, pero alguien lo hizo. Rápidamente las
paredes de nuestro pequeño centro comunitario se convirtieron en una

gran cartelera con notas de todos los tamaños y colores. Todos corrían afanosamente en busca de su nombre, con la esperanza de establecer contacto con su familia o amigos.

Un día, me dijeron que mi nombre aparecía en la pared. No podía creer que alguien me recordara. De hecho, había una corta carta de mi querida Tía Anna. Yo estaba dichosa. Tan pronto pude encontrar un trozo de papel, le respondí. Después de un tiempo que pareció eterno, milagrosamente recibí su contestación y un poco de dinero. ¡Dinero!

¡Deutschmarks! Más exactamente, RKKS, *Reichskreditscheine,* la moneda oficial durante la ocupación alemana. ¡Nunca había tenido más de una moneda de diez *lei* en toda mi vida! Ahora que tenía unos cuantos billetes, dudaba si debería tocarlos por lo que solía decir mi padre sobre tocar dinero. Tristemente me di cuenta de la ironía de las circunstancias y ansiosamente agarré los billetes.

Con ese dinero compraba diariamente una tajada de pan y un trozo de mantequilla a los campesinos, autorizados ahora a vender sus productos en el gueto. De vez en cuando me daba gusto con un plato de albóndigas que, más tarde me enteré, eran elaboradas con carne de perro. Esta comida caliente era preparada y vendida por una arrugada anciana que vivía en una choza frente al orfanato. Con el aroma que emanaba de esa choza a menudo se me hacía agua la boca, pero hasta ese momento no había tenido con qué comprar ninguna de sus "delicias". Mis finanzas tuvieron otro estímulo cuando Tía Cilli también se enteró que había sobrevivido; me envió algún dinero y un paquete de ropa usada. Recuerdo especialmente un traje de esquiar azul oscuro que había pertenecido a mi primo Guido. Ese vestido me mantuvo caliente en el invierno, y sustituyó a mi única falda que parecía ya una red de pesca de tan rota que estaba. Su desventaja era que con mi cabeza calva me veía como un muchacho, y algunas personas se dirigían a mí como tal, lo que me molestaba.

Ahora que muchos internos recibían ayuda económica de sus familiares, el Comité Judío decidió hacer una colecta de dinero para la construcción de un gran monumento en memoria de las víctimas de Bershad. Debíamos pagar una determinada cantidad por cada nombre que sería grabado en el monumento. Pagué mi parte, una suma que me habría alimentado durante varias semanas. Preferí pasar hambre para honrar a mis seres queridos—la penitencia por el pecado de haber sobrevivido.

Completar el monumento tomó mucho tiempo, pero hacia el final de 1943, el deseo de los sobrevivientes se convirtió en realidad. Tomó la forma de un alto prisma pentagonal, en cuyas placas de mármol fueron inscritos los nombre de miles de personas. Para las víctimas cuyos familiares no podían permitirse el pago y aquéllos que murieron sin dejar atrás a nadie, el quinto lado llevaba la inscripción en hebreo del Rabino Berl Yasser de Briczene, dedicada a todas las víctimas:

Por la eterna memoria,
en conmemoración del mundo destruido
de la gente eterna
en el valle de la destrucción:
No guardéis silencio
ante los muchos hijos de Israel,
[abandonados] sin un maestro, sin un salvador,
padres e hijos, bebés y ancianos;
inseparables, en fosas comunes, nunca se alejaron.
De hambre murieron, congelados por el frío,
trotamundos exiliados, privados de la libertad,
mártires de la tierra,
víctimas de la tiranía.
En la vida y en la muerte estuvieron unidos.
En el año 5702 (1943) en Bershad.
Que quienes aquí fueron inscritos con nombre
sean también recordados entre los miles sin nombre.
Sea conservada su alma en el mazo de la vida.
(Hugo Gold, *Geschichte der Juden in der Bukovina*
[Historia de los Judíos en Bucovina]; (traducido por la autora al
    inglés)

La ceremonia de develación fue una mezcla de tristeza y gratificación. Los nombres de mis padres y hermano estaban tallados en mármol para la posteridad, para mis hijos y los hijos de mis hijos. Experimenté una profunda satisfacción y me quité un gran peso de encima; por fin serían recordados. Habría un lugar al cual podría venir a honrar a mi familia y a las miles de víctimas de Bershad. Sabía, en mi corazón, que algún día volvería.

Después de hacer mi contribución para el monumento, de nuevo quedé en la inopia, viviendo con una ración diaria de *mamaliga*. Más adelante, algunos niños siguieron recibiendo pequeñas sumas de dinero de parte de sus familiares de Rumania. Esto ayudó a incrementar nuestras calorías diarias; también pudimos aumentar la variedad de comidas que podíamos canjear entre nosotros. Los productos más apetecidos eran trocitos de mantequilla envueltos en hojas verdes, pedazos de pan, terrones de azúcar y un ocasional huevo.

La demanda por el horrible *makuch* disminuyó, pero la *mamaliga* siguió siendo la comida básica. Un toque de mantequilla la hacía más agradable. Excepto por la leve mejoría en nuestra alimentación diaria, la vida continuó con incesante monotonía, miseria y temor.

Justo cuando pensé que había recuperado mi fuerza, me atacó otro episodio de tifo. Tuve que ser admitida en un improvisado hospital situado en la calle principal. Estaba equipado con más o menos cuarenta catres con harapos en lugar de colchón, sin ropa de cama ni agua corriente. Era sucio y apestaba a desperdicios humanos. Un médico y unas cuantas enfermeras hacían lo que podían por los más enfermos, pero aún ellos tenían que esperar bastante hasta que hubiese una cama disponible. Solo cuando alguien moría, admitían al siguiente en turno.

Me mantuvieron en cuarentena, inyectándome estricnina con el fin de fortalecer mi corazón que empezaba a fallar. De cuando en cuando, y como por entre una cortina opaca, veía que alguien me saludaba con la mano a través de la ventana. Con esfuerzo, logré reconocer a la casera de la señora Korn. Curiosamente, hacía de mensajera, y me traía una ración diaria de sopa y puré de manzana que me enviaba la señora Korn. Era el único alimento que recibía. Actos de generosidad como éste, de parte de compañeros deportados, ayudaron a mantenerme viva.

Además de la quemante fiebre, me acosaban una terrible diarrea y cólicos tan severos que con frecuencia quedaba inconsciente. Realmente, ya no tenía más fuerzas para luchar. Durante un período indeterminado, quizás varias semanas, oscilé entre la vida y la muerte. Para dominar mi desesperación y mi miedo, anticipaba una eventual reunión con mi familia. Pero debo haber tenido un "ángel guardián", porque en contra de todas las probabilidades médicas, lentamente me recuperé . . . de nuevo.

Al salir del hospital, regresé al orfanato y, nuevamente, tuve que aprender a caminar. Estaba feliz de volver con mis amigas, a quienes extrañé mucho durante la hospitalización. Cuando recuperé un poco la energía, volví a cantar en el coro. Me era necesario: fue la mejor descarga para mi tristeza. La música y el canto eran mi anestesia emocional y mi resistencia espiritual. Otra forma de acumular resistencia era por medio del aprendizaje de lo que fuera y donde fuera. En mis absurdas circunstancias, lo único que podía hacer era escuchar a un amigo mayor contar historias y recitar poesía que sabía de memoria. Eliezer Sternberg (hoy Profesor Elazar Kochba) era un muchacho buen mozo y un estudioso que se dedicó a la tarea de introducirme a la literatura yidish, especialmente escritores como I.D.L. Peretz, Shalom Aleichem e Itzhac Manger. Probablemente nunca supo lo mucho que significó para mí.

Más adelante, conocí a una muchacha llamada Donia. Ella y su hermano se encontraban entre los niños que hacían fila por su ración diaria de comida. Por una conversación, descubrimos que había conocido a mi prima Lucie y a mi hermano Bubi, y se dio entre nosotras una amistad muy especial.

Donia tenía dificultades para caminar debido a una dolorosa infección crónica en una pierna que pronto se convirtió en un peligro para su vida y requirió de hospitalización. A pesar de que era unos años mayor que yo, rápidamente me convertí en su protectora. Visitarla en el hospital se convirtió en mi misión diaria. Siempre le llevaba algo de comer, aunque implicara tener que saltarme una o dos comidas.

Donia sospechaba que yo me estuviese sacrificando y siempre me preguntaba, "¿Has comido hoy?" y yo mentía al contestar afirmativamente. La satisfacción que derivaba de esa pequeña caridad era mayor que la que me producía la comida. Resuelta a ayudarla a recuperarse, yo oraba por que no tuviese que enfrentar una amputación. Al cabo de seis meses mejoró un poco, pero le tomó años recuperarse.

Un día, cuando iba a visitar a Donia, noté un tumulto en la plaza cerca del hospital. Sin saber de qué se trataba, afanada y nerviosa pasé por detrás de un oficial alemán de las S.S. De repente, oí disparos y gente que gritaba. Rápidamente me escabullí entre la multitud y corrí. Cuando llegué a casa, los niños estaban escondidos bajo las camas de tablas, temblando de miedo. "¡Pronto, aquí abajo!" me dijeron, y me arrastraron bajo una tabla. "¿Dónde has estado? ¡Estábamos preocupados por ti!"

"Estaba en el hospital visitando a Donia. ¿Qué está pasando?"

"¿No lo sabes? El comandante alemán está disparando entre la multitud por diversión", me informaron mis compañeras de cuarto con voz temerosa.

"¡Acabo de verlo en la plaza!", exclamé.

"No sabes lo afortunada que eres. ¡Acabas de escapar de la muerte por un segundo!"

¡Dios mío!, me dije. Si hubiera volteado la cabeza mientras me encontraba detrás de él, habría sido mi fin. Una vez más, había escapado de la muerte. Sabíamos que si los alemanes llegaban a descubrir nuestro orfelinato, nos matarían a todos.

Luego supimos que era el infame Mayor von Breitag, nuestro comandante alemán local, quien en sus acostumbrados paseos por el pueblo disfrutaba matando perros y judíos, inspirando terror. Por lo tanto, nos mantuvimos escondidos bajo las plataformas por unos días, hasta que pasó el peligro. Nunca nos aventurábamos lejos del orfelinato por el constante peligro. Sólo los niños excepcionalmente valientes salían del campo, especialmente en busca de comida. Personalmente, nunca conocí mucho de Bershad. Estaba demasiado débil y no era tan valiente. Mis excursiones se limitaban a las pocas casas cercanas al orfanato.

Nos llegaron noticias sobre asesinatos masivos más allá del río Bug, donde estaban a cargo las S.S. Muchos internos de Bershad que fueron enviados allí para trabajos forzados, jamás retornaron. Vivíamos con el continuo temor de correr con el mismo destino. Un día, una adolescente con un vestido de verano color crema y luciendo una larga trenza, entró a nuestra habitación. El aspecto de su rostro nos heló la sangre. Su nombre era Fenya, y nos contó cómo escapó de una de esas matanzas masivas. Nos agrupamos a su alrededor, escuchando anonadadas y temblando de miedo.

Fenya había nacido y crecido en Ucrania. Ella y su familia habían sido enviados a un campo nazi, donde las ejecuciones diarias eran comunes. Los judíos, relató Fenya, eran forzados a cavar sus propias tumbas. Luego, los obligaban a arrodillarse en fila a lo largo de una enorme trinchera y los S.S. les disparaban. Cada tiro dejaba una víctima que caía dentro de la trinchera. Nadie debía tocarlos. Ni se molestaban los S.S. en cubrir sus tumbas. Fenya, anticipando su turno de recibir el disparo, cayó en la trinchera con las demás víctimas que aún gritaban y gemían. Cuando después se dio cuenta de que no estaba herida siquiera, fingió estar muerta.

Al caer la tarde, comenzó a arrastrarse para salir de debajo de los cadáveres y al amparo de la noche esta valerosa muchacha escapó y se escondió entre los matorrales y los campos de maíz hasta llegar a Bershad.

Recuentos igualmente monstruosos nos llegaban a menudo. Venían de testigos no judíos que decían haber visto tumbas recientes que se movían por dentro, lo que sugería que muchos habían sido enterrados vivos. Con ese terror, la vida cotidiana siguió su curso, sin señal alguna de una liberación inminente.

Por fin, llegó la jubilosa nueva de la derrota alemana en el frente oriental. Debía haber sido una muy buena noticia, pero para nosotros significaba que los alemanes en retirada pronto llegarían a nuestro campo y que el orfanato podría ser su primer blanco. Conocíamos su intención de borrar a las generaciones venideras, y eso nos produjo mucha aprensión.

Aliviados en cierta forma de la lucha por la mera supervivencia, nos dimos cuenta que habíamos perdido tres años de educación escolar.

Esto no molestaba a todos los niños, pero a mí, sí. Me enfurecía que después de perder a mi familia, mi dignidad y mi salud, me robaran también mi educación. No podía hacer absolutamente nada para revertir mis otras pérdidas, pero sentía que era posible hacer alguna cosa respecto a ésta. Además, me parecía que aprender era una forma de salirme de esta desolación.

Varios de nosotros comunicamos nuestra preocupación a los voluntarios del orfanato, y pronto hallaron una solución. Se decidió que el señor Horowitz, supervisor del cuarto de los muchachos y profesor de profesión, nos dictara clases. Utilizamos el vestíbulo donde los niños no internos hacían fila para la distribución de comida. Cuando se iba el último de ellos, nosotros, los internos, nos sentábamos en el suelo, sin papel o lápiz y escuchábamos al señor Horowitz hablar sobre ciencia o matemáticas. Éramos una sola clase, sin importar la edad o la educación previa. Su buena voluntad y nuestra receptividad hicieron posibles nuestras improvisadas lecciones. Esta diaria actividad era de máxima importancia para mí y traté aplicadamente de reponer el tiempo perdido.

Simultáneamente, la comunidad organizó una pequeña escuela privada para los niños cuyos padres podían permitirse un pago nominal. Los directores de ese colegio improvisado designaron unos pocos cupos para los huérfanos. Yo me emocioné al saber que estaba entre los cinco o seis que nuestro maestro había seleccionado. ¡Un sueño hecho realidad! Me sentía muy afortunada y orgullosa. Dado que mis padres y mi hermano ya no estaban, era importante para mí y mi supervivencia lograr alguna meta. Por fin algún tipo de normalidad había sido devuelto a mi vida, cierta dignidad, e iba a hacer todo lo posible por aferrarme a ella.

Todas estas buenas nuevas no vinieron sin problemas. Aún tenía heridas purulentas de sarna que cubrían mis manos. No tenía con qué vestirme y me avergonzaba terriblemente mi cabeza rapada. Después de todo, iba a estar con niños "normales", cuyas familias por lo menos tenían algo de dinero que ayudaba a protegerlos. Los huérfanos éramos una especie diferente. Yo tenía demasiadas cosas que ocultar y, a los trece años, eso no contribuía exactamente a mi autoestima. Mi conflicto estaba entre renunciar a la educación o controlar esos obstáculos. Con gran aprensión, opté por lo segundo. En el momento más crítico de mi disyuntiva—cuando estaban a punto de iniciar las clases—mi "ángel guardián" vino al rescate, de nuevo.

Una semana más tarde, de visita en casa de los Korn, el señor Korn me dio una maravillosa noticia: el Comité Judío Americano Unido para la Distribución había enviado un gran baúl lleno de ropa usada para el orfanato. En unos días vendría a distribuirla y prometió dejarme ser la primera en elegir.

Para ese gran evento nos reunimos en el cuarto más grande, amontonados en las camas plataforma y en el suelo, y esperamos impacientes. El baúl, seguido del señor Korn y su séquito, fue traído y colocado en el suelo. Todos los ojos estaban fijos en él, como si fuera una caja mágica llena de sorpresas jamás imaginadas. Como en una ceremonia de gran importancia, con discursos y bendiciones, por fin fue abierto el baúl, ante los "¡oohs!" y "¡aahs!" de los niños.

"Ruthi Glasberg, escoge el primer vestido", exclamó el señor Korn. Me acerqué al tesoro y escogí un vestido de lana azul pálido, porque hacía juego con mis ojos. Para cubrir mi cabeza calva, tomé una pañoleta del mismo color. Después de mí, los niños atacaron el resto del contenido con frenesí. Los muchachos agarraban blusas de niña, las niñas ropa interior de hombre. Los niños altos terminaban con pantalones demasiado cortos y las muchachas con faldas muy largas. Todos estábamos sonrientes; reíamos, brincábamos, nuestros ojos brillaban, nuestras caras se encendieron de felicidad, caras que casi habían olvidado cómo expresar tales sentimientos.

La conmoción y el buen ánimo dominaron el día. Con gran satisfacción nos deshicimos de nuestros harapos y los reemplazamos con ropa usada de colores, que para nosotros era tan nueva como si hubiese sido comprada recientemente en las Galerías Lafayette de París. Todos nos veíamos cambiados, más dignos, más humanos, y algunas niñas nos veíamos incluso bonitas. Carecíamos de espejos pero nos sentíamos lindas desde adentro, lo que se reflejaba en los ojos de nuestros compañeros.

Ahora podía ir al colegio con un vestido nuevo y con un pañuelo azul en la cabeza. Sin embargo, esconder mis manos infectadas con marcas de sarna era un gran problema. De alguna manera me conseguí dos pañuelos más y los envolví alrededor de mis manos y entre los dedos de manera que las heridas no se vieran.

Toda vestida, con las heridas cubiertas, sin libros ni papeles, me dirigí a la pequeña escuela improvisada, donde entré a cuarto grado a los trece años. Era mi primera vez dentro de un salón en casi tres años, y mi primer contacto con niños que tenían cabello, estaban normalmente vestidos y no eran huérfanos. Inmediatamente me sentí diferente, inferior e insegura. Dios sabe qué más sentí, pero mi corazón se encogió ante la idea de ser una pobre y sucia huérfana. Me hubiera muerto si alguien descubriera lo que sucedía bajo mis vendajes. Aunque nadie pareció notar nada fuera de lo común, mi conciencia me acosaba y me impedía concentrarme en clase. Me sentía como si estuviera camuflando un acto criminal.

Al recordar lo que solía suceder en los chequeos de rutina de mi propio colegio, cuando los niños que tenían piojos o sarna eran objeto de burlas y enviados a casa en medio de lágrimas, temía que algo similar sucediera aquí. Pronto mi secreto sería revelado y sería acosada. Afortunadamente nunca hubo tal inspección.

Pero mi felicidad pronto se vio interrumpida por las noticias de la retirada del ejército alemán. De día y de noche circulaban los tanques alemanes por la calle principal, seguidos de soldados a pie y en camiones. Especulábamos sobre las posibilidades de supervivencia ahora que el pueblo estaba lleno de alemanes. Algunos predecían nuestro fin si más alemanes cruzaban nuestro campo. Otros pensaban que pronto seríamos liberados por el Ejército Rojo.

Existía también la esperanza de que los partisanos ayudaran a liberarnos. Escondidos en los bosques, llevaban a cabo heroicos actos de sabotaje contra los nazis. Sabíamos que entre ellos había rusos, ucranianos y judíos, incluyendo algunos de nuestro campo. Muchos partisanos debían esconderse a menudo entre los deportados para evitar ser detectados. Nuestro propio doctor Schrenzel, un abogado, llevó a un grupo de jóvenes partisanos al campo de Bershad. De alguna forma se comunicaban y a menudo ayudaban a los insurgentes en labores de inteligencia.

Un día, al asomarnos por la ventana de nuestro "sanatorio", vimos un cuerpo humano colgado de un poste de telégrafo. En cuanto nos aventuramos a salir a la calle, encontramos que había varios cuerpos más colgados de todos los postes de la calle principal. Para hacernos creer que eran partisanos capturados, pegaron en cada cuerpo un aviso que decía "Esta es la recompensa para los colaboradores".

Aparentemente ni los rumanos ni los alemanes podían capturarlos así que, en su lugar, mataban a algunos judíos en el campo y los colgaban. Esos cuerpos se quedaron bamboleándose colgados durante todo el invierno.

Para entonces yo ya había visto una gran cantidad de muertos y me había acostumbrado un poco a ellos. Pero estar expuestos a esos cadáveres colgantes todos los días era abrumador. Era obvio que inevitablemente mirábamos por la ventana, y teníamos que pasar por la calle principal para ir a cualquier sitio; así, el encuentro con los cuerpos congelados ocurría a diario. Yo me convencí a mí misma de que eran estatuas de espanto que adornaban la calle. Algunos muchachos, debido probablemente a su propio miedo, practicaban el "humor negro" contra las niñas que, como yo, que nos asustábamos con facilidad. En el momento menos oportuno, aparecían detrás de nosotras, hacían ruidos y decían "Mira, ¡Viene el hombre colgado! ¡Viene el hombre colgado!".

Yo me asustaba y no me parecían para nada divertidos sus chistes. Tenía terribles pesadillas con esos cuerpos colgantes y a menudo me despertaba empapada en sudor frío.

El Mayor von Breitag, comandante alemán, fue quien torturó y mató a casi trescientos judíos, incluyendo a nuestro doctor Schrenzel, por su conexión con los partisanos.

La presión causada por la ofensiva rusa sobre las autoridades rumanas del campo, los incitó a ejecutar a otros doscientos judíos en Bershad. Y Breitag, desmoralizado, caminaba a menudo por el gueto con su pistola cargada y disparaba a los grupos de judíos que se dirigían al mercado para comprar comida. En cuanto oscurecía, las S.S., bajo el pretexto de buscar partisanos, disparaban sobre todo aquel que se encontrara en las calles. Algunos judíos fueron detenidos en el sótano del cuartel del comando, sin agua ni alimento. Allí los maltrataban y los torturaban—con frecuencia eran quemados con hierros candentes para hacerlos revelar los escondites de los partisanos.

Obviamente eran víctimas inocentes que no tenían ni idea del paradero de los partisanos y no podían proporcionar ninguna información. Sin embargo, los nazis los arrastraban a las afueras del pueblo, los obligaban a cavar sus propias tumbas y les disparaban. Inmediatamente eran cubiertos, a pesar de que muchos aún estaban vivos.

Estos nuevos acontecimientos pusieron fin a todas las actividades del campo, incluido el colegio. Todo lo que podíamos hacer ahora era rezar y esperar un milagro. Y este llegó.

El rápido avance del Ejército Rojo comenzó a preocupar al mariscal Antonescu. Bajo la presión de los líderes judíos y de la Cruz Roja Internacional, además de haber recibido un billón de *lei*, accedió a dejar ir a cinco mil huérfanos menores de diez y ocho años. Serían liberados en Rumania, y de allí, embarcados hacia Estambul, Turquía. Desde allá, la Agencia Judía los transportaría a Palestina. Pero poco después cambió de parecer y admitió sólo a huérfanos que hubieran perdido a ambos padres y tuvieran menos de quince años. Esto redujo el número a menos de dos mil.

Esta vez confiábamos que el plan se materializaría. Una vez que oímos la noticia, estábamos impacientes. La fiebre de viaje se apoderó de nosotros. Se compilaron listas de huérfanos y comenzaron los preparativos para el viaje con el concurso de una delegación de judíos de Rumania. En un frenesí de emoción, empacamos muchas veces nuestros miserables haberes y compramos comida para el viaje. Pero una semana después, la comida había sido consumida y nosotros aún estábamos en Bershad.

Antes de partir, todos fuimos al cementerio a despedirnos de nuestras difuntas familias. El monumento estaba allí, protegiendo las almas de las víctimas. Leí y releí los nombres de mi padre, mi madre y mi hermano. Consolada por la presencia de este obelisco, al que podía regresar algún día, partí. Increíblemente, el tan esperado día de irnos de una vez por todas del infierno de Bershad—nuestro sueño de redención—llegó. Una vez más, una caravana de carretas tiradas por caballos se alineó frente al orfanato. Las abordamos en el orden en que los delegados nos llamaban. De nuevo nos encaminamos hacia Balta. Recordando el abortado viaje de dos años atrás, rezamos por que éste transcurriera sin incidentes. Una parte de mi ser estaba inundada de alegría, la otra lloraba por dentro por los muertos que quedaban atrás. Pero, igual que Bershad se borraba en la distancia, se borraron los pensamientos sobre el pasado. Comenzamos en cambio a imaginarnos un futuro mientras especulábamos sobre la posibilidad de otro fiasco. Estos tortuosos pensamientos nos acompañaron durante toda la travesía.

Cerca de dos mil niños de todos los campos fuimos reunidos en dos orfanatos regionales, Moghilev en el norte, y Balta—que nos incluía a nosotros—en el sur. Los delegados a cargo de la operación, como Fred Sharaga, Dado Rosenkranz, e Itziu Herzig ("Itzhac Artzi") pusieron en peligro sus vidas para rescatarnos y a ellos debemos eterna gratitud.

En repetidas ocasiones Adolf Eichmann había impedido intentos previos de rescatar a los huérfanos de Transnistria. El 3 de marzo de 1943 ordenó al ministro del interior alemán en Bucarest, Rumania, bloquear el plan de rescate. Sin embargo, los rumanos hicieron caso omiso de esta orden. Así, a pesar de la voluntad de Eichmann, la operación de rescate fue exitosa, por lo menos en parte.

En esta ocasión, Balta estaba preparada para recibirnos. Fuimos alojados en orfelinatos y en casas de familia. A los pocos días nos reunimos en una entidad comunitaria para lavarnos a conciencia y ponernos ropa casi nueva y zapatos. Limpios y vestidos, nos llevaron a la estación del tren.

De nuevo . . . vagones de ganado. Entré en pánico. Pero me sobrepuse a este miedo pasajero diciéndome que estos vagones no tenían porqué molestarme puesto que estábamos camino a la libertad.

Bajo la supervisión de un delegado, nos acomodamos en grupos de diez por vagón.

Fue un largo viaje, pero no nos importó. No había comparación con los vagones que nos habían llevado a Transnistria. Esta vez teníamos suficiente comida y agua, y se hicieron frecuentes paradas para atender a nuestras necesidades corporales. Por primera vez en años estaba inmensamente feliz. El tren iba veloz hacia el occidente en dirección al río Dniester y nuestra alegría se hizo ilimitada.

ADENDUM *No: 17 Del juicio Eichmann*
El jefe de la policía de seguridad y de las S.S.
Berlín, Marzo 3, 1943
Encabezamiento: SECRETO
Numero 89/43 G
Dirigido al Ministerio de Relaciones Exteriores,
Consejero de la Delegación Señor von Hahn,
Berlín
Rapolenstrasse 11,
Asunto: Reasentamiento judío de los Balcanes a
Palestina.
Referencia: ninguna.

De acuerdo con información confidencial confiable, los agentes judíos en Rumania están buscando, a través de sus contactos en Estambul, posibles negociaciones con Turquía en relación con la concesión de visas de tránsito turcas para un grupo de mil niños judíos acompañados por 100 adultos judíos de Rumania quienes, con la cooperación de "Wagons-Lits", serán embarcados por tierra a través de Bulgaria y Turquía hacia Palestina.

Solicitamos que esta emigración planeada en lo posible sea cancelada.
K207357   Por órdenes de:

(firma)
Eichmann

(Traducido del alemán al inglés por la autora)

Muchas Lealtades, Muchas Patrias

CAPÍTULO 7

Niños envejecidos en sus capullos,
Estoy cerca de vosotros, retornados del infierno
Que en cada fibra del gastado cuerpo
Lleváis por siempre las cicatrices de la ilegalidad,
Huérfanos temerosos del chirrido de la puerta
Por el castigo de la bestia

Niños envejecidos en sus capullos
Jamás supisteis qué es el mal, ni la muñeca,
Ni las flores,
No fuisteis juguetones.
Para vosotros y vuestros padres
Los verdugos inventaron
TRANSNISTRIA

SASHA PANA
(Traducido del rumano al inglés por la autora)

El día siguiente llegamos al pueblo de Tiraspol en la frontera de Ucrania, desde donde debíamos cruzar el río Dniester y entrar a Rumania. Estábamos dichosos ante el prospecto de dejar atrás el infierno de Transnistria, pero los oficiales rumanos hallaron la manera de arruinar ese momento feliz.

Al llamar lista y cotejarla con los registros de nombres y los nombres de las escarapelas de los niños menores, encontraron muchos polizones—especialmente niños mayores de quince años. A cientos de niños mayores se les negó la entrada. Fueron separados de sus amigos y hermanos

125

mayores, enviados en otro tren y devueltos a los campos.

Los demás fuimos sometidos a otro procedimiento antiparasitario. Esta vez nos rociaron con un polvo blanco (DDT), nos entregaron otra muda de ropa, y nos hicieron pasar la noche en una bodega. Solo a la mañana siguiente nos permitieron abordar de nuevo el tren. Poco después, cruzamos el río Dniester y enfilamos hacia el pueblo fronterizo de Tighina. Tres días más tarde, por fin, llegamos a Iassi. Se suponía que una tercera parte de nosotros se quedaría allí, mientras que grupos menos grandes debían ser llevados a otros pueblos.

A pesar de que Rumania estaba aún en guerra y la vida era inestable y peligrosa, por lo menos estábamos de vuelta en algún tipo de civilización. Yo estaba encantada de volver a una ciudad normal, con calles adoquinadas, edificios de varios pisos, electricidad y almacenes. Estas imágenes, que habían sido olvidadas durante un largo tiempo, me evocaban sentimientos agridulces.

Los judíos de Iassi hicieron un esfuerzo especial para recibirnos con calidez y cuidar de nosotros. Su abrumadora compasión estaba probablemente acrecentada por su propia tragedia. Muy poco tiempo después de mis propias experiencias, escuché recuentos de primera mano de sobrevivientes de la reciente y bárbara historia de esta ciudad.

Iassi, antigua capital de Moldavia, era la cuna de muchos intelectuales. Tenía una población judía bastante numerosa hasta junio de 1942, fecha marcada por las más bárbaras masacres de la historia de la comunidad judía rumana. Es sacrílego describir esta horrenda tragedia en unas simples frases, cuando libros enteros no podrían hacerle justicia. Pero dejar de mencionarla sería una omisión imperdonable. Después de haber asesinado inmisericordemente a más de dos mil judíos, miles más fueron cargados en vagones de ganado sin ventilación. El "tren de la muerte", como fue llamado, partía hacia un destino desconocido, y vagaba lentamente a la deriva de sitio en sitio durante días enteros hasta que los ocupantes se sofocaban. Enseguida, el tren se detenía a descargar los cadáveres. Unos ochocientos sobrevivieron milagrosamente a ese infierno y fueron internados en un campo de concentración del que fueron liberados algunos meses más tarde. Sus testimonios describen en detalle el dantesco viaje a la muerte. En el momento en el que yo escuché las historias, no se conocía la cifra exacta de víctimas, pero posteriormente los investigadores afirmaron haber descubierto que fueron cerca de doce mil.

Después de los pogroms, los judíos recibieron la orden de retornar a sus vidas normales como si nada hubiera sucedido. De hecho, a juzgar por la aparente normalidad de la vida, era inconcebible que estos actos de salvajismo se hubiesen dado allí.

Marzo 6, 1944. El primer día de libertad de los niños coincidió con la fiesta judía de Purim[10].

Nos llevaron a un sitio que antes había sido un ancianato, y fuimos guiados hacia un comedor iluminado y elegante. Docenas de mesas estaban llenas de delicias. ¡Challah! ¡Pasteles de "orejas de Aman"! ¡Galletas!

Mi reacción fue como la de un ciego a quien se le devuelve la visión. Las luces eran demasiado fuertes para mí, después de tres años de oscuridad. La abundancia de comida, sobre mesas con manteles blancos impecables, era un espectáculo increíble y, sin embargo, un tanto inquietante. ¡Oh Dios! ¡Comida deliciosa y no racionada! ¡En cantidad ilimitada! Era sobrecogedor. Me quedé un rato parada a la entrada del recinto.

"Esto es un sueño", me dije. "No te entusiasmes. Pronto despertarás y te hallarás en el mismo terror de los últimos tres años". No pude comer ni un bocado.

La bien intencionada comunidad había preparado un banquete para nosotros. Mal podían saber cuál sería la reacción de estos niños muertos de hambre a tal abundancia. Nosotros necesitábamos algún tipo de proceso de descompresión, similar al que hacen los buzos antes de salir a la superficie. La mayor parte de los niños tuvieron la misma reacción que yo—no podían ingerir nada. Pero hubo también quienes no sólo engulleron todo lo que pudieron sino que guardaron comida bajo su ropa y entre los bolsillos, con el temor de que al día siguiente no hubiera nada.

Después de la comida nos condujeron a nuestros nuevos aposentos; las niñas en un piso, los muchachos en otro. Las habitaciones tenían hileras de camas camarote, con blanquísimas sábanas, cobijas calientes y suaves almohadas. Era como el cielo, extraño y casi demasiado

---

[10] Purim es una festividad alegre que conmemora la liberación de los judíos de la matanza perpetrada por Haman en el siglo V a.C. Se realiza en febrero o marzo y se acostumbra intercambiar regalos y hacer donativos a los pobres.

acogedor. Pero nos adaptamos pronto y absorbimos todo ese lujo y esa felicidad. Bajo ese bienestar subyacía sin embargo un sentimiento de culpa por haber sobrevivido mientras los restos de nuestros familiares se pudrían en un lugar lejano.

Por lo menos nosotros, los niños sobrevivientes, podríamos cumplir el deseo de nuestros padres de ir a Palestina—la tierra con la que mi padre soñó toda la vida, y máxima realización para cualquier judío. Papa me había narrado historias maravillosas y me había enseñado canciones sionistas, de modo que tenía una vaga idea de lo que podía ser la vida en la tierra de la leche y la miel. Esa imagen llenaba una necesidad, una esperanza, un deseo de ser parte de algo, de ser absorbida o adoptada por un pueblo, mi gente, mi pueblo. Pero la guerra continuaba y a pesar de que ya no me encontraba en el campo, no podía quitarme el temor de algún contratiempo.

Durante los pocos meses que permanecimos en Iassi, muchas parejas judías adoptaron niños con un procedimiento muy singular. El orfanato reunía a los niños en el comedor y hacía una presentación, para mostrarnos. En un extremo del salón había un escenario vacío en el que dábamos nuestra función. Los niños de Bershad reorganizamos nuestro coro, a pesar de que obviamente echábamos de menos a nuestro querido director. Algunos niños cantaban, otros bailaban y unos leían poemas en varios idiomas.

El público era gente de la comunidad judía, y algunos habían venido a elegir a un niño que les agradara—algo que nosotros no sabíamos de antemano. Los futuros padres tenían la oportunidad de observar al niño y de evaluar su talento sin ser demasiado obvios. Luego, basados en esa observación, hacían su elección. Era importante tener algún talento; era la manera de sobresalir entre la multitud. Parece que mi canto solista y mi ballet me hicieron una candidata deseable, pues tres familias querían adoptarme. Me sentí halagada, pero gentilmente los rechacé; expliqué que a los trece años no podía aceptar a nadie como padre, y que jamás podría llamar a nadie "Papa" o "Mama". Además, la necesidad de pertenecer a un grupo que había sufrido el mismo destino que yo, era mayor que la de convertirme en una huérfana adoptada y solitaria.

Una de las familias renunció a adoptarme, pero las otras dos insistieron. Como solución, ofrecí alternar semanalmente entre las dos.

Lo aceptaron y abandoné el orfanato para ir a vivir primero donde los Aronowitz.

Allí disfruté de la calidez y el acogimiento de una familia que servía deliciosas comidas hechas en casa, acompañadas de *Gespritzter*, un vino blanco que salía directo de un sifón, por medio de un dispensador. A través de ellos conocí esta bebida, que aún hoy disfruto.

Llegó luego el turno de la otra familia para llevarme a su casa. Para lucirme ante sus amigos, a menudo me pedían que cantara, lo que hacía con gusto como manifestación de gratitud. Continué viviendo con ellos hasta que algo extraño ocurrió en la casa.

Un día me invitaron a una de sus reuniones semanales que ellos llamaban sesión espiritista. Había seis u ocho personas sentadas en total silencio, sus palmas tocando el borde de una mesa redonda. Yo pensé que era un juego y esperé el resultado con interés. La anfitriona, mi madre adoptiva, le pidió a una de las participantes que dijera el nombre de su difunto marido. Luego invocó su espíritu y explicó que si respondía, la mesa se levantaría. Fue una experiencia extraña que producía miedo; traté de irme, pero insistieron en que me quedara.

De repente, vi que una de las esquinas de la mesa se levantaba ligeramente, sola. Quedé anonadada. Luego se me puso la piel de gallina al escuchar la conversación de la mujer con el espíritu, que supuestamente respondía levantando la mesa varias veces. Quizás por lo sucedido a mi familia, este macabro juego con los espíritus me molestaba, tanto que les pedí que me regresaran al orfanato.

Abril, 1944. A medida que las fuerzas del Eje se retiraban, el Ejército Rojo avanzaba dentro de Rumania. Los ataques aéreos se convirtieron en eventos diarios, por lo que teníamos que descender a los refugios antibombas. A pesar de que ahora se trataba de ataques soviéticos, golpeaban de manera indiscriminada e intensa. En vista del peligro que esto representaba para los niños, decidieron evacuarnos al centro de Rumania. Nuestros guardianes nos separaron en varios grupos pequeños y nos enviaron a diversas ciudades. Algunos niños fueron afortunados y fueron a Bucarest, pero yo estaba entre los que fuimos a Buzâu.

La comunidad judía de ese lugar no estaba organizada ni preparada para nuestra llegada. Nos alojaron en una sinagoga donde treinta o cuarenta niños tenían que dormir en pisos cubiertos con colchones de paja. La comida era escasa y no tenía sabor alguno; las cosas mejoraron más adelante, cuando nos llevaron a una casa vacía, con las eternas camas de tablas a lo largo de las paredes. Mientras estábamos en Bershad, la hubiéramos considerado una maravilla, pero con todo lo que la corta estadía en Iassi nos había brindado, resentimos profundamente el descenso en nuestro estilo de vida.

La comida mejoró también, estábamos además menos abigarrados, pero la vida no era placentera debido a la actitud de los líderes comunitarios.

Todos nos estábamos poniendo ansiosos con la emigración a Palestina, así es que de vez en cuando le preguntábamos al presidente de la comunidad cuándo sería el siguiente transporte hacia allá. De manera sarcástica respondía "El próximo Purim".

Nuestros zapatos, que cuando los recibimos ya no eran nuevos, comenzaron a deshacerse; enviamos, pues, a uno de los mayores a averiguar cuándo nos darían zapatos nuevos. "Para la pascua de los caballos", que era el dicho rumano para decir *nunca*.

Con la excepción de unas pocas familias que nos invitaron a sus casas para una o dos comidas, a nadie le interesaban nuestras necesidades emocionales. Yo tuve la fortuna de ser huésped frecuente en casa de los Abramovitz, en cuya casa era tratada como una reina. Me alimentaban y me vestían con los vestidos de su hija mayor. También me hice amiga de su hijo Isaac (hoy Profesor Itzhak Ohad), un muchacho excepcionalmente talentoso y refinado hacia quien me sentía atraída porque tocaba el violín, lo que, como siempre, me traía recuerdos de mi hermano perdido.

A nuestra llegada a Buzâu, una lista de nuestros nombres se puso a disposición de los judíos locales y pronto muchas familias comenzaron a venir al orfanato en busca de parientes. Para mi gran sorpresa, un señor vino a buscarme; se presentó con el nombre de "Laufer"—familia de mi padre. De hecho, en Czernowitz tenía familiares con ese nombre—Tía Toni y Tío Simon Laufer. Luego de tantos años de aislamiento, encontrar a un miembro de la familia, así fuera lejano, que hubiese conocido a mis padres, era una sensación muy agradable.

Me visitaba a menudo, y un día me invitó a vivir con él y su señora. No pensé que hubiera nada malo en ello; por el contrario, me pareció un gesto generoso, si tomaba en cuenta el hecho de que eran también refugiados y todo lo que poseían era una pequeña habitación. Sin embargo, resultó ser un desastre.

Por ese tiempo tenía una tos muy fuerte y me ilusionaba pensar en los cuidados que recibiría en una casa privada. Pero la señora era una mujer gruñona y celosa que me desagradaba. Mi tos nocturna perturbaba su sueño. Culpaba a su marido y armó escenas de tal magnitud que terminé rogándole a él que me llevara de vuelta al orfanato. A pesar de que dormíamos en camas de tablas, por lo menos compartíamos nuestra miseria y no éramos una carga para nadie.

Un día, cuando caminaba con él, me dijo "Eres una jovencita muy bonita y pronto los muchachos comenzarán a cortejarte. ¿Sabes lo que pasará entonces?".

Guardé silencio, avergonzada de escuchar ese tipo de cosas.

Lo que él trataba de hacer era prevenirme contra un embarazo. Yo no me había desarrollado física ni sexualmente, mi pecho era plano, no menstruaba, y me veía como una niña de diez años, y ahí estaba este señor hablándome de sexo y embarazos. Asentí agradecida con la cabeza, sin saber qué hacer con esta nueva información. En todo caso, mi cabeza estaba en otros temas en esos días, especialmente la emigración a Palestina.

La compilación de las listas de niños emigrantes pareció demorarse una eternidad. Algunos grupos pequeños partían ocasionalmente pero la mayoría de nosotros esperábamos con impaciencia a que llegara nuestro turno.

Los días pasaban en exasperante aburrimiento, interrumpidos sólo por la ocasional visita de algún dignatario, para quien se me pedía que actuara. El escenario era nuestra cama de tablas, sobre la cual debía bailar con gran cuidado para no caer. Cantar no era problema, pero para mi solo de ballet tenía que cantar un vals de Strauss al mismo tiempo que bailaba. Mi repertorio era amplio, pero mi canción más aclamada era "*Mayn Yiddishe Mame*"[11]. En todas partes estas presentaciones actuaban a mi favor, pero no aquí, en Buzău. Esto se hizo evidente cuando noté que los organizadores repetidamente omitían poner mi nombre en las listas para ir a Palestina. Comencé a sospechar de ese retraso, pues me había registrado al mismo tiempo que un grupo que ya había partido. Le pedí a un miembro de la comunidad que hiciese averiguaciones al respecto y le dijeron que habían tenido que incluir a

---

[11] "Mi mamá judía", canción escrita por Jack Yellen. Tanto la letra como la música evocan una gran nostalgia.

una niña de la localidad en la lista y por eso habían pospuesto mi partida para el siguiente embarque. Eso me puso furiosa. ¿Cómo podían tener favoritismos y darle mi lugar a una muchacha de Buzâu que ni siquiera había estado en los campos?

Me sentí tremendamente desilusionada al saber que las personas de los altos rangos eran corruptas y podían jugar con el destino de tan vejados niños. La siguiente lista ya estaba completa y yo aún no tenía noticias de ellos. De nuevo acudí a alguien para que hablara con el presidente de la comunidad, cosa que hizo.

"¿Ruth Glasberg? ¿Quién es?", preguntó el presidente.

"Usted sabe quién es. Es la niña que siempre baila ballet y canta en las presentaciones para los visitantes".

"No necesitamos bailarinas en Palestina. Necesitamos *jalutzot*—niñas pioneras—para trabajar la tierra", contestó indignado.

De hecho, los organizadores daban prioridad a los jóvenes sionistas que querían construir nuevos asentamientos colectivos, llamados *kibbutzim*. El ser retirada de la lista me pareció una tragedia en ese momento, pero en retrospectiva, me salvó la vida.

Como Palestina se hallaba bajo el mandato británico, la entrada legal de emigrantes judíos era limitada. La abrumadora cifra de refugiados dio lugar a una nueva empresa, una red ilegal de emigración, conocida como "Aliyah Beth".

Para lograr ingresar a esto judíos a Palestina, fueron adquiridas toda suerte de embarcaciones. Tres de ellas, los vapores turcos *Mefkure*, *Bulbul* y *Morina*, debían zarpar en el verano de 1944 con miles de refugiados de varios países. La Oficina de Emigración adjudicó doscientos tres cupos para niños del orfelinato de Buzâu. Partieron en tren hacia Constanza, puerto rumano sobre el mar Negro, desde donde embarcaron. Más tarde oímos que el *Mefkure* había sido bombardeado por un submarino alemán y había estallado en llamas. Los trescientos seis pasajeros, que incluían noventa y seis niños de Transnistria, murieron ahogados.

Mientras tanto, la guerra continuaba sin tregua. Los soviéticos avanzaban y bombardeaban pueblos y ciudades rumanas en el camino. Hubo batallas en las afueras de Buzâu. A veces las balas pasaban sobre nuestras cabezas, lo que nos obligaba a ir a los refugios, donde pasamos muchas noches de insomnio. A pesar de que nos consolaba el saber que el Ejército Rojo entraría en cualquier momento, fue una época difícil para nosotros.

Verano de 1944. Los soviéticos finalmente tomaron la ciudad, sin mayor resistencia por parte de los rumanos. Reinó la anarquía. Los soldados rusos irrumpieron en muchas casas, rompieron ventanales de almacenes y los saquearon. Buscaban, más que todo, comida y licor, que no habían tenido durante los meses de batalla. Los habitantes locales se escondían en sus casas o sótanos por miedo a los invasores.

Como la mayoría de los huérfanos hablábamos ruso, los judíos de la ciudad aprovecharon esto y nos utilizaban como intérpretes a cambio de comida y alojamiento. Irónicamente, las mismas familias que anteriormente se negaron a recibir a un huérfano, vinieron a rogarnos que nos quedáramos con ellos, ahora que su propiedad estaba en peligro.

Una familia, propietaria de una cava de costosos vinos, me llevó a su casa para hacer tanto de intérprete como de servicio diplomático, para distraer a los soldados y evitar que encontraran la bodega. Pasaron algunos días sin incidentes antes de que un grupo de soldados golpeara a la puerta. Los saludé en ruso, lo que los sorprendió. De manera muy educada solicitaron comida y licor. Le traduje la petición a la casera, quien inmediatamente les trajo vino y manjares que los hambrientos rusos devoraron. Mientras tanto, me formularon muchas preguntas sobre mi presencia allí y mi conocimiento del ruso. Al escuchar un corto recuento de mi vida, a algunos se les humedecieron los ojos. La buena alma rusa buena salió a la superficie en estos endurecidos soldados cuando me abrazaron y me desearon que todo fuera mejor. Acabamos cantando canciones rusas, y esto los hizo olvidar la búsqueda de la cava.

Una vez cumplida mi misión, me enviaron de vuelta al orfanato que, como el resto de la ciudad, estaba en medio de la anarquía. Algunos de los niños dieron paso al desorden y salieron a saquear los almacenes a los que ya habían entrado los soldados. Mis amigos trataron de convencerme para que fuera con ellos, pero me resistí. "No está bien que hagamos ese tipo de cosas vergonzosas", prediqué. "Nosotros no fuimos quienes rompimos las ventanas, fueron los rusos", me respondieron defensivamente.

"Ese es *su* problema. Nosotros no debemos participar", dije. Un muchacho cínico me dijo ásperamente "Los comunistas van a confiscar los almacenes de todas maneras, así es que ¿porqué no sacar algo para nosotros?".

Bajo presión constante, finalmente cedí. Pero para cuando llegó el momento de hacer mi valiente entrada en escena, ya todos los almacenes habían sido invadidos y las mercancías saqueadas. Me encontré en una joyería llena de cajas vacías y bandejas regadas.

En medio de ese caos, vi algo brillante en el piso. Me sobrepuse a mi conflicto interior, lo levanté y salí a la carrera a mostrárselo a mis amigos. Lo miraron y se echaron a reír. Era un molde de metal en forma de anillo, totalmente inútil. ¡Qué desilusión! Sin embargo fue un alivio para mi conciencia.

Dado que la anarquía persistió, nos dijeron que si aún queríamos emigrar a Palestina, era mejor que fuéramos a Bucarest. Algunos de los muchachos mayores formaron un comité y fueron a solicitar la autorización del comandante soviético para partir. Nos concedió el permiso y viajamos en tren hacia Bucarest, que pronto sería ocupada por los soviéticos. Allí, con alegría nuestro pequeño grupo se reunió con los niños que habían partido desde Iassi. Fuimos alojados juntos en un orfelinato grande en espera de nuestro viaje a Palestina.

Agosto 23, 1944. En vista de su derrota, los rumanos decidieron romper con el Eje y firmar un armisticio con los soviéticos, pasando con rapidez del fascismo al comunismo. Esto nos afectó directamente a los huérfanos de Transnistria que proveníamos originalmente de las provincias reconquistadas de Bucovina y Besarabia. Por ley, éramos ahora ciudadanos oficiales de la URSS, que ahora tenía jurisdicción sobre nosotros.

El nuevo gobierno comunista inmediatamente asignó dos edificios para los mil cuatrocientos huérfanos; uno para las niñas y el otro para los muchachos. Fuimos acomodados de a dos o tres por cuarto, y se nos proporcionaron camas normales y otras comodidades. Servían abundante comida en un enorme comedor y poco después comenzó la educación en aulas de verdad y con maestros de profesión. Éramos, de nuevo, escolares de verdad. Nuestra vida social se vio enriquecida con fiestas y visitas al orfanato de los muchachos, poco distante.

Los soviéticos lanzaron una agresiva campaña en su afán por granjearse la adhesión de todos los huérfanos. Nos proyectaban películas de propaganda sobre héroes y heroínas soviéticos. Una de ellas, Zoya Kosmodemianskaya, una partisana, me impresionó especialmente. Se convirtió en una de mis primeras heroínas feministas. A pesar de las más horrendas torturas, se negó a revelar el paradero de sus camaradas y murió por su patria.

La intención era adoctrinarnos con la ideología comunista y todos nuestros maestros y líderes hicieron todo lo posible para lograrlo. A nuestra edad, no les fue difícil. A nuestros ojos, los soviéticos eran como libertadores, protectores y amigos, y en vista de que Stalin era presentado como una figura paterna que adoraba a los niños, no parecía haber porqué preocuparse.

Nos dijeron que en pocos meses seríamos llevados de regreso a nuestra "patria"—Rusia. No mencionaron que nuestra patria fuera en realidad Bucovina y Besarabia, nuevamente ocupadas por ellos—tampoco mencionaron para nada a Palestina.

Los comunistas estaban en contra de las actividades sionistas y los planes de convertirnos en granjeros. A cambio, los soviéticos prometían educarnos; podríamos convertirnos en médicos, profesores o ingenieros. No debía desperdiciarse el potencial humano, alegaban. Pero, al mismo tiempo, reclutaban a nuestros niños huérfanos en el ejército cuando apenas tenían trece años, sin importarles el trauma que habían sufrido durante los tres años anteriores. Sin embargo, los planteamientos soviéticos atraían a los más jóvenes que no habíamos sido adoctrinados con las ideas sionistas, a quienes nos seducía más bien la idea de una educación gratuita y un futuro idealista.

Éramos alrededor de ochocientas niñas, divididas en clases de acuerdo al último grado cursado. En ese momento yo tenía catorce años y estaba apenas en cuarto año de primaria, lo que me humillaba enormemente. Una vez más, el deseo de sobresalir y deshacer el daño de haber perdido esos años de educación, se convirtieron en obsesión.

Una de mis maestras era una joven comunista. No recuerdo qué le llamó la atención, pero unos días después de comenzar su clase de ciencias me pidió que me quedara después de clase, pues necesitaba hablar conmigo. Posteriormente nos encontrábamos casi todos los días. Me preguntó sobre mis experiencias en los campos, pero yo no estaba lista para hablar del tema. Un día me preguntó "¿Qué quieres ser cuando seas grande?". La pregunta me sorprendió; era un tema con el que no me atrevía ni a soñar debido al enorme vacío en mi educación.

"Escritora o doctora", le respondí después de un largo silencio.

"Me di cuenta de tu curiosidad en clase. A tu edad, te vendrían bien algunas materias adicionales".

"¿Qué sugiere?" dije, preguntándome a dónde querría llegar.

"Yo te podría ayudar después de clases", ofreció.

No podía creer que tuviera tanta suerte. Entusiasmada y agradecida, acepté. ¡Este maravilloso ser humano me estaba ofreciendo su tiempo libre exclusivamente para mí! Solíamos sentarnos en diversos lugares, en la clase, en las escaleras, en mi cuarto, en cualquier rincón tranquilo donde me daba clases durante horas. Los temas principales eran comunismo, darwinismo y literatura. Encontró en mí a una alumna interesada y curiosa, y desarrollamos una amistad cercana. Ella llegaría a ser una enorme influencia en mi filosofía de la vida y llegó incluso a convencerme de volverme atea.

Yo estaba orgullosa de mi judaísmo y jamás habría renunciado a esa herencia histórica y cultural, pero la idea de Dios era irrelevante en ese momento de mi vida. Al aprender sobre la evolución y correlacionarla con la ausencia de Dios durante el genocidio, mis constantes preguntas sobre Su presencia habían, por fin, obtenido una respuesta lógica. Me adherí a los valores éticos de los Diez Mandamientos, sin la necesidad de orar a un anciano invisible en las alturas. Estos valores, que me habían sido inculcados desde niña, me convirtieron en un ser humano auténtico para quien era tremendamente importante el ideal de la verdad y la justicia social. Esencialmente tenía una conciencia bien desarrollada, suficientemente fuerte para hacerme saber la diferencia entre el bien y el mal.

En ocasiones, en momentos especiales, mi profesora me lanzaba preguntas muy diplomáticas sobre Bershad, y de esa manera llegué a contarle algunos de esos dolorosos episodios. Parecía tremendamente conmovida.

Poco tiempo antes de nuestra partida hacia la URSS, mi maestra-mentora se hizo presente en mi habitación con un cuaderno nuevo y un lápiz en la mano. Parecía contenta de verme. "Glasberg", dijo. "Como un gran favor personal para mí, consigna sobre papel tus memorias de Transnistria".

La miré incrédula, como si me hubiera pedido que subiera al Everest.

"¿Cómo puede pensar que yo podría escribir todo eso con mi limitada educación?", respondí.

"No importa cómo lo escribas; sólo escríbelo con tus propias palabras". Convencida de que sólo deseaba un recuerdo de una alumna entusiasta, no cuestioné sus motivaciones. Armada de papel y lápiz, comencé a escribir en rumano, a pesar de tener apenas la gramática correspondiente a tercer grado. A pesar de esas limitaciones, describí mis experiencias en Bershad lo mejor que pude y cuando acabé, ella me llevó a una oficina para que el manuscrito fuera copiado a máquina.

Pocos días más tarde, me trajo unas copias en papel carbón del texto y me agradeció sinceramente el esfuerzo. (Conservo el artículo publicado y una antología en la que apareció). Con un abrazo, nos despedimos.

Mientras nos preparábamos para el regreso a "nuestra patria rusa", otros niños, que no habían sido seducidos por la promesa comunista, permanecieron en la ciudad, guiados por sionistas que continuaban organizando la migración a Palestina. Yo tenía amigos en ese grupo y muchos querían que me uniese a su bando. Trataron desesperadamente de convencerme del sueño sionista. Pero en ese tiempo yo no solo estaba atemorizada de desertar, sino que además estaba convencida de que Rusia era mi lugar. El ideal comunista ardía en mi alma y nada me podía persuadir de lo contrario.

Tenía una vida plena e interesante en la bella Bucarest, que a pesar de la guerra estaba llena de vida y entretenimiento. A esta buena vida contribuyó el que unos familiares lejanos se enteraran de mi existencia y me invitaban a sus casas. La mayoría de ellos eran también refugiados.

Uno, era Joseph Greif, primo de mi padre. Aún hoy no logro comprender cómo se comunicaba la gente a través de esas enormes distancias. ¿Cómo se enteraron todos esos parientes, muchos de los cuales jamás había oído mencionar siquiera, de mi supervivencia, para ofrecerme su apoyo: primos de mi padre, primos de mi madre, primos de los primos? Todo el mundo parecía conmocionado por los pasados eventos, y encontrar a una huérfana que hubiese sobrevivido realmente los emocionaba.

Una prima de mi madre, Dory, se interesó especialmente por mí y me visitaba a menudo. Pronto nos apegamos mucho. Tanto, que le confié un secreto que me molestaba seriamente: tenía catorce años y mis senos aún no se habían desarrollado ni menstruaba todavía. Estaba tan convencida de que yo no era normal a causa del trauma vivido, que este problema se me volvió una obsesión. Incluso llegué a pensar que podía provocar el comienzo de la menstruación por medio de riguroso ejercicio físico. Dónde surgió esta idea, no lo sé; quizás fue intuición. Cada vez que visitaba a Dory subía y bajaba corriendo varias veces los seis pisos de escaleras para llegar a su apartamento. Resultado: *nada*. Dory no se lo tomó en serio; más bien la divertía.

Poco tiempo después, los preparativos para nuestra partida a Rusia se intensificaron entre rumores de que nuestro destino final serían las minas de carbón de Donbass o la ciudad de Odessa. Yo sabía algo de Odessa, el bello puerto sobre el Mar Negro, a través de canciones y de la literatura. ¿Pero Donbass? Totalmente desconocido. No podía siquiera imaginar qué harían con nosotros allí.

Cada uno recibió una maleta con ropa: botas de fieltro, ropa interior y un abrigo de invierno. Lo más llamativo del guardarropa de las niñas eran las *valienky*, botas típicas rusas hechas de fieltro blanco forradas con cuero marrón—bellas y muy calientes. Con ese pequeño ajuar, quedamos listas para enfrentar el duro invierno ruso. Orgullosa, me embarqué hacia la Madre Rusia, sin la menor idea de lo que nos esperaba.

Diciembre, 1944. Otra repatriación, otra patria.

Las autoridades agruparon a todos los niños y niñas en el orfanato de los muchachos, y de allí seríamos llevados en camiones de vuelta a Iassi—la misma estación a la que habíamos llegado desde Transnistria casi un año antes. Y como entonces, un largo tren de vagones de ganado estaba listo para recibirnos. Me pregunté si los vagones de ganado serían mi eterno destino. Y la ironía de regresar por la misma ruta, de vuelta a la ahora rusa Ucrania, no escapó a mis pensamientos.

Ante este *déjà vu*, tenía que recordarme constantemente a mí misma que ahora no éramos perseguidos y que Odessa había sido recuperada de los nazis. Sin embargo, tenía una sensación de malestar.

Me intrigaban enormemente los rumanos, ya que parecían camaleones. Cambiaban sus colores de acuerdo a sus compañías. Apenas tres años antes, gente de esa nación había humillado, violado y matado a los judíos. Me era difícil creer que su ideología hubiese cambiado de la noche a la mañana. Eso no significa que todos los rumanos fueran nazis, pero tampoco todos eran comunistas. Por lo tanto, yo tenía mis dudas.

Por fin, comenzó el viaje. Cerca de doce muchachos y niñas ocupaban cada vagón. Teníamos suficiente comida, agua y paradas para ir al baño. Acompañados por escoltas amistosos, tanto rumanos como rusos, el viaje fue casi cómodo.

A los pocos días llegamos a la ciudad de Odessa. A juzgar por la columna de camiones y la cantidad de oficiales que se aproximaron al tren, era obvio que nos estaban esperando. Los oficiales iban de carro en carro y pedían que todos los menores de catorce años descendieran del tren y abordaran los camiones que los habrían de llevar a un orfelinato especialmente creado para ellos.

Éramos un grupo muy unido de amigos de todas las edades, por lo que fue triste despedirnos de los más pequeños. Pero las órdenes debían ser obedecidas. Los demás permanecimos en el tren, preguntándonos cuál sería nuestro destino. De nuevo surgió el tema de Donbass. Ahora nos dijeron que íbamos a poder estudiar, pero que deberíamos también trabajar, sin remuneración, en las minas de carbón—un acto patriótico para nuestra recién adoptada patria.

La oscuridad descendió sobre Odessa, cubriendo nuestros vagones y la estación. Estábamos acomodándonos en el piso para pasar la noche, cuando surgió una agitada discusión sobre porqué yo me había quedado en ese grupo.

"¿Cuántos años tienes, Ruthi?", preguntó uno de los muchachos mayores.

"Catorce y medio", contesté.

"Representas diez y no tienes un certificado de nacimiento que pruebe tu verdadera edad. Deberías haberte quedado con los pequeños".

"No quiero mentir" respondí, molesta.

"Mírate. No podrás sobrevivir la dura vida en las minas de carbón. Eres apenas una chiquilla", dijo otro muchacho.

De repente, todo el mundo resultó involucrado en la discusión. Ellos pensaban solamente en mi bienestar y su preocupación me calentaba el alma. Me di cuenta de que me percibían como mucho menor de mis catorce años, pero me negaba a aceptar el hecho de que esto se debiera a mi falta de desarrollo físico. Siempre me habían aceptado a nivel intelectual y me sentía bien en su compañía. No quería separarme de ellos.

Todo lo que me dijeron finalmente me convenció de mi error, y la posibilidad de perecer por trabajos forzados en las minas realmente me atemorizaba. ¿Qué hacer?

Ahora era ya demasiado tarde. ¿O no? La discusión se calmó y pronto todos dormíamos.

De repente, en la mitad de la noche, oímos que se abría la puerta desde el exterior. En la puerta apareció la silueta de un hombre alto. Podíamos discernir el contorno de su cuerpo gracias a la tenue luz de la lámpara que llevaba, rodeado de la absoluta oscuridad de la estación. Iba cubierto por un abrigo largo, y en su cabeza tenía el típico gorro ruso de lana virgen, con orejeras largas que colgaban hasta su cintura. Cuando acercó la lámpara a su cara pudimos ver sus rasgos distorsionados, la boca totalmente torcida—una imagen como de Cuasimodo que inspiraba repugnancia y miedo.

"¿Hay niños menores de catorce años en este vagón?", preguntó en ruso. Aparentemente él era el encargado de hallar a todos los menores que se hubieran quedado el día anterior.

No podía creerlo. ¿Era posible que de nuevo fuese salvada de lo que parecía una muerte en potencia en las minas? ¿Realmente era yo tan afortunada?

Al principio no di el paso adelante, luchando aún con el conflicto entre mi conciencia y mi deseo de vivir. Cuando los otros vieron que yo estaba inmóvil, se agolparon a mi alrededor y prácticamente me empujaron fuera.

En ese momento, grité "¡Yo!".

El horrendo hombre me miró con cuidado y suavemente me preguntó: "¿Porqué no partiste con los demás?".

Levanté mis hombros en silencio. Le tenía miedo y no podía imaginar que esa criatura tuviera buenos propósitos. Sin embargo, lo seguí hasta un camión solitario al otro lado de los rieles. Para mi sorpresa y agrado, allí había otros doce niños, todos recogidos a último momento. Nos pusimos tan felices de vernos en esa noche oscura y desagradable de Odessa, que nos abrazamos y conversamos sin cesar hasta que el ruidoso motor del camión comenzó a rugir. Nadie nos dijo a dónde nos dirigíamos. Asumimos que probablemente nos reuniríamos con nuestros ochenta amigos en el orfelinato especial a donde los habían conducido esa mañana.

Viajamos en total oscuridad a la orilla del Mar Negro. Aunque oíamos el romper de las olas contra la playa y olíamos el aire salado, no podíamos discernir el mar. Mirando por las rendijas de la lona que cubría nuestro camión militar, decidimos que no íbamos rumbo a

Odessa. Para nuestra desilusión, nos dimos cuenta que nos llevaban fuera de la ciudad, y eso nos preocupó. "¿A dónde nos llevan?", nos preguntamos angustiados.

Nadie tenía la respuesta. Pareció un viaje eterno a lo largo del mar, pasando por pequeñas aldeas aquí y allá. Debimos haber viajado un par de horas antes de que el camión se detuviera frente a una primitiva casa campesina, en la mitad de la nada. Obviamente estábamos lejos de la ciudad de Odessa. Nuestros guías anunciaron "¡Llegamos, niños!".

"¿Llegamos a dónde?", nos preguntamos para nuestros adentros. Maletas en mano, los trece entramos con la esperanza de encontrar a nuestros amigos. Nos recibió un amable supervisor quien nos explicó que la casa era un orfelinato para *bezoprezornye*, generalmente niños delincuentes. Había niños y niñas de todas las edades, tanto rusos como ucranianos y ninguno de ellos era judío.

La desilusión de no reunirnos con nuestros amigos fue grande y el ser tomados por niños delincuentes apenas nueve meses después de haber sido liberados de Transnistria nos causó un fuerte impacto. Comprendimos que los líderes rusos no tenían ningún conocimiento y ninguna comprensión de nuestra vulnerabilidad, y eso era muy inquietante.

Cuando preguntamos por el paradero del grupo de mayor tamaño que habían recogido en la mañana, todo lo que nos dijeron fue que en el otro orfelinato ya no había espacio, por lo que debimos ser traídos aquí. Las condiciones de vida eran horribles y la comida consistía más que todo de pepinillos en vinagre, repollo agrio y polvo de huevo artificial. Fue una terrible desilusión después de los últimos meses de comodidad en Bucarest.

Para empeorar las cosas, los niños rusos se habían vuelto abiertamente antisemitas bajo la influencia de la ocupación nazi. No tenían ni idea de lo que significaba ser judío ni cómo era la apariencia de uno, pero sí habían adoptado los métodos nazis de humillación. Una vez que se enteraron de que nosotros éramos judíos, solían atacarnos verbalmente con blasfemias y burlas, e imitaban la supuesta forma típica de hablar de los judíos, gutural y con la r rodada, llamando a las niñas *Sar-r-r-ochka* y a los muchachos *Abr-r-r-amchik*. Este era un insulto que con frecuencia culminaba a puños. Y esta era la buena vida y la libertad que nos habían prometido los comunistas.

Me sentía atrapada, desorientada, y, una vez más, temiendo por mi vida en ese lugar abandonado de la mano de Dios. La decepción, sumada a los grises meses del invierno de 1944-45, produjeron un cambio en mí. Por primera vez desde que había perdido a mis padres, me di por vencida y traté de aceptar el hecho de que no tenía ya ningún lazo con nadie, ni con ningún sitio—tanto así que reprimí el recuerdo de todos mis parientes vivos.

Sin embargo, cada vez que me encontraba frente a una situación sobre la cual no tenía control, trataba de sacar lo mejor que pudiera de ella. Las niñas rusas eran más tolerantes que los muchachos; y como yo era rubia, de ojos azules y hablaba ruso casi sin acento, me aceptaron como una de ellas. A raíz de esto, me trataban con más respeto que a los otros niños judíos. En vez de entregarme a la autocompasión, traté de adaptarme al estilo de vida de las muchachas rusas.

Esta casa, pequeña y primitiva, no tenía agua corriente ni baños. Compartíamos un cuarto entre diez y dormíamos de a dos en cada angosta cama de hierro. Compartíamos también nuestras insípidas vidas. Cantábamos juntas, narrábamos historias y nuestra entretención más interesante era "la interpretación de los sueños".

Todas las mañanas, antes de vestirnos para ir al colegio, permanecíamos un rato en nuestras sucias camas y contábamos nuestros sueños. Cada una daba una interpretación a los sueños de las demás. Yo me aferraba a las interpretaciones positivas y optimistas, pues alegraban mi alma herida. Nos hicimos expertas en ello y lo tomábamos muy en serio.

El crudo invierno hacía difícil mantenernos limpias. Una vez a la semana nos bañábamos en la cocina. Había que traer agua de una bomba lejana y calentarla en la estufa. En una tinaja de metal nos lavábamos una tras otra, cinco o seis niñas con la misma agua. La supervisora vigilaba el proceso y escogía el orden en el que nos bañaríamos.

Cuando llegaba mi turno para entrar al agua sucia de las otras niñas, tenía que luchar contra mis sensaciones de náusea. Fingía que era agua de río llena de barro.

¡Cómo temía esos baños! A veces tenía la fortuna de ser la primera o la segunda y entonces sí disfrutaba de mi baño. Pero eso sucedía con poca frecuencia. Para entonces, mi pelo había vuelto a crecer, lo que me alegraba mucho, pero la falta de higiene trajo consigo . . . de nuevo . . . piojos.

Como si la continua maldición del hambre, la mugre y los piojos fuera poco, ahora debía aguantar también los comentarios antisemitas de los muchachos de mi edad. Me culpaba por mi ingenuidad y mentalidad idealista que habían impedido que escuchara el llamado sionista para ir a Palestina. Era, sin embargo, demasiado tarde. Lo que tenía que hacer ahora era ingeniármelas para ir a la escuela y por lo menos lograr una educación.

A pesar de que el colegio era obligatorio para todos, no todos los niños judíos querían correr el riesgo de ser golpeados por los locales. Algunos preferían permanecer en el orfelinato, donde se sentían más protegidos. Yo decidí aceptar el reto porque ya había perdido mucho tiempo, y sentía que si no comenzaba a ir a la escuela, mi cerebro se destruiría.

El único colegio del pueblo, cuyo nombre no recuerdo, estaba destinado a huérfanos e hijos de granjeros. Estos *koljoses* se encontraban al lado de la playa y eran identificados por medio de números; creo que el nuestro era el número diez y ocho. Sus alumnos eran unos cientos de campesinos que trabajaban en las granjas colectivas y cuyas casas quedaban regadas en un pequeño perímetro.

Para llegar al colegio en invierno, debíamos caminar en la profunda nieve. Afortunadamente yo tenía las botas *valienky* que me llegaban hasta las rodillas. Al entrar al aula del cuarto grado, era la única niña no rusa de la clase y, de hecho, de todo el colegio.

No fue fácil no sentirme diferente. De nuevo era la mayor de mi inacabable cuarto grado. Pero había decidido no dejar que nada interfiriera con mis estudios.

Para mi sorpresa, encontré que, tomando en cuenta las interrupciones en mi educación, estaba a la par con los demás. Me sorprendió que el alemán fuera una de las materias, y mi profesor, un señor mayor de barba blanca y larga, estaba igualmente sorprendido de que yo lo hablara. Esto desembocó en largas conversaciones sobre mi historia personal. Mostró una preocupación por mí tan genuina, que le confesé mi miedo a ser atacada por los matones locales en el patio del colegio.

Esta situación lo molestó de tal manera que generosamente me ofreció renunciar a su hora de almuerzo para quedarse conmigo durante el recreo. El verdadero peligro se hallaba en el camino hacia y desde el orfelinato. Entonces tenía que correr con todas mis fuerzas.

Apenas me había hecho a este nuevo ambiente, cuando otro vaivén del destino transformó mi vida una vez más.

Por una extraña coincidencia, descubrimos el sitio donde quedaba el orfelinato al que habían sido llevados los niños menores. Ellos formaban un grupo de ochenta a cien y vivían en un pueblo cercano. Pedimos permiso para visitarlos y nos fue concedido. Para llegar a su orfanato tuvimos que caminar muchos kilómetros entre la nieve, con un frío intenso. Pero la dicha de ver a todos nuestros amigos, que pensábamos haber perdido para siempre, valió la pena. Fue una celebración difícil de describir.

Esa celebración habría de jugar un papel esencial en mi vida. Unas semanas más tarde, fui llamada a la oficina del supervisor. Como todo me asustaba, temí lo peor. Quizás habían descubierto mi verdadera edad y me enviarían a las minas de Donbass. Mis rodillas temblaban cuando entré a la oficina, donde fui recibida por un oficial ruso.

En ruso, me preguntó "¿Eres Ruth Glasberg?"

"Si, lo soy", respondí.

"¿Tienes una tía llamada Anna Rosenberg?", siguió. Oí ese querido nombre, pero no pude hacer la conexión, por lo que le pregunté

"¿Porqué necesita saberlo?"

"Pues porque te voy a llevar a su casa. Ha aplicado para adoptarte", explicó.

Se dio cuenta de mi consternación y comenzó a hablarme en alemán. Me dijo que era un oficial judío de Czernowitz, prestaba su servicio en el Ejército Rojo, y que su hija estaba en el otro orfelinato. Ella era una de varios niños que, fingiendo ser huérfanos, fueron contrabandeados desde Transnistria. El se hallaba ahí para llevarla a ella y a los demás de vuelta a Czernowitz. Ahora, cuando ya muchas familias habían retornado de Transnistria, querían reunirse con sus hijos a quienes habían disfrazado de huérfanos. Había que demostrar el parentesco por medio de documentos. Con familiares más lejanos, como sobrinos y sobrinas, era necesario llenar papeles y eso es lo que había hecho mi Tía Anna.

Estaba tan conmovida que estallé en llanto. Mi queridísima Tía Anna deseaba que yo fuese su hija, tal y como mi madre lo había predicho: por fin tendría una familia y un hogar de nuevo. Un bello sueño se volvía realidad.

El oficial esperó hasta que empaqué mis pertenencias y me despedí de mis amigos. Eso no fue fácil. Me sentía afortunada por haber sido adoptada, y me producían mucha lástima los otros niños que no lo habían sido. Deseé que todos mis amigos también encontraran familias que los adoptaran pero yo no podía hacer nada al respecto.

Así, pues, nos despedimos y el oficial y yo partimos en un vehículo militar.

¿De Nuevo En Casa?

CAPÍTULO 8

Viajamos hacia el orfelinato más grande, donde recogimos a un grupo de niños que incluía a la hija del oficial que nos acompañaba, y partimos hacia la estación ferroviaria de Odessa. Bajo su supervisión, abordamos un tren con rumbo a Czernowitz.

Era la cuarta vez que yo cruzaba el río Dniester desde y hacia Ucrania, cada una bajo circunstancias políticas diferentes. La primera vez, en 1941, a los 11 años, como deportada de Rumania fascista a Ucrania occidental ocupada, llamada Transnistria. La segunda, en 1944, a los trece, cuando fui repatriada a lo que fuera la antigua Rumania. La tercera, en diciembre del mismo año, cuando me repatriaron de Rumania ocupada por los soviéticos hacia Ucrania, que había sido liberada recientemente por el Ejército Rojo. Entonces tenía catorce años. En este, mi cuarto viaje, salía de Odessa hacia Czernowitz, mi ciudad natal, donde iba a ser adoptada.

Todos mis viajes anteriores habían sido en vagones de ganado. En esta ocasión, estaba cómodamente sentada en un acogedor compartimiento de un tren de pasajeros, como un ser humano, y estaba dichosa.

¡Estaba camino a casa! ¿Casa? No realmente, puesto que había perdido la mía para siempre, pero por lo menos volvía a mi ciudad natal. Mis emociones bullían mientras me imaginaba las reuniones con parientes y amigos; luego se hundían cuando me representaba allí sin mi familia.

¿Qué diría al llegar? ¿Cómo me sentiría? ¿Alguien me reconocería? ¿Me tratarían como huérfana? ¿A cuáles de mis amigos y vecinos encontraría aún allí? Miles de pensamientos revoloteaban en mi cabeza mientras el tren corría veloz por los campos camino a nuestro destino.

"¡Próxima estación *Chernivtsi*!" gritó el conductor, pronunciando el nombre de la ciudad en Ucraniano.

Mi corazón comenzó a latir y brincar con fuerza; se me erizó la piel. Cuando el tren hizo su entrada a la estación, miré por la ventana, ansiosa de ver la conocida estación, pero en la noche sin luna fue imposible. Descendí del tren y caminé por los edificios; la reconocí y surgieron recuerdos felices del pasado.

Fuimos en carro hasta la casa del rabino de Seculeni, quien había abierto su hogar para los huérfanos que retornaban. La noche pareció interminable mientras yo esperaba ansiosa el amanecer para confirmar que de hecho estaba en Czernowitz y que sí vería a mis parientes.

A la mañana siguiente vino un señor y me condujo donde Tía Anna.

Marzo, 1945. Las calles de mi amada Czernowitz estaban desiertas esa fría mañana de invierno. Una extraña sensación me sobrecogió en los sitios que tan bien recordaba: nada había cambiado—salvo yo.

Al entrar a la angosta y sinuosa Masaryk-Gasse que conducía a la calle donde vivía Tía Anna, reconocí muchos edificios y mi ansiedad se acrecentó al recordar las veces que había venido a visitarla después del colegio. Al voltear la esquina, me encontré frente a su edificio. ¡En un momento vería a Tía Anna y a Lucie!

Tan pronto comenzamos a subir las gradas hacia el cuarto piso, oí un dúo de gritos emocionados: "¡Ruthale! ¡Ruthale!". Las voces de Tía Anna y de Lucie emergieron al unísono. Corrí a sus brazos abiertos para un lacrimoso encuentro. Completada su misión, mi acompañante partió.

Percibí el impacto que les produjo verme, especialmente porque mi apariencia era un testimonio del horror y del milagro de la supervivencia. Muchos años después, ellas me comentaron que parecía "una niña pequeña con cara de vieja".

Tanto mi tía como Lucie se esforzaron por hacer que yo me sintiera en casa. Comprendían lo que estaba pasando dentro de mí, y eso era lo más importante. Les agradecí su tacto por no preguntarme sobre lo sucedido en Bershad. A su debido tiempo les hablé brevemente de eso, y el tema nunca volvió a surgir.

Por el otro lado, las hermanas de mi padre, Toni y Cilli, vinieron a verme y estallaron en llanto histérico. Me hicieron sentir incómoda, objeto de lástima—actitud que yo aborrecía. Sin embargo, me alegró verlas. Mis sentimientos hacia Tía Cilli estaban teñidos de resentimiento por no haber impedido nuestra deportación, pero era la hermana de mi padre y aún le tenía afecto.

Las dos tías querían saber todo lo que me había ocurrido en Bershad. Cortésmente les hice un recuento de hechos, sin detalles ni emoción. Ellas sollozaban y yo permanecía fría e impávida. Luego, Tía Cilli propuso que me fuera a vivir con ella y su esposo. Diplomáticamente rechacé su oferta, pues me sentía mejor con Tía Anna.

Luego, Lucie me contó que cuando le habían pedido a Cilli que ayudara a pagar los documentos de la adopción, había accedido pero jamás cumplió. Así, Tía Anna, que tenía muy poco, sacrificó una considerable suma de dinero por mí. Razón de más para no irme a vivir con los Zloczower.

La situación económica de Tía Anna, siempre precaria, empeoró. Por normas soviéticas que adjudicaban un determinado número de metros cuadrados por persona, tuvo que renunciar al único ingreso que recibía por la habitación que alquilaba, para dejar a una familia rusa vivir en ella gratis. Bajo esas circunstancias, yo estaba segura de que me iban a acomodar en el piso de su cuarto para dormir, pero, en cambio, me invitaron a compartir su cama doble.

Ese gesto de altruismo me emocionó hasta las lágrimas. Quería aceptar y a pesar de que ansiaba poder estar en la acogedora cama y con la proximidad física de las dos personas que me amaban, el miedo de infestarlas con mis piojos hacía que mi conciencia dictara lo contrario. Habría preferido acostarme en el suelo, pero ellas insistieron.

Antes de la hora de dormir, tomé un baño de esponja y Tía Anna me ayudó a lavarme el pelo que ya me llegaba a los hombros. Lo hizo de forma tan amorosa que lo sentí casi como si fuera el toque de mi madre. Vestida con un camisón de dormir limpio, me subí a la cama. Arrellanada bajo el edredón y con mi cabeza sobre una almohada, con una de mis dos personas amadas a cada lado, me sentí protegida y cuidada por primera vez en años.

A la mañana siguiente, me desperté tarde. Me tomó un momento saber dónde estaba. "Buen día, hija mía, ¿dormiste bien?", preguntó mi tía con su voz suave y amorosa. Al oír la palabra hija, podría haber muerto de felicidad. Estaba tan cómoda bajo el edredón, que me costó mucho trabajo levantarme. Pero su llamado para desayunar me empujó a vencer mi pereza.

Tía Anna me prodigaba amor y atención constantes, por lo que era natural que Lucie sintiera celos. Jamás lo mostró. Me convertí en parte integral de la familia y nunca me sentí ni huérfana ni como una carga. Compartían conmigo las pocas raciones de comida que conseguían, su cama y su privacidad. Semanas más tarde, me sentí aliviada ya que el champú especial de keroseno de Tía Anna finalmente había acabado con mis piojos, y ni ella ni Lucie se infestaron.

Nunca me castigaba ni me criticaba; quizás no tenía motivos para hacerlo, o temía herirme. Tanta consideración. Tanto amor. Tenía una manera de hacer que hasta lo desagradable pareciera divertido.

La noticia de mi retorno se esparció rápidamente y mucha gente vino a darme la bienvenida. La más importante fue la visita de mis queridas amigas Litty y Reli. Su presencia me ayudó a juntar un poco los trozos de mi vida pasada; su amistad era un fragmento suficientemente fuerte como para apoyarme en él. Por fortuna, ambas niñas habían regresado de Transnistria con sus familias intactas. Habían estado en un campo más grande en el que la tasa de supervivencia fue mayor. Algunas de mis otras amigas nunca regresaron.

Muchos adultos me tenían lástima y eso era algo que yo no podía manejar. Entre quienes me encontré a lo largo de los años, pocos preguntaron por la tragedia. Oír hablar de ella hacía que todo el mundo se sintiera incómodo, incluidos los sobrevivientes. De hecho, a mí no me gustaba hablar de ello. Utilicé mi renovada vitalidad para escudarme de las preguntas.

Mi instinto me decía que la mejor manera de ser aceptada, especialmente por los otros adolescentes, era actuar como cualquier muchacha de catorce años normal. Decidida a no mostrar jamás mi dolor, proyectaba una actitud a menudo asertiva y siempre alegre. Pero detrás de esa máscara de normalidad, se escondía una niña temerosa y herida. La otra vida me obsesionaba en la vigilia y me producía terribles pesadillas.

En las siguientes semanas, me recuperé de la dura prueba física de los pasados cuatro años. Me sentía llena de vigor y lista para emprender la vida relativamente normal en medio de la guerra.

Tras unos días de descanso, era hora de pensar de nuevo en mi educación. Con mis catorce años, debía entrar a octavo grado, de acuerdo con el sistema escolar soviético de diez años. Mientras debatíamos mis alternativas, tuve varias discusiones al respecto con mi prima Lucie. Ella quería que comenzara en sexto grado, pero eso me asustaba puesto que solo estaba calificada para cuarto. No quería hacer el ridículo en caso de no poderme poner al día con los demás. Sin embargo, con la persistencia invencible de Lucie y mucha aprensión, valientemente me lancé a la aventura. Estando todavía en guerra, los registros estaban sumidos en el caos, y así fue fácil convencer a las autoridades para que me matricularan en sexto grado. Todavía me hacía sentir mal el ser la mayor del curso, pero me adapté lo mejor que pude.

Las cosas se complicaron más porque el colegio era judío laico y el idioma primario para la enseñanza era el yidish; el ruso y el ucraniano se enseñaban cono lenguas separadas. Tuve que aprender todo en otro idioma más, cuyo alfabeto semítico, escrito de derecha a izquierda era completamente nuevo para mí.

Me adapté bajo mucha tensión. Asistir al colegio era gratuito, pero no los útiles. Totalmente desprovista de dinero, con frecuencia pedía libros prestados a mis compañeros.

Bajo el sistema soviético, niñas y muchachos iban al mismo colegio y la interacción entre ellos en actividades de deporte, política y eventos sociales, me gustaba mucho.

Mis materias favoritas eran el ruso y la literatura. Me encantaba la poesía, aprendía poemas de memoria y los recitaba con frecuencia. Mi maestro, el señor Weizmann, siempre decía, "¡*Dietochka*! (Niñita), muéstrale a tus compañeros de clase cómo se hace". Sobresalí en otras materias y pronto recibí reportes de calificación con comentarios de excelencia en todo. El éxito en mis estudios fue mi venganza. No podía permitirme fracaso alguno. Tenía que sobresalir.

Hábilmente guiados por nuestro director de actividades sociales y deportivas, interpretábamos canciones patrióticas y marchábamos en desfiles con los demás colegios de Czernowitz. Llevábamos también bandera rojas y carteles con consignas y fotos de Lenin y Stalin. Como cualquier experiencia espiritual, esto evocaba en mí un sentimiento de euforia—de devoción a una buena causa, la que haría que el mundo fuera un mejor lugar para vivir. Llegué incluso a imaginarme un mundo sin fronteras. A mis ojos, Stalin era la figura paterna que tanto necesitaba. Me ahogaba de emoción cuando lo veía abrazar o besar a una niña, y en secreto deseaba haber sido yo la afortunada.

A la vez, la situación en casa no era un lecho de rosas. Tía Anna era tan pobre que me hallaba en un dilema por vivir con ella. Me habría gustado contribuir con dinero, pero ¿cómo? Tenía quince años, ninguna habilidad y legalmente no me era permitido trabajar. Por otro lado, no poseía nada de valor que pudiera vender, excepto el juego de cubiertos que había conservado desde . . . y del que nunca me separaría. El ser dependiente me frustraba.

La comida era escasa y poco sana, lo que preocupaba a mi tía que sabía que yo necesitaba una mejor nutrición. Quería consentirme, pero en ese tiempo a duras penas solo se conseguían unos gramos de un pan horrible, ácido y tieso como una piedra, hecho de harina de maíz y centeno entero. Para lograr esa ración, debíamos hacer filas durante horas. Ni se mencionaba la carne o las aves, y menos aún la mantequilla o la fruta. Ella no podía permitirse los productos del mercado negro. La situación se deterioró a tal punto que, llevada por la desesperación, viajó a Milie, por primera vez desde la masacre, para pedirle al socio de su padre un poco de harina y aceite.

En el tren se encontró por casualidad con Tía Cilli, oportunidad que aprovechó para solicitar su ayuda para mí. Cilli insistió en que, si necesitaba mejor nutrición, yo debía quedarme con ellos. Cuando Tía Anna me contó esa conversación, yo estaba ambivalente. Finalmente no pude persuadirme de abandonar ese ambiente lleno de amor sólo por la comida. A pesar de que opté por quedarme con Tía Anna, acepté una oferta para almorzar una vez a la semana con los Zloczower.

En ese tiempo, su hijo menor, Guido, vivía con ellos. Era un adolescente reservado y frío, y nunca me preguntó por mis experiencias en Bershad. Su hijo mayor, Marcel, era más sensible, pero estaba en el Ejército Rojo luchando contra los alemanes. Yo ansiaba especialmente su regreso pues desde que éramos niños sentía mucho cariño por él.

Todos lo extrañábamos, así que era tema de conversación en todas mis visitas. Cuando llegó la noticia de que había sido herido, todos nos preocupamos mucho. Para nuestro alivio, regresó poco después, completamente restablecido.

Antes de mis visitas semanales a casa de Tía Cillie, Lucie y Tía Anna me daban bien intencionadas instrucciones para que introdujera el tema de nuestros enseres de casa. Cada vez que me encontraba allí, me sentía como una espía, alerta todo el tiempo ante cada objeto que veía, lista para encontrar por accidente, cualquier cosa que hubiese pertenecido a mi familia. Pero no vi nada. Y después de cada visita, Tía Anna me interrogaba al respecto y siempre recibía una respuesta negativa. Me faltaba coraje.

Estaba segura de que los Zloczower nunca pensaron que yo sobreviviría o creían que no recodaría que nuestros enseres habían sido trasladados a su casa. Por fin un día reuní toda mi fuerza interior y confronté a Tía Cilli. Con voz a la defensiva me dijo que habían vendido todo y me habían mandado el dinero a Bershad.

¿Pensaba que yo era retardada o que había perdido la memoria? El dinero que me habían hecho llegar cubría quizás el costo de un mantel. Y uno de los paquetes contenía ropa vieja de Guido. ¿Ahora esperaba que yo le creyera que ese era el total del valor de nuestras cosas, incluidas las alfombras de Tío Sammy? ¡Estaba furiosa!

Me tragué la rabia mientras hervía por dentro. Para manejar la situación, me dije que Tía Cilli era, con todo, una buena persona y que actuaba bajo la coerción de su marido.

¿Qué iba a hacer ahora que necesitaba dinero por una razón verdaderamente seria? Los años de inanición y enfermedades habían afectado mis dientes, especialmente los incisivos, lo que me avergonzaba mucho; pero no tenía con qué pagar el trabajo dental. Nunca llegué a saber si Tía Cilli no notó este obvio defecto, o escogió no hacerlo. En todo caso, en una de nuestras amistosas conversaciones traje el tema a colación. Debo haberlo hecho en uno de sus días especialmente vulnerables, pues me prometió hablar con Max para ver si accedía a ayudar. Poco después, ofreció pagar mi tratamiento odontológico.

Mi alegría fue ilimitada. Desafortunadamente el remedio fue peor que el mal. Los nuevos dientes enmarcados en oro no contribuían a mi belleza, ni estimulaban mi vanidad. Tampoco Lucie con sus burlas. Ella era una linda muchacha de veintiún años, la persona con quien me identificaba, y a pesar de todo su amor y buenas intenciones, a veces me hería profundamente.

En el lado positivo, se había convertido en mi hermana sustituta, así como Tía Anna era mi madre sustituta. Las dos me ayudaron en mi proceso de sanar, aún sin una figura paterna, que nunca encontré entre mis tíos u otros familiares varones.

A pesar de todo, la vida era buena conmigo. Era feliz con los pocos placeres que ofrecían esos días de austeridad. Pero un terror intenso persistía en relación con que a pesar de mis esperanzas, no hubiera escapado ilesa de mis experiencias, especialmente porque mis senos aún no se habían desarrollado y aún no menstruaba a los quince años. Me avergonzaba tanto ese problema que era incapaz de comentarlo con nadie. Después de atormentarme durante meses, por fin le divulgué mi secreto a Tía Anna, quien sugirió que visitáramos a mi pediatra.

Lo hicimos, y después de un concienzudo examen me dijo "Ruthi, los años de privaciones y enfermedades tuvieron su precio. Pero con la apropiada nutrición y suficiente tiempo, la naturaleza hará lo demás. Ten paciencia".

Eso no alivió mis temores. De hecho, tenía la idea de no ser un ser humano normal, particularmente no una adolescente normal, comparada con otras niñas de mi edad. Quizás carecía de atributos femeninos, pero a nivel emocional y erótico ciertamente estaba madura. Incapaz de proyectar mi feminidad para atraer al sexo opuesto, lo sublimaba aparentando ser una niña marimacha.

Con el paso del tiempo aprendí a encontrar compensaciones para mis deseos frustrados por medio de la lectura, el estudio y las actividades escolares; nunca fueron demasiadas ni demasiado fatigantes. Esto no me bastaba; quería algo más.

Quería aprender inglés y francés. Le expresé mi deseo a Tía Cilli quien, una vez más, se mostró generosa y ofreció pagarme clases privadas una vez por semana.

Había una profesora muy conocida, la señora Kern, cuya especialidad era la historia del arte, pero que dominaba otras materias, incluyendo los idiomas. Mi amiga Litty había tomado clases con ella, y nos presentó.

¡Qué tesoro encontré! Esta mujer, de mediana edad, con sus ojos generosos y su aire simple pero elegante, me cautivó de inmediato. Hablamos de mis necesidades y deseos, tomando en cuenta mi ardiente voluntad de aprender tanto inglés como francés. Como mi presupuesto sólo permitía tener una hora de enseñanza, sugirió dividir mi hora en dos. Luego, descubrió que me iba mejor con el inglés; me recomendó abandonar el francés y dedicarme de lleno a él.

El ojo agudo de la señora Kern no se perdía el menor detalle relacionado conmigo; esto cubría mi escritura. Era la de una niña pequeña, con rasgos caligráficos no apropiados para una muchacha de quince años. "Tenemos que hacer algo con tu manera de escribir. Trata de hacer las mayúsculas en imprenta para que no parezcan tan infantiles; luego trabajaremos en otros cambios".

Observaba cada una de mis letras y a través de ellas creía poder analizar mi carácter. Para mostrar lo experta que era en grafología, sugirió que yo exhibía una "exagerada bondad" ya que hacía letras muy redondas: "No seas tan buena. Sé un poquito mala y haz letras más angulosas".

Otro de sus comentarios extraños se relacionó con mi puntualidad. No tenía reloj, puesto que poca gente poseía uno en ese tiempo, así que confiaba en el despertador de la cocina y en el reloj de la torre de la plaza. Pero, sobre todo, había desarrollado el mejor de todos, mi reloj interno. Podía sentir el tiempo y por lo tanto, siempre era puntual. Nunca había pensado en eso hasta que la señora Kern llamó mi atención sobre el fenómeno. "¿Cómo es que siempre estás a tiempo, al minuto, sin reloj?", preguntó.

Le contesté "Honestamente, no lo sé".

"Eso dice mucho de tu carácter" dijo, y no agregó nada más. Así, no me explicó lo que quería decir.

Al hacerse consciente de que mi educación había sido interrumpida cuatro años antes, esta mujer altamente intelectual y maravillosa profesora se hizo cargo de guiar mi desarrollo académico con gran sensibilidad. Poco a poco me condujo de los cuentos de hadas a la literatura clásica, de la escritura de una niña al manuscrito, situándome así en el nivel que me correspondía.

Me relataba viñetas, cuentos y novelas. Al ver que mi comprensión era buena, me prestó, para comenzar, un pequeño libro alemán, *Kabale und Liebe* de Schiller, y luego obras de teatro y novelas cortas de Goethe y Heine. Después, me promovió al siguiente nivel: novelas largas y difíciles, traducidas del francés e inglés al alemán.

Las más memorables fueron *La Saga de los Forsythe* de Galsworthy y *Romeo y Julieta* de Shakespeare. Vinieron más tarde los grandes escritores franceses: Dumas, Hugo y Balzac. Ese fue el comienzo de mi pasión por los clásicos, la ventana que se abrió para hacerme descubrir un nuevo y excitante mundo de conocimiento y aventura. Yo encontraba libros en todas partes, en ruso, rumano, yidish y, por supuesto, en alemán. Los libros se convirtieron en mis amigos, maestros, guías y consejeros.

Eran también mi refugio contra los recuerdos macabros. Esta maestra sembró en mí la semilla del amor por la literatura y los idiomas, la poesía y la filosofía; me ayudó a educarme a mí misma al abrir los ojos al vasto mundo de los libros.

En el colegio en 1945 con mi mejor amiga, Litty (abrigo oscuro).

Mi mejor amiga Litty tomaba clases de historia del arte con ella, y a veces compartía lo aprendido conmigo. Éramos muy cercanas y no nos movíamos la una sin la otra; yo me sentía bien también con sus padres. Nos encontrábamos a diario en el colegio y en nuestro tiempo libre íbamos a cine y a juegos de fútbol—del que nos hicimos grandes entusiastas.

No le conté a Litty detalles de mi tragedia, ni ella preguntó; esto reforzó mi negación y me ayudó a proyectar la imagen de adolescente normal que quería mantener. La única persona intrigada por mi supervivencia, fuera de mis tías, era la señora rusa que compartía el apartamento con nosotras.

Un día me preguntó si le podía contar cómo había logrado sobrevivir cuando era pequeña. Le narré un fragmento de mi experiencia. Con cada frase que yo pronunciaba, esta mujer se ponía más pálida y las lágrimas corrían por sus mejillas. Me asusté y dejé de hablar. Se arrodilló a mis pies, se santiguó varias veces y dijo "Mi niña, eres una santa. La gente debería orar ante ti. ¿No lo sabes? Sólo los santos pueden ser salvados por medio de un milagro".

Me sentí anonadada ante esta alma rusa compasiva que me revestía de santidad. Luego, la idea de ser inmortal se me cruzó por la mente con alguna regularidad.

Nunca había imaginado que mi historia fuese tan increíble porque hasta entonces había estado rodeada de niños que compartían mi destino. Pero ahora, en un ambiente familiar, me convertí en una especie de bicho raro. Era obvio que no muchos huérfanos tanto de padre como de madre habían retornado. Otros, como mis amigas Litty y Reli, no solamente habían regresado con sus familias, sino que habían recuperado sus apartamentos.

Al igual que antes, Reli vivía frente a nuestro antiguo apartamento y como no quería enfrentarme con el pasado, la visitaba poco. En las pocas ocasiones en que lo hice, me paraba frente a la ventana de su alcoba, con los ojos fijos en mi viejo apartamento y recordaba felices momentos familiares. Desconocidos vivían donde una vez yo había llevado una vida normal y feliz. Aceptar esto era una absoluta tortura. Mi infancia perdida me destrozaba el corazón. Me inundaban los recuerdos de mis años despreocupados en el seno de mi familia.

Así como habían retornado nuestros coterráneos de los campos liberados de Transnistria, lo hicieron también los miles de prisioneros de los campos de exterminio de Polonia. Llegaban por montones a Czernowitz, y las calles se llenaron con esos prisioneros emaciados y tristes, vestidos con uniformes a rayas que colgaban de sus delgados y débiles cuerpos. Esta patética escena fue difícil de olvidar, así como los primeros recuentos de horror sobre la eficiente máquina de exterminio construida por los nazis con miras a la "Solución Final".

Debo confesar que no tenía idea de que esos campos existieran.

Los prisioneros eran judíos de diferentes países europeos, con cuyas experiencias yo podía identificarme fácilmente. La gente de nuestra ciudad los recibió en sus casas, mientras otros ayudaban con ropa o comida mientras la Cruz Roja los transfería a Campos de Desplazados esparcidos por toda Europa. Algunos elegían regresar a sus ciudades natales en busca de los miembros de sus familias.

Al poco tiempo me notificaron que un grupo de chicos de mi edad había vuelto de Odessa y las minas de Donbass. En la casa del mismo rabino, entre risas y lágrimas, disfrutamos de una tumultuosa reunión. Nos contaron sobre su horrible vida en la provincia minera de Donbass, donde habían vivido en una casa comunal, trabajando sin salario ocho horas diarias y sin recibir el prometido estudio. Al oír esto, me sentí muy agradecida por haberme inducido a permanecer en Odessa con los niños más pequeños.

Mayo 7, 1945. *"¡Pobeda! ¡Pobeda!"* (¡Victoria!). Los alto-parlantes de la plaza mayor emitían a todo volumen la tan esperada noticia de la llegada del día de la paz. La gente salió a las calles gritando, cantando y bailando de alegría. Yo participé en el júbilo, y me alegró la victoria. Pero al mismo tiempo sentí un enorme vacío que impidió el libre fluir de pura felicidad.

Aún hoy en día, ese patrón parece repetirse. En momentos de dicha, parece que se disparara una alarma para recordarme que mis seres queridos no están aquí para gozarlos; por este motivo, me siento más triste y sola en vacaciones y días festivos. A pesar de que me encantan las fiestas, me hacen sentir solitaria. Y aunque proyecte una fachada alegre, a menudo lloro por dentro.

Generalmente se considera que los sobrevivientes fueron afortunados, pero en realidad, el haber sobrevivido es a veces una carga, llena de culpa y recuerdos atroces que son imborrables. Se trata de un sentimiento de no pertenencia, de no tener raíces, ni familia y, en mi caso, guardando el secreto de estar parcialmente muerta o no totalmente viva.

Una manera de vencer este sentimiento y evitar enfrentarme a mí misma, era sumergirme en un frenesí de actividades que me distrajeran. Me involucré en todo tipo de eventos.

Para celebrar el fin de la guerra, los colegios prepararon coreografías de desfiles y presentaciones para las Olimpiadas escolares en el Teatro Nacional. Para esa ocasión mi maestro, el señor Weizmann, sugirió a los organizadores que las Olimpiadas se inauguraran con el poema *"Borodino"* de Lermontov. Ese poema aclamaba la victoria rusa sobre Napoleón, de manera muy semejante a como en ese momento aclamábamos la victoria soviética sobre Hitler. Me sentí honrada cuando me escogieron para recitar de memoria el poema de quince estrofas—fue un reto muy serio. Con la ayuda del señor Weizmann y mi patriotismo, me fue fácil recitarlo con verdadero patetismo. Estaba lista para representar al Colegio Judío, y orgullosa de hacerlo. También tuve que cantar en el coro y participar en varios bailes, para lo cual pedí vestidos prestados e improvisé todo lo necesario.

Yo había participado en representaciones muchas veces antes, pero nunca en el escenario de un teatro de verdad y frente a una audiencia tan grande. Debía recitar el poema e inmediatamente después disfrazarme para un baile ucraniano. Luego debía cambiarme para un baile de jazz americano y finalmente hacerlo de nuevo para el coro. ¡Fue la locura!.

Llegó el día de la Olimpiada, con toda su emoción. Para recitar el poema debía llevar el uniforme típico de la Organización Juvenil Comunista, que constaba de falda azul oscura, blusa blanca y un triangulo rojo al cuello. Esperaba de pie, tras bambalinas, que llegara mi turno.

Cuando se apagaron las luces de la sala y los reflectores inundaron el escenario, el maestro de ceremonias apareció y anunció: "Declaramos inaugurada la Olimpiada escolar con el primer número, *"Borodino"* de Lermontov, a cargo de Ruth Glasberg, de sexto año del Colegio Judío".

¡Y yo que pensaba que conocía el pavor del escenario! Esta vez era de verdad. Mis rodillas casi ceden y mi boca estaba tan seca como el Sahara. Por un segundo pensé que no vencería el miedo, pero en el momento en que salí frente al telón, lo dominé sólo para enfrentarme a una nueva calamidad. Jamás me había visto ante un micrófono con luces que me daban de frente a la cara. Totalmente encandilada, no podía ver al público.

Por un momento entré en pánico, pero me controlé y comencé mi recitación, convencida de haber vencido todos los obstáculos; luego noté, para mi horror, que mi voz sonaba extraña y gotitas de saliva centelleaban frente a mis ojos. Estaba segura de que todo el mundo lo notaba—casi me paralizo. Una vez más, tragué con fuerza y continué mi recitación sin vacilaciones. A juzgar por el aplauso, debo haberlo hecho bien. Era una recompensa que necesitaba con urgencia.

Al vuelo fui a cambiarme para uno de los bailes en grupo, pero en mi afán, no me abroché bien la falda. Como si el destino quisiera no dejarme tener aires de grandeza, al aproximarme al centro del escenario, mi falda cayó y el público rió a carcajadas. Yo quería meterme en un hueco y morir, pero corrí hacia los entretelones.

No había tiempo que perder. Se habría dañado todo el baile. Pareció haber pasado una eternidad hasta que alguien me ayudó a cerrar la falda con un gancho. En cuestión de segundos, retomé mi puesto y el baile terminó sin llegar a ser un desastre mayor.

Podría haber seguido cosechando los frutos de mis éxitos, de no ser por mi conflicto con los Zloczower. Para finalizarlo, un día, por fin, reuní todo mi coraje y con firmeza exigí que se me devolvieran todos los enseres de mi casa. Funcionó. Tía Cilli sacó unas cuantas copas de cristal, toallas, un cubre cama y algunos otros objetos. Los reconocí todos y me destrozó ver los lastimosos restos de lo que había sido el apero completo de nuestra casa.

Con un nudo en la garganta, tomé mis pocas cosas y partí enojada. Comencé entonces a hacer planes para vender los escasos objetos que había recuperado. Como el sistema soviético había terminado con las transacciones normales de negocios, tenía que vender mis cosas en un improvisado mercado de pulgas a las afueras de la ciudad. Quien tuviera una mesa o banca para exhibir su mercancía era considerado un mercader de verdad, pero los aficionados como yo, debíamos hacerlo sobre periódico en el suelo.

Ahora me había convertido en una niña empresaria que a los quince años se unía a los adultos en esta extraña manera de hacer intercambios. En lugar de pasar mis domingos con mis amigas en actividades placenteras, los pasaba en el mercado. Pero, de alguna manera, fue divertido. Desafortunadamente mi mercancía no atraía a muchos compradores; pasaban muchas semanas hasta que lograba vender un objeto. Le ofrecí a Tía Anna mis exiguas ganancias y categóricamente las rechazó. Conservé lo que no pude vender: dos copas de cristal para champaña, un frutero bañado en plata, una cartera y un vestido viejo de mi madre. Un zapatero me hizo un par de mocasines con el cuero de la cartera y una modista arregló el vestido a mi talla.

Me contentaba con poco y agradecía estar en mi ciudad, entre mi familia. Pero el destino me hizo aún otra mala jugada.

La presión política internacional sobre los soviéticos hizo que emitieran, hacia finales de 1945, un decreto por medio del cual todos los judíos rumanos que vivían en el territorio del norte de Bucovina y Besarabia, eran libres de ir a Rumania, ahora comunista. Este repentino cambio fue bien recibido por la mayoría de los judíos que planeaban emigrar hacia Palestina vía Rumania. A otros, sin embargo, los puso en una situación muy difícil.

En nuestra casa, se dieron fieros debates. Tía Anna quería ir; Lucie y yo, no. Me destrozaba pensar en otro desarraigo. Súbitamente vi que mi nueva vida se desbarataba. A pesar de estar desilusionada de muchas cosas del comunismo, permanecía leal a la causa.

Lucie se oponía, por supuesto, porque su novio, Willy, era un convencido comunista y la idea de abandonar la URSS le era totalmente inaceptable. Como resultado, los tres hicimos un frente sólido contra Tía Anna, quien insistía en partir. La pobre Lucie se debatía entre la lealtad hacia su madre y hacia Willy.

Para el otoño de 1945, la mayoría de mis parientes, amigos, compañeros de colegio y maestros, incluida la señora Kern, comenzaron a irse. Yo realmente no tenía ningún deseo de estar en ninguna otra parte; estaba contenta en mi ciudad natal. ¿Cuántas veces en mi vida se suponía que tuviera que recomenzar una nueva vida escolar y social? Pero mis deseos y opiniones no contaban. Mi única alternativa, si decidía quedarme, sería vivir en una escuela vocacional que era un hogar para huérfanos y jóvenes abandonados. Esta idea no me llamaba la atención. Por lo demás, ¿cómo iba a ser la ciudad sin judíos y sin mis amigas?

Al final, Tía Anna ganó la discusión y nos convenció de que todas tendríamos un mejor futuro fuera de la URSS y que Willy podría cambiar de opinión y seguir a Lucie más adelante.

Al aproximarse el éxodo, comenzó un frenesí comercial. Todos los judíos que iban a partir recibieron autorización para vender sus enseres de casa. Los precios eran ridículamente bajos. Quienes habían regresado de los campos en Transnistria y recuperado parte de sus cosas tuvieron que deshacerse nuevamente de ellas. Los que se habían quedado, como Tía Anna, enfrentaban este problema por primera vez. Me dolía verla sufrir al desprenderse de sus posesiones de toda la vida, para quedarse con sólo unos cuantos paquetes y maletas. De manera irónica, yo me libré de ese dolor. Todo lo que poseía era una maleta y toneladas de recuerdos.

Una vez vendidos los objetos, se presentó otro problema: cómo hacer para contrabandear el dinero que sobrepasaba la cantidad oficial permitida. Eso implicaba esconderlo en lugares no visibles, especialmente en el propio cuerpo. Esto me llevó a recordar experiencias previas que me hicieron temer para siempre las aduanas y los controles de fronteras. Pese a que ya eran tiempos de paz, que los soviéticos estaban al mando y todo era diferente, mal podía dominar mi angustia. Mi tía me había confiado algunos billetes para que escondiera bajo mi ropa interior, con la seguridad de que no harían un chequeo corporal a una muchacha de mi edad. Yo no estaba convencida, y sintiéndome culpable, casi entro en pánico en la frontera. Por suerte, no me examinaron. Viajando en camiones, cruzamos a salvo la frontera sobre el río Seret hacia territorio rumano. De nuevo, adiós, mi tierra natal.

Del Comunismo Al Sionismo

Abril 12, 1946. Entramos a Rumania comunista como uno de los últimos grupos a quienes se les permitió abandonar la Unión Soviética. Miles y miles de judíos del norte de Bucovina, ahora ocupada de nuevo por la Unión Soviética, habían entrado a Seret desde 1945, creando un serio problema de vivienda y escasez de comida.

Esta gente, en pésimas condiciones económicas, se volvió molesta para los rumanos. Para librarse de esta carga, el gobierno optó por ignorar a quienes escapaban por las fronteras orientales hacia Hungría y Yugoslavia. Pero era complicado establecer contacto con las redes clandestinas del Mossad L'Aliyah Beit, la organización responsable de la emigración (no confundir con el nombre actual del servicio secreto de Israel)[12]. Mientras tanto, los refugiados tenían que sobrevivir con sus escasas reservas o depender de la seguridad social, que era prácticamente imposible de conseguir. Quienes lograban huir, eran llevados por emisarios de las organizaciones de la *bericha* (escape) hacia campos de personas desplazadas en Alemania, Austria e Italia desde donde eran eventualmente llevados a Palestina.

Por suerte, Tía Anna había mantenido contacto con Yona Itzhak, nuestro pariente que se había salvado de la masacre de Milie en 1941 y había llegado con un grupo anterior. Nos condujo a la pequeña habitación que compartía con otros seis refugiados y nos ofreció su piso para que durmiéramos.

---

[12] El servicio secreto israelí es el Mossad (N.T.)

La situación era tan desesperada que ya no pude quedarme con Tía Anna y Lucie. Pero, ¿a dónde podía ir? Sin un centavo en el bolsillo y sin saber hacer nada, de nuevo enfrentaba un tormento personal. Sin embargo, llegó la hora de despedirse.

En medio de la confusión, mi ángel guardián volvió a acordarse de mí. Por mi Tía Toni me enteré que David Greif, uno de los primos de mi padre, vivía en la ciudad de Roman; él accedió a alojarme por un tiempo.

Pero carecía de dinero para pagar así fuese el tiquete más barato en un camión de pasajeros. Los conductores cobraban una exigua suma por persona, y para aumentar sus ganancias, a menudo embutían hasta veinte pasajeros. Felizmente, la familia de Litty se dirigía en la misma dirección, y sus padres ofrecieron llevarme con ellos y pagar mi pasaje.

A pesar de que no nos conocíamos, los Greif me recibieron en su amplia casa con una excepcional calidez, incluso me dieron una habitación para mí sola, un lujo que nunca antes había tenido. Durante algunas semanas disfruté de esa vida mimada en una pequeña ciudad que había permanecido relativamente intacta a pesar de la guerra. Durante mi estadía en Roman, conocí a un muchacho de diez y ocho años. Al instante nos sentimos atraídos el uno al otro. Me invitaba al cine, a bailes, a paseos en el parque; todo lo disfrutaba y ello despertaba sensaciones extrañas pero placenteras. Luego, un día trató de acariciarme. De hecho, yo deseaba el contacto físico, pero al mismo tiempo me avergonzaba, pues mis senos no se habían desarrollado y no quería que él lo supiera. No lo dejé tocarme. Me encontraba en una situación difícil; me sentía mujer sin serlo de verdad. Aún así pasamos juntos unas semanas agradables. Desafortunadamente, este pequeño enamoramiento pasajero terminó cuando llegó el momento de irme donde la familia de Tía Toni en la ciudad de Targu-Neamtz. Me alojé con ellos durante algunas semanas, hasta que me enviaron donde Tía Cilli y Tío Max a Buzău donde, irónicamente, había vivido en un orfelinato apenas dos años antes. Me sentía como un balón de fútbol, pateado de un lado a otro.

Yo era tratada como un objeto sin alma ni sentimientos, pero sí los tenía y sufría con desesperación. Hay un dicho rumano que aplicaba con exactitud a mi situación "No se puede escapar de aquello que se teme". Siempre había temido vivir con los Zloczower, y ahora me veía forzada a hacerlo.

Es muy probable que para ellos tampoco haya sido fácil, a pesar de que en ese tiempo era más natural compartir de lo que es hoy en día. Ellos cuatro ocupaban una habitación pequeña que tenía solamente dos camas. A veces yo dormía en el piso del vestíbulo, y en algunas ocasiones en la cama con mis tíos. Mis dos primos, Guido y Marcel, compartían la segunda cama.

Aunque me dejaran compartir su cama, cuando se trataba del delicado tema de comportarse conmigo como con alguno de sus propios hijos, su actitud era diferente. Cada vez que se les presentaba la oportunidad, reforzaban mis sentimientos de orfandad, especialmente Tio Max. Por ejemplo, constantemente daba a sus hijos dinero de bolsillo pero nunca me ofreció ni un *leu*. A la hora de comer, mi porción era siempre la más pequeña o la de peor calidad. Esto me hería y me humillaba profundamente.

Por fortuna, muchos refugiados de nuestra ciudad se habían instalado temporalmente en Buzâu. Entre ellos se hallaba mi mejor amiga, Litty. Ella era una bendición pues podía compartir mis sentimientos con ella y cuando no podía ya soportar a los Zlozcower, dormía en su casa. Le conté mi angustia de sentirme atrapada y mi deseo de huir. Pero ¿a dónde? ¿con qué? ¿cómo?

Buzâu, 1946 "La banda alegre"(de arriba a bajo)Litty, Jenny y yo a los 15 años.

Una idea era la de unirme a la organización juvenil sionista. Pero embarcarme en ese estilo de vida implicaba sacrificar toda educación en el futuro. Dos años atrás había rehusado viajar a Palestina, pero ahora que había tenido que salir de Czernowitz y no podía quedarme con mis parientes, me convencí a mí misma de que volverme sionista-socialista no era una mala alternativa. Era lo que siempre había soñado, lo que mi padre me había inculcado como causa noble, hasta que lo suplantó el comunismo. Al mismo tiempo me brindaba la oportunidad de ser auto-suficiente.

Con ese fin, algunos de mis amigos trataron de seducirme para que entrara a su organización juvenil sionista *Hanoar Hatzioni*, ligada políticamente con un partido de centro. El ser miembro de una organización como ésta daba derecho a participar en un campamento, y además a unirse a una comuna preparatoria llamada *haksharah*, a la que la Agencia Judía daba prioridad en la emigración. Eso incrementaría mis oportunidades de llegar a Eretz Israel—término con el que se referían los judíos a Palestina antes de 1948. Pero para ser fiel a mis convicciones socialistas, opté por *Hashomer Hatzair*, partido más de izquierda.

Muy pronto comencé a echar de menos a mis amigos que trataban constantemente de convertirme a su causa. En el dilema entre mi ideología y la amistad, a la larga opté por la segunda, y me uní a ellos.

En 1946 fui enviada a un campamento de verano financiado por nuestra organización. Fue una experiencia inolvidable. Allí me enteré de que, en un campamento anterior, cuatro miembros de la organización habían decidido formar una *haksharah*, cuya meta era la creación de un kibbutz en Palestina. Inmediatamente comenzaron a reclutar miembros y solicitaron del Comité Central un lugar donde el grupo pudiera trabajar los campos. Su ideal era retornar a la tierra—la fuente de la vida. Veían en esas comunas la base del futuro estado judío. Y así, estos pioneros dieron los primeros pasos en su preparación para la emigración a la Tierra de Israel.

Les fue asignado un terreno en una pequeña granja del pueblo de Colentina, cerca de Bucarest. Veinte jóvenes iniciaron la comuna, y la llamaron *L'hagshamah* (Hacia la Realización), Grupo I. Poco después, surgió el Grupo II y luego los dos partieron hacia Palestina vía Italia. En el curso de un año se formó un tercer grupo.

Esa era mi oportunidad. Después de que Litty y otros amigos de la organización me ayudaran a contactar al Grupo III, y luego de una serie de conversaciones informales, fui aceptada. Para facilitar mi llegada al pueblito de Galautzash, en Transilvania, asignaron a un miembro de la comuna para que me recibiera en la estación del tren a su regreso de una vacación.

El joven llegó, nos reconocimos por la descripción que le había dado por carta, y viajamos juntos hacia nuestro destino. Un repentino sentimiento de independencia me invadió. Tenía diez y seis años, estaba llena de esperanzas y un ánimo a toda prueba.

A la mañana siguiente, el tren llegó a la pequeña estación de Galautzash, donde nos esperaban unos cuantos representantes de la comuna. En una carreta de caballos, nos llevaron a las afueras del pueblo donde vivían en una aislada casa de un piso, con dos grandes cuartos, una cocina y una letrina.

Vivir en "manadas" humanas y dormir de a quince en plataformas de tablones no era nuevo para mí. Lo que sí era raro era la estructura social de este grupo de jóvenes, unidos por el idealismo y una meta común, no por la necesidad o el destino.

Los miembros de la comuna, más o menos treinta, me saludaron con cordialidad y me hicieron sentir bienvenida. Sus edades oscilaban entre los diez y siete y los veinticinco años. La mayoría había tenido una vida relativamente normal pues eran los afortunados que vivían en la Vieja Rumania y se habían salvado de la deportación. También aquí me sentí diferente, por ser la menor, la más pequeña y la última en entrar al grupo.

Era también una de las pocas con un pasado desastroso.

Más tarde supe que otros dos miembros de la organización eran también sobrevivientes de campos, pero nunca hablamos de ello. Estábamos demasiado ocupados en la construcción de nuevas vidas, y llenábamos cada minuto con actividades y sueños. Era inconcebible presentar nuestras historias de pesadilla ante los demás.

Trabajábamos duro y compartíamos derechos y beneficios por igual. Las decisiones eran tomadas por mayoría de votos en asambleas generales. En resumen, éramos una cooperativa diminuta que ponía en práctica las teorías socialistas. Eso me fascinaba.

Otra novedad era la intensidad con la que se entremezclaban los sexos. A pesar de que se respetaba la separación nocturna de alojamiento, después del trabajo y los domingos había mucha vida social y besuqueos, a pesar de la falta de privacidad. Puesto que yo carecía por completo de experiencia en el campo de las caricias y los enamoramientos, esta nueva situación me incomodaba. No estaba acostumbrada a este tipo de interacción entre muchachos y niñas. Pese a que era la menor y la única mujer físicamente subdesarrollada, no me faltaban admiradores. La mayoría, sorprendentemente, estaba dispuesta a aceptar una amistad platónica al aclarar que no me interesaba ninguna cercanía física.

Todos trabajábamos en un gran aserradero que contrataba mayormente a gente de la localidad. Nuestra comuna logró establecer un acuerdo por medio del cual se nos daba trabajo a cambio de alojamiento y alimento en lugar de salario. Lo hicimos principalmente por la experiencia. ¡Y vaya experiencia! Trabajábamos en tres turnos bajo rigurosas condiciones físicas. Yo tenía dificultad en seguir el ritmo del resto del grupo, ya que jamás había realizado faenas arduas durante ocho horas seguidas.

Durante el turno de día, la labor consistía en levantar pesados troncos y cargarlos en vagones sobre rieles. Trabajar en parejas ayudaba, pero el fatigoso trabajo me abrumaba. De manera irónica, estaba haciendo lo que los empleados de mi padre solían hacer en los aserraderos que él administraba.

En los turnos de noche, llenábamos carretillas con aserrín para alimentar las calderas. La única ventaja era la posibilidad de calentarse en las noches frías y de asar trozos de pan envueltos en tocino.

Me gustaba nuestra vida comunitaria en la que todos éramos iguales, y por igual no poseíamos nada. No era un grupo homogéneo; era una mezcolanza de personas de Transilvania que hablaban húngaro, de rumano-parlantes del Viejo Reino, y unos cuantos germano-parlantes de Bucovina, como yo. Sin embargo, éramos compatibles. El reto de crear la unidad, vinculados por los mismos sueños y las mismas metas, añadía sustancia a nuestras vidas.

Nuestro líder, Maiciu, (hoy Meir Shamir) ayudó a crear esa unidad. Era alto, guapo, de hombros anchos y con una melena rubia oscura. Por su sabiduría, carisma y capacidad de liderazgo, asumimos que era el mayor del grupo. Décadas más tarde reveló su secreto—solo tenía diez y siete años en ese tiempo. Todas las niñas estábamos enamoradas de él, incluyéndome, pero estaba comprometido con una muchacha llamada

Bertha que había salido de Rumania con el Grupo II, y se mantuvo fiel a ella.

Después de meses de dura labor y consolidación, fuimos notificados de la inminente fecha para emigrar a Palestina, donde habríamos de encontrarnos con los Grupos I y II de *L'hagshamah*. Nos dieron unos cuantos días libres para despedirnos de nuestros familiares y amigos. Fui a Bucarest, donde vivían Tía Anna y Lucie. Las condiciones en que las encontré me entristecieron profundamente: su cuarto era un diminuto cubículo y tenían escasamente manera de sostenerse. Se me partía el corazón ante la idea de dejarlas por sabe Dios cuánto tiempo, y me sentí muy culpable por no poder ayudarlas de alguna forma.

Luego visité a un primo de mi padre. Apenas me vio me preguntó "¿Leíste tu historia en el periódico local?".

"¿Cuál historia? ¿Cuál periódico?". Yo no tenía idea. Me llevó al edificio del periódico. Pidió una edición específica. Al momento, alguien sacó un periódico de los archivos y nos entregó un número de *Romania Libera*.

Lo leí; estaba tan sorprendida que apenas reconocí mi propia historia. Pero era la mía, sin duda. Era una versión abreviada del documento de nueve páginas que había escrito en 1944. El título decía, "Esperando el juicio de criminales de guerra. Por años los niños de Transnistria han vivido en la miseria, el hambre y el terror".

Ahora entendía. Fue para esto que mi profesora del orfanato de Bucarest me pidió que escribiera sobre mi experiencia en Bershad. Nunca pensé que mi escrito serviría algún día como testimonio.

Iba a salvaguardar ese periódico para la posteridad; algún día podría ser de alguna utilidad (apareció en una antología en 1991). Originalmente obtuve tres copias al carbón de ese manuscrito de 1944. Una la conservé; las otras las puse bajo el cuidado de mis tías. Fue importante haber documentado ese testimonio poco tiempo después de la experiencia, pues muchos adultos dudaban de los recuerdos de los niños.

Durante mi estadía en Bucarest, visité también a todas las familias que habían sido generosas conmigo en 1944. Uno de mis parientes me dijo que mi historia había sido emitida por la radio estatal rumana. Como conclusión, la persona que la leyó dijo, "Ruth Glasberg, donde quiera que estés, ten la seguridad de que te vengaremos". Quedé intrigada sobre cómo obtuvieron mi historia y porqué la leyeron.

Quedé muy conmovida, tanto por el artículo del periódico como por el programa radial. Desafortunadamente no tuve tiempo de conseguir una copia del programa, ya que tenía que regresar a mi comuna.

Una vez que me despedí, tomé el tren para Galautzash donde toda la planeación, la preparación de las maletas y la organización de nuestro viaje a Palestina habían resultado en una fiebre de viaje. Mi maleta estaba llena principalmente de recuerdos que me eran muy valiosos: unas pocas fotos de mi familia que con dificultad había recolectado entre mis familiares, el anuario de mi escuela, mi manuscrito, el artículo publicado en el periódico con mis experiencias del campo y, por supuesto, mi sentimental juego de cubiertos.

Ya todos los miembros de la comuna habían regresado tras haberse despedido de padres y familiares. Contaron historias de padres tristes y madres llorosas con sus corazones destrozados. De ese mal rato, en forma irónica, yo me había salvado. "Feliz yo que soy huérfana" pensé, recordando un cuento de Shalom Aleichem. Me dolía separarme de mi familia adoptiva, pero no había comparación con la pena de mis amigos que tenían a sus verdaderos padres. Me maravillaba su idealismo que era suficientemente fuerte para hacerlos afrontar una separación de sus familias, sin tener siquiera la esperanza de un pronto reencuentro. Sabíamos cuál era nuestro destino final, pero apenas vagamente cómo y cuándo llegaríamos a él.

Naufragio

Noviembre, 1946. Palestina estaba aún bajo el Mandato Británico. El gobierno de Su Majestad estaba preocupado por el colapso de la ley y el orden entre las comunidades árabe y judía a raíz de la afluencia de sobrevivientes del Holocausto durante la posguerra. Alegando que los judíos habían agotado su cuota anual en diciembre de 1945, los británicos permitían la inmigración de sólo unos cuantos cada mes.

Por ese tiempo, Europa estaba llena de campos de desplazados, ocupados más que todo por sobrevivientes del Holocausto y algunas organizaciones juveniles sionistas que esperaban viajar a Palestina. Las cifras sobrepasaban de lejos la limitada cuota. Debido a esas circunstancias, la Agencia Judía formó una organización llamada *bericha* (escape) que se infiltraba en los campos de Italia, Alemania y Francia, y trabajaba astutamente por detrás del escenario para organizar la inmigración ilegal.

Los miembros del Grupo III de *L'hagshamah* se encontraban entre los miles que se aventuraban a tan arriesgada empresa. Nuestras actividades estaban cubiertas por el silencio y callados e interminables rumores. Salimos de Rumania en tren hacia Yugoslavia; de allí, debíamos seguir en barco hacia Palestina y los dos viajes debían ser clandestinos. Desafortunadamente tuvimos que acallar nuestro alborozo por miedo a que nos descubriera la policía de la frontera. Yo entré en pánico ante la idea de otro retén, pero cruzamos la frontera a Yugoslavia sin incidente. Sin embargo, me pude tranquilizar sólo cuando descendimos del vehículo en Belgrado. Después de haber cruzado tantas fronteras en cuatro años, confiaba que esta fuera la última que atravesara en Europa. Me iba a embarcar hacia un continente diferente.

Un convoy de camiones nos esperaba para transportarnos hacia Zagreb. Desde los camiones en marcha que velozmente nos conducían hacia un campo de tránsito, escasamente vislumbramos estas dos bellas ciudades. Pero éramos parte de una operación secreta y nos cuidamos bien de no ser descubiertos.

Llegamos al campo de refugiados en las afueras de Zagreb. Era una gran área con carpas y barracas de aluminio corrugado que habían sido erigidas para alojar a cientos de refugiados y emigrantes en tránsito hacia Palestina. Personas de muchas nacionalidades deambulaban por el terreno, curiosos ante los recién llegados. Nuestra comuna tuvo que acomodarse en una barraca abarrotada, con otras doscientas personas de ambos géneros. Oír los diversos idiomas producía la sensación de estar ante una nueva Torre de Babel. De noche, se convertía en un fuerte estrépito de ronquidos. Además, llegaba ya el invierno y teníamos poca protección contra el frío. Pero nuestro entusiasmo por la emigración era tan grande que soportamos el caos y la miseria temporal con optimismo.

Todo el peregrinaje de la *aliah*[13] estaba dirigido y supervisado por hombres astutos y bien entrenados del ejército clandestino judío de Palestina, llamado *Haganah*. Ellos eran los responsables de organizar la emigración a Palestina y se llamaban *Mossadniks*. Se mantenían en constante contacto con los representantes de varias organizaciones juveniles, que a su vez transmitían la información a sus miembros. El contacto de *L'hagshamah* era nuestro líder, Maiciu.

Unas semanas más tarde, llegó la buena nueva de que nuestro turno para partir finalmente había llegado. Era la tan esperada hora de la verdad: la emigración a nuestra patria, por fin.

A finales de noviembre, un transporte de unas ochocientas personas, incluyendo a nuestro grupo, viajó en tren varias horas hacia un puerto no divulgado. Al mirar por la ventana, divisamos el hermoso paisaje y el mar, una visión emocionante que reafirmaba nuestra seguridad de estar, en efecto, camino al punto de embarque. Por libros que había

---

[13]   Inmigración a Israel (N.E.)

leído y películas que había visto, me había hecho la imagen color de rosa de un grandioso crucero.

A medida que el sol se ponía lentamente en el horizonte, comenzó también a oscurecer cada vez más, hasta que nos abrazó la noche. Sin luna, sin luces, sólo una fría y tenebrosa noche. El tren se detuvo y nos hicieron descender. Las ochocientas personas, previamente entrenadas, bajamos en silencio absoluto. Pronto aparecieron guías con linternas y nos susurraron órdenes para que los siguiéramos. Casi no se podía ver nada en esa lóbrega noche pero pude comprender, al aproximarnos a la nave, que era cualquier cosa menos un barco de pasajeros. En el mejor de los casos se parecía a uno de carga o de pesca; de ninguna manera era adecuado para acomodar a ochocientos pasajeros. De hecho, le habían construido una segunda cubierta sobre la que originalmente era la cubierta superior, para que cupiera más gente. Mi ánimo cayó a las profundidades de un abismo.

Estos barcos utilizados en operaciones ilegales habían sido comprados en diferentes países y viajaban bajo diversas banderas. Sus nombres originales habían sido cambiados por una clave en hebreo: el nuestro, que se llamaba *Atinai*, se volvió *Rafiaj*. Tanto la tripulación como el barco eran de origen griego, pero los encargados de los emigrantes eran los *Mossadniks*, por lo general, muchachos jóvenes de los kibbutzim, idealistas que llevaban a cabo una labor muy peligrosa y patriótica. (Hay una buena documentación sobre la inmigración ilegal a Palestina en el Museo Naval de Haifa, Israel, que incluye réplicas de algunos de esos barcos. Cerca de 118 naves ilegales llegaron a Palestina, en 140 embarques, con 107,000 inmigrantes entre 1934 y 1948, cuando se creó el Estado de Israel).

Un modelo de la bodega del barco "Rafiach".

Fuimos conducidos a compartimentos sin ventilación ni claraboyas. Todo el espacio estaba copado por dos pisos de plataformas de tablones de pared a pared, sobre las cuales teníamos que apretujarnos como sardinas, con solo la altura suficiente para permanecer acostados. Yo tuve que rodar horizontalmente para entrar y compartir el espacio con docenas de mujeres. Era imposible sentarse y para empeorar las cosas, los baños quedaban en la cubierta superior; llegar a ellos representaba toda una empresa. Cuando toda la carga humana había sido empacada en estas "lujosas cabinas", el motor del barco arrancó con un espantoso rugido y una horrible expulsión de combustible. El olor me causó náuseas al instante. La sobrecargada nave se mecía inmisericordemente y la mayoría de los pasajeros, yo incluida, nos mareamos.

Una vez que comencé a vomitar, no pude parar. Gemía, vomitaba, lloraba y vomitaba de nuevo. La hora de las comidas era la peor. Distribuían una especie de pescado enlatado cuyo olor, mezclado con el del vómito, me ponían desesperadamente enferma. Me dejaba tan exhausta que ni siquiera alcanzaba a llegar a los baños del segundo piso. Sólo quería morir. De repente Solo, uno de mis admiradores, vino a mi rescate.

Habíamos sido amigos desde que me uní a la comuna. Bajaba varias veces al día para ayudarme a ir hasta el baño, otras veces me hacía permanecer sobre la cubierta donde él y los otros muchachos dormían. El barco era tan inestable que a ratos el capitán tenía que ordenar a la muchedumbre que se hallaba en cubierta que se moviera hacia un lado u otro, para poder mantener el equilibrio.

Mientras mis cortas estadías sobre la cubierta me ayudaban, me volvía a enfermar en cuanto regresaba a la bodega. En ocasiones estaba tan débil, que Solo tenía que llevarme alzada hasta el baño. De no haber sido por él, probablemente no habría salido airosa de este empeño.

Perdimos toda noción del tiempo y las circunstancias. Un día, los pasajeros de la zona de abajo estábamos en la oscuridad, enfermos y angustiados, y ni nos enteramos que nuestro barco se debatía en una fuerte tormenta. Agotada y en estado de letargo, poco me importaba lo que me llegara a ocurrir. Pero a Solo sí. Bajó a llevarme a cubierta y me cuidó mientras dormía.

Esa tarde fui arrancada de mi sueño por atronadores y crujientes ruidos, que sonaban como árboles cayendo a tierra. El ruido se acrecentó y fue seguido de gritos histéricos: "¡Socorro! ¡Auxilio!" como ecos que emanaban de cientos de voces.

Me levanté al instante. Aún confundida entre el sueño y la realidad, quedé petrificada al ver una gigantesca roca surgiendo tras los barandales. Alrededor del barco saltaban altas, salvajes olas de un mar enfurecido. Las marejadas salpicaban sobre la cubierta. Anonadada, yo miraba a los pasajeros aterrorizados que gritaban y corrían sin rumbo.

Por encima del caos, surgió una voz desde un altoparlante: "¡Atención! ¡Atención! ¡Hemos chocado contra una roca! ¡Conserven la calma! ¡Conserven el orden!". Oí sólo a pedazos las órdenes que nos dieron a continuación: debíamos saltar a tierra cuando las olas acercaran el barco a la costa.

¡Pandemónium!

Pasajeros histéricos salían a gatas de las bodegas y abarrotaban la cubierta, empujando, dando empellones y gritando. Saltaban del barco para salvar sus vidas. Los afortunados que se hallaban sobre la cubierta y podían llegar al barandal, brincaron primero. Mi amigo Solo habría podido hacerlo también, pero quería rescatarme. Pero yo no me podía mover. Alzándome entre sus brazos, se abrió camino por entre la agitada multitud y me puso sobre el barandal. Estaba allí parada, temblorosa, agarrada de un poste, mientras él me daba instrucciones sobre cómo y cuándo saltar.

En mi estado, no podía entender todo ese parloteo, únicamente capté palabras como "¡Salta! ¡Ten cuidado!". Tuvo que repetirlas varias veces hasta que me di cuenta que era a mí a quien Solo dirigía esas palabras.

Durante los pocos segundos en que el barco se acercaba a la costa, la gente trataba desesperadamente de lanzarse a la árida y rocosa isla. Algunos lo lograban a tiempo, mientras que otros fallaban y eran aplastados entre el barco y la roca.

Las salvajes olas tiraban y empujaban al barco que comenzaba a hundirse; lo acercaban y lo alejaban de la costa. Unos doce valientes tripulantes habían logrado descender a tiempo, tensaban una cuerda que habían atado previamente a la popa y trataban de impedir que el barco acelerara su descenso. Esto le daba a la gente más tiempo para abandonar la nave.

Parada allí, petrificada, no podía ni siquiera pensar en lanzarme. Para mí, era un salto hacia la muerte, pero Solo insistió y repitió sus instrucciones. "Yo iré primero", dijo. "Espera mi señal y brinca; yo te recibiré en mis brazos. No tengas miedo".

A mi alrededor, gente frenética seguía saltando por la borda, unos cayendo sobre el rocoso piso, otros en el agua. El barco crujiendo, las enormes olas amenazantes, los gritos, todo me tenía casi paralizada de terror. "¡Estoy asustada! ¡No sé nadar! ¡Me ahogaré!", gritaba yo.

Por última vez Solo repitió sus instrucciones y luego saltó, ileso. Con sus brazos abiertos para animarme, gritó, "¡Ahora!". Yo seguí allí parada, aferrada al poste, aturdida por el miedo. Ver a la gente ahogándose y siendo aplastada debajo de mí, hacía que no pudiera reunir el valor para moverme.

El caos no cesaba, los gritos aumentaban; personas confusas volvían a las bodegas—ya llenas de agua—para salvar sus pertenencias, sin darse cuenta de que ya no había tiempo. Algunos murieron allí abajo.

La paciencia de Solo llegó al límite, no así su ingenio y decisión de salvarme. Se quitó el cinturón de su pantalón, dándome instrucciones. "Yo sostendré un extremo, ¿está bien? Tu tomas el otro cuando te lo lance, y luego yo tiraré en el momento adecuado, ¿está bien?". Poco convencida, le respondí "Trataré".

El barco seguía siendo arrastrado hacia la isla por las olas, y alejado de ella por la fuerza de la marea. Una parte de él estaba ya casi bajo agua; flotaba, ladeado, en un constante vaivén. Mis primeros intentos por agarrar el cinturón de Solo fueron fallidos. Luego el barco chocó de nuevo contra la roca y en ese momento pude, por fin, lograrlo; sin saber cuándo, Solo tiró de su extremo. Su veloz movimiento me arrancó del barandal y me depositó sobre la rocosa superficie. Pensé que me había fracturado una pierna, pero resultó ser sólo un tobillo lastimado. ¡Estaba a salvo! ¡Estaba viva! Mi ángel guardián me había salvado una vez más.

Debo haber estado muy confundida o quizás incluso perdí el conocimiento porque, al recuperarme de la caída, me encontraba absolutamente sola. Solo había desaparecido, junto con todos los demás, como si se los hubiera tragado la tierra. Debían haberse apurado en busca de un refugio antes del anochecer. Casi sin fuerza y cojeando, yo no podía llegar muy lejos.

Mientras tanto, el mar devoraba con velocidad a la pequeña y vetusta embarcación. Después de unos escasos veinte minutos, los valientes que la sostenían tuvieron que soltarla. No había ya nada que hacer. Con ella se hundieron algunas almas y las magras pertenencias de todos los emigrantes.

Yo quedé únicamente con la ropa que llevaba puesta. Con gran dificultad, trepé el risco en busca de una cara conocida, pero no la hallé. En cambio, encontré una escena totalmente absurda. Unos cuantos pastores desarrapados, con rifles colgando de sus hombros, descendían desde la punta de la roca como si vinieran a defenderse de invasores. Para su decepción, habrían de ser testigos de una tragedia humana que cambiaría su papel de guerreros por el de salvadores. Debe haber sido el mayor evento de sus monótonas y aisladas vidas. Con rapidez, treparon la roca para avisarles a sus compañeros y pronto todos se habían involucrado en la tarea de darnos comida y refugio.

Antes de que cayera la noche, el barco fue tragado por el feroz Mar Adriático. Un rato después, una fría y torrencial lluvia decembrina comenzó a caer sobre la desolada isla, agregando más aflicción a nuestra ya desesperada situación.

Todos subimos a la parte alta de la roca como si fuéramos a encontrar alguna salvación arriba. Sin fuerza ni ánimo para trepar, busqué una roca alta cercana, para recostarme y resguardarme de la lluvia.

Lo repentino de la tragedia me abrumó y me dejó totalmente anonadada. ¿Porqué los de mi grupo, en especial Solo, después de todo lo que había hecho por mí, me habían dejado sola? El miedo y la soledad de esa horrenda noche de lluvia eran devastadores.

Parada allí pegada a la roca, mis pensamientos volaron del pasado al presente. Despojada nuevamente de todo lo que me ligaba a mi pasado, lloré por las cosas que había recogido con tanta dificultad en los últimos dos años: las pocas fotos de mi familia, recuerdos conseguidos con mis tías después de la guerra, mi preciado juego de cubiertos de plata y, especialmente, la copia original de mi artículo publicado en el periódico *Romania Libera*.

Sola en la oscuridad, empapada hasta los huesos, mis pensamientos eran interrumpidos por gritos ocasionales que vociferaban nombres, en el intento de encontrar amigos y miembros de sus familias perdidos –pero nadie pronunciaba mi nombre. Mi ansiedad aumentó, así como el miedo a perecer en medio de esa locura.

La lluvia no amainaba. Con mi ropa chorreando, yo temblaba tanto de frío como de miedo; en lo profundo de mi ser, deseaba que alguien—no importaba quién—llamara mi nombre y me encontrara.

Después de unas horas en tierra había desaparecido mi mareo, pero ahora, por primera vez en días, la sed y el hambre punzaban. Desde mi roca protectora, vi personas deambulando y agachándose de vez en cuando. Al comienzo no podía distinguir bien lo que hacían; al poco rato, descubrí que recogían con sus manos el agua aposada en las rocas. Seguí su ejemplo, pero tenía sabor a sal y no apagaba mi sed. Mi hambre era tan intensa después de los días de constante vómito, que habría ingerido cualquier cosa comestible. Mas no había nada. Busqué en el área circundante, hasta que hallé una planta que parecía una cebolla verde. Feliz, la arranqué de la tierra, con todo y raíz, y me la llevé a la boca. La comí a pesar de que era tan insípida como el pasto.

Sin reloj, no podía averiguar cuánto tiempo pasé allí parada, esperando el milagro de un grupo de búsqueda. Probablemente transcurrieron horas. Temía tener que pasar la noche sola bajo la roca.

¡Y luego sucedió! "¡Ruthi! ¡Ruthi! ¿Dónde estás?" llamó una voz en la distancia. ¿Era posible? ¿Acaso ya estaba alucinando?, ¿eran quimeras? ¿O alguien me había extrañado?

"¡Aquí estoy! ¡Por acá!", gritaba yo constantemente y con tal fuerza que estaba segura de estar haciendo vibrar las rocas. Estaba muy sorprendida ante la energía que me permitía alcanzar ese volumen.

La alta silueta de alguien salió de la nada; gritaba "¡Ruthiii! ¡Ruthiii!". Y ahí estaba él, delante mío. Era Maiciu. Llorando, me lancé a sus brazos, agradecida por haber sido encontrada. Abrazó mi cuerpo empapado y tembloroso y me aseguró que todo estaba bien. Se quitó su abrigo mojado y me ayudó a ponérmelo. Era tan pesado que casi me caigo bajo él, pero me calentó y me protegió de la inclemente lluvia. Con su ayuda pude subir la roca hasta una diminuta iglesia construida con piedras, donde los viejos y los enfermos habían sido llevados. Allí descansé las pocas horas que quedaban de la noche.

Antes del alba, Maiciu regresó y me condujo a un área de cuevas poco profundas que normalmente albergaban ovejas. En esta ocasión proporcionaban refugio a cientos de desesperados náufragos judíos. No todos cabían dentro de las cuevas y algunos tuvieron que contentarse con acomodarse dentro de una zanja, unos entre las piernas extendidas de los otros.

Gritos de alegría estallaron de las gargantas de mis camaradas de *L'hagshamah* cuando entré. Solo estaba entre ellos, y con abrazos le expresé mi gratitud por salvarme la vida. Cuando le pregunté dónde había desaparecido, me contó que había regresado al barco para ayudar en el rescate de un grupo de niños húngaros. Mi grupo había sobrevivido sin bajas. De nuevo con mis camaradas, me sentí a salvo y protegida. Acurrucados juntos, comenzamos a reconstruir los eventos, a compartir información y rumores, y a especular sobre el desenlace.

Un hecho que nos animaba era que nuestros *Mossadniks* habían logrado salvar el transmisor Morse y constantemente mandaban mensajes solicitando socorro, con la esperanza de que alguien, en alguna parte, interceptara la señal y enviara ayuda. Cómo o cuándo llegaría una misión de rescate, era la gran pregunta. La noticia trágica fue que mucha gente había fallecido. Ocho cadáveres fueron jalados fuera del mar o arrastrados hacia las rocas, quedando atorados bajo las piedras. Nunca supimos cuántos más perecieron. Estábamos en una isla griega llamada Sirina, cerca de Rodas; era árida, rocosa y casi despoblada. Como era una isla estratégica en el Mar Egeo, estaba custodiada por una numerosa familia de pastores y pescadores que vivían en una rústica casa de piedra y en algunas cuevas. El gobierno griego les proporcionaba provisiones y algún armamento.

Establecimos comunicación con los isleños por medio de la tripulación griega e hicieron todo lo que estuvo en su poder para ayudarnos. Fueron ellos quienes nos indicaron el lugar donde estaban las cuevas donde nos refugiamos.

A la mañana siguiente, todos corrieron a ver por sí mismos las secuelas de la tragedia. Era un día frío y claro, como si la naturaleza hubiera olvidado por completo la tempestad del día anterior. Estábamos ahora en otro lado de la isla, de cara a un trecho de costa diferente a la del naufragio. A pesar de que no había casi vegetación, la isla tenía un pequeño campo de alfalfa y una pequeña iglesia. Nuestros representantes se reunieron con los miembros de la tripulación, bombardeándolos de preguntas. Averiguamos que el *Rafiaj* era una pequeña embarcación de carga, de 650 toneladas, que carecía de barcos salvavidas y de cualquier otro equipo, y que era totalmente inadecuado para ese tamaño de carga humana. A los sobrevivientes se les aseguró que la tripulación había señalado a través del código Morse nuestra ubicación y que pronto llegaría ayuda.

Al segundo día, el hambre y la sed se volvieron intolerables. Muchos intentaron, en su desesperación, cambiar con los isleños sus joyas u otras posesiones por comida. Cuando nuestro líder del *Mossad*, Gad Lasker, se enteró de sus intenciones, las detuvo de una manera muy astuta. Les dijo a los griegos que no aceptaran ofertas individuales porque el resto de la hambrienta muchedumbre podría matarlos a ellos y a sus ovejas. En cambio, les entregó algunas monedas de oro que había guardado para una eventualidad como esa. Los isleños aceptaron la oferta y prepararon comida para todos. Sacrificaron ovejas e hicieron sopa en un enorme caldero de hierro. Los ingredientes de la sopa eran difíciles de distinguir: el caldo contenía alguna carne y huesos, pero era más que todo un líquido transparente y salado, pero caliente, un manjar muy bienvenido después de esa primera noche fría de lluvia.

La fila era interminable. Los más no tenían tazas ni cucharas, y debían pedirlas prestadas a aquellos que habían logrado rescatarlas. Cuando llegó finalmente mi turno, estaba tan hambrienta que ya no me importaba si la sopa estaba hecha con rocas, mientras estuviera salada y caliente.

La segunda noche, nos apiñamos unos contra otros y tratamos de dormir, felices de tener esa húmeda y mohosa cueva como refugio. Torcidos y enredados, con nuestras cabezas apoyadas sobre la espalda, los muslos o los estómagos de los demás, algunos hasta lograron dormir. Los pocos afortunados que habían logrado salvar algún paquete, lo utilizaron con este fin. Quienes tenían abrigos no tuvieron que dormir sobre el piso mojado. Yo quería usar el que me había dado Maiciu, pero como estaba hecho de fibra de papel, un sustituto de tela durante la II Guerra Mundial, se deshizo por la cantidad de lluvia que había absorbido.

El sueño me eludió por la incómoda posición, además de que no podía dejar de pensar melancólicamente acerca de mis preciadas cosas que ahora estaban desintegrándose en el fondo del mar. Por feliz que estuviera de haber escapado con vida, divagaciones angustiosas sobre mi futuro me mantuvieron despierta. Pero al mismo tiempo, me di cuenta de que al final de ese sombrío túnel brillaba un destello de esperanza que me permitía consolarme con fantasías. Pensé que ahora habría una mayor compensación por haber sobrevivido aún a otra tragedia. De alguna manera, estos ingenuos pensamientos me ayudaron a pasar otra larga noche.

A la tercera mañana en la isla, con solo la comida de la noche anterior en el estómago, nos encontrábamos desanimados. Nos reunimos afuera, con ojos y oídos alertas a cualquier objeto o sonido que pudiera indicar un potencial rescate, pero fue en vano. En el horizonte no se veía sino un ocasional pájaro solitario. Nuestra aprensión creció al pensar que podíamos perecer de inanición o deshidratación en esa roca de Sirina, abandonada de la mano de Dios. Hubo rumores de un conato de motín contra los *Mossadniks* por parte de un grupo de personas, para quitarles el transmisor de código Morse. La paciencia se agotaba.

Los líderes sugirieron que prendiéramos hogueras para ser avistados en caso de que hubiera un grupo de búsqueda en camino. La falta de árboles y la vegetación mojada dificultaron la tarea. La mayoría de los muchachos jóvenes recorrieron toda la isla y lograron recoger suficiente leña para encender varias fogatas. Pronto subía al cielo humo desde varios sitios. Alrededor de las fogatas, grupos de personas seguían vigilando en completo silencio. Al menor ruido o movimiento en el horizonte, todos escudriñaban el cielo e interpretaban. Pero todas fueron falsas alarmas.

Lentas y ansiosas pasaron las horas, sumiéndonos en la desesperación. Nadie había visto el humo; nadie había recibido nuestros S.O.S. Estábamos condenados a pasar otra larga noche afligidos por la quemante sed, el hambre y el frío, con la cueva como único refugio.

De pronto, alguien rompió el silencio con susurros: "¡Shhh! ¡Shhh!", haciendo una concha con la mano sobre la oreja volteada hacia el cielo para oír mejor; todos seguimos su ejemplo. "¡Oigo un zumbido, y esta vez estoy seguro de que oigo un avión!" dijo el heraldo, en tono autoritario. Al escuchar un leve ruido y con los ojos hacia arriba, casi dejamos de respirar. Un punto oscuro se hizo más claro. "Otro pájaro" dijeron los escépticos, levantándose de hombros.

Al poco rato este "pájaro" comenzó a dar vueltas alrededor de la isla, cada vez más y más bajo, hasta que ya no hubo ninguna duda; era un avión. ¡Brincamos y nos regocijamos ante ese milagro! Como en una coreografía ensayada, ondeamos cuanto retazo de tela pudimos, o agitamos los brazos. ¡Por fin habíamos sido localizados!

Al ver que el avión se alejaba, empezamos a dar alaridos a todo pulmón. "¡Vuelve acá! ¡Vuelve acá! ¡Aquí estamos!", como si nos pudieran oír desde allá, una suposición absurda basada en el desesperado miedo a ser abandonados para siempre.

Sabíamos que no nos podían oír, pero el miedo de que no nos hubiesen visto y se fueran, dejando atrás a ochocientas almas miserables sumidas en la desesperanza, era devastador.

Pero esa misma tarde la tan esperada salvación llegó. Aparecieron en el horizonte unos cuantos aviones y volaron muy bajo sobre nuestras cabezas, sobrevolando la isla varias veces.

Jamás había visto un tal espectáculo. Desde el cielo azul, docenas de paracaídas se abrieron a medio vuelo. Me quedé parada sin poderme mover. Boquiabierta, seguí a esos gigantescos paraguas que lentamente se aproximaban. De nuevo hubo histeria mientras la multitud corría hacia el sitio calculado de aterrizaje. Pensábamos que los paracaídas descendían con paracaidistas, pero al golpear contra las rocas, nos dimos cuenta de que eran cajas grandes. Esperábamos hacer contacto con alguien que nos diera buenas noticias. Luego nos dimos cuenta de que los cajones eran las buenas noticias: contenían alimentos.

Dichosos, corrimos hacia las cajas, muchas de las cuales se habían roto con el impacto. La maná del cielo siguió cayendo, y la hambrienta muchedumbre se lanzó sobre ella como animales hambreados sobre sus presas.

Los más fuertes, los más rápidos y los más inescrupulosos agarraron las cajas abiertas, listos para saquearlas. Por fortuna los líderes lograron dispersar a la multitud y distribuir porciones iguales a todos de manera rápida y ordenada. Las cajas contenían *matzá* (pan ácimo), chocolates, enlatados, cobijas y medicinas; también etiquetas en hebreo que indicaban que se trataba de una operación judía, proveniente de Palestina. Caían panfletos como confeti sobre nuestras cabezas. Al recogerlos, nos alegramos de leer un mensaje reconfortante en hebreo "*B´ teavon*!" (¡Buen apetito! ¡Disfruten!) Barcos de rescate en camino." Firmado "Cortesía del Kibbutz Yagur."

Ahora que nos habían encontrado, esperábamos que los judíos de Palestina vendrían a rescatarnos y a llevarnos a salvo a las costas de nuestra patria. Con esta esperanza escudriñábamos el mar en busca de señales de alguna embarcación que se aproximara a la isla. Nada. Al anochecer desaparecieron nuestras esperanzas, dando paso a la angustia por la posibilidad de pasar otra noche más en las cuevas. Ahora por lo menos habíamos fortalecido nuestros cuerpos con alimento sólido. Sin embargo, el agua era aún un problema crítico. Muchos abandonaron la vigilancia y, exhaustos, entraron a las cuevas a pasar otra noche espantosa.

Al cuarto día, el silencio se rompió de manera abrupta por gritos y conmoción. Cientos de personas salieron de las cuevas para ver qué sucedía. A la distancia se discernía la forma de una pequeña embarcación, que resultó ser griega. Venía a rescatar solamente a los miembros de la tripulación griega, pero llevó también a los judíos enfermos o heridos con sus familias. El capitán nos informó que había recibido nuestro S.O.S., al igual que otros barcos en el área, así que probablemente seríamos rescatados pronto.

Diciembre 12, 1946. Al atardecer vimos dos barcos que se acercaban a la isla. Los gritos de alegría eran incontrolables. En nuestra ingenuidad pensamos—no, estábamos casi convencidos—de que pertenecían a la *Haganah* y nos conducirían a Haifa.

Parecían ser acorazados que ondeaban banderas cuyos orígenes aún no alcanzábamos a distinguir. Al acercarse a la isla, se hizo evidente que las banderas eran británicas. Esto no desalentó nuestra euforia. Racionalizamos que como Palestina estaba bajo los auspicios del

Mandato Británico, los judíos tenían que utilizar esas banderas. Los líderes nos dijeron que esos barcos venían por nosotros y que nos llevarían a Palestina. Finalmente mis deseos hechos realidad . . . eso creía.

Anclaron lejos de la rocosa isla. Una flotilla de buques salvavidas se acercó a tierra con un grupo de oficiales de la Marina Real Británica. Nuestra desilusión fue profunda; sin embargo saludamos a la tripulación con entusiasmo pues los considerábamos nuestros salvadores. Los oficiales sostuvieron unas conversaciones preliminares con un grupo de representantes, no con los *Mossadniks*, quienes tuvieron que esconderse para no ser arrestados por los británicos. Los oficiales invitaron a los náufragos a abordar los dos acorazados. Nos saludó una tripulación amable y cortés, nos ofrecieron comida, cobijas y almohadas. El grupo de *L'hagshamah* permaneció unido y descendimos a la bodega, que era mucho más cómoda y amplia que las instalaciones del *Rafiaj*.

El viaje fue mucho más suave, y esta vez no me enfermé. Ninguno de nosotros dudaba que estos amistosos ingleses nos llevarían directamente al puerto de Haifa.

Los acorazados navegaron durante horas, durante las cuales los líderes del Mossad, con identidades encubiertas ahora, como si fueran inmigrantes corrientes, hicieron un mapa de nuestra ruta. Después de unas horas, se dieron cuenta de que algo andaba muy mal y comenzaron a investigar.

Un poco más tarde nos informaron que podríamos no estar yendo rumbo a Haifa, después de todo, sino a la isla de Chipre. ¿Chipre? ¿Qué y dónde era eso? Pocos habían oído de un tal lugar. Un corto reporte siguió; su efecto sobre el ánimo de todos fue abrumador. Nos explicaron que los campos de Chipre habían sido abiertos a comienzos de 1946 por el Mandato Británico de Palestina para internar en ellos a todos los emigrantes judíos ilegales. Más tarde serían liberados, siguiendo la premisa "el primero en llegar será el primero en partir", en grupos de mil quinientos, de acuerdo a la cuota legal de entrada,

La multitud perdió todas sus esperanzas y enfureció. Yo personalmente me negué a aceptar ese horrible destino. Por vez primera, la rebelde que había en mí estaba lista para pelear. Por otra parte, la niña asustada que también había en mí oraba en silencio: *Por favor, ¡no otro campo de concentración! ¡No otra traición! ¡No otra humillación! ¡No otra vez!*

Decidimos hacer una protesta de resistencia pasiva contra el encarcelamiento iniciando una huelga de hambre que duró aproximadamente un día y medio. Permanecimos sentados y molestos, confiando en un cambio de planes que nunca llegó.

De pronto se silenciaron los motores del barco. Imaginamos que habíamos llegado a puerto, pero desde la bodega no veíamos nada. Luego, oímos una voz que gritaba por un altoparlante "¡Todos a cubierta!".

Nuestros líderes nos ordenaron no movernos. Permanecimos de pie, quietos como estatuas. Nadie pronunció palabra. Nadie se movió. La voz ordenó de nuevo: "¡Fuera o los sacaremos con gas lacrimógeno!". Esta vez sonó amenazante.

No nos movimos, sintiéndonos muy valientes y patrióticos; pero no por mucho tiempo. Los marineros cumplieron sus órdenes—nos dispararon con potentes mangueras de agua. Dado que resistíamos aún, lanzaron botes de gas lacrimógeno dentro de la bodega.

Cedimos cuando la tos y el ahogo se hicieron insoportables. Cegados por el intenso ardor y la rasquiña en los ojos, trepamos a la cubierta. Desconcertados, corríamos y nos golpeábamos contra los demás en un caos total, mientras algunos se resistían todavía a abandonar la embarcación. Pero los soldados británicos intervinieron y a la larga todos tuvimos que bajar del acorazado. Rodeados por carros blindados, los soldados nos metieron en camiones militares y camperos armados de ametralladoras. Ruidosas sirenas perforaron el aire anunciando la "conquista" de menos de ochocientos refugiados judíos náufragos, indefensos, y desarmados—una clara victoria de la Marina Real de Su Majestad y el poderoso Imperio Británico.

Los camiones se detuvieron primero en las barracas de inspección. Las autoridades británicas nos examinaron en busca de enfermedades infecciosas y armas. Luego nos entregaron un catre y una cobija por persona y algunos artículos personales. Finalmente, nos ordenaron regresar a los camiones que nos esperaban. Al seguir en la etapa final de nuestro viaje, vimos con claridad las altas cercas de alambre de púas y las torres con reflectores en cada esquina, con centinelas británicos armados. Mi corazón se detuvo por unos segundos. Este doloroso recuerdo de las horrendas experiencias recientes bajo la égida de los nazis hizo hervir mi sangre. ¿Porqué? ¿Porqué? Un grito silencioso de protesta que subía desde adentro amenazaba con reventar mi pecho. La injusticia de ser privada de mi libertad una vez más era como una nube sobre mi personalidad, por lo general optimista.

Después de sobrevivir los incidentes en Balta, Bucarest, Odesa y Sirina, esperaba ser tratada con ternura, en un medio protector y amoroso que me ayudara a sanar mis heridas emocionales y me evitara traumas futuros. En cambio, me vi enfrentada a otra calamidad.

Puesto que la guerra había terminado, y también la aniquilación nazi de la raza judía, la existencia de un campo de detención para judíos por el hecho de querer ir a su patria me era incomprensible. A pesar de que los ingleses no pretendían matarnos ni perseguirnos, eran nuestros opresores.

El convoy se detuvo frente a la entrada del campo. Los camiones ingresaron en el Campo de Detención 62, Caraollos, Chipre, conocido también como "El Campamento de Verano".

Chipre

Una vez dentro del campo, emergió un panorama jamás antes visto: una enorme extensión árida y arenosa, completamente cubierta de filas y filas de pequeñas carpas entre las cuales deambulaban miles de refugiados.

Entre esos refugiados se hallaban nuestros camaradas de los Grupos I y II, llegados vía Italia y capturados un mes antes. De alguna forma nos encontraron e inmediatamente nos unieron a sus filas para formar una sola comuna *L'hagshamah*. Esa bienvenida fue el único aspecto positivo de toda esa dura prueba. Con su ayuda, levantamos nuestras carpas, desdoblamos los catres de lona y nos instalamos con la esperanza de pasar una buena noche.

Dispusimos las carpas formando un cuadro cerrado, con las puertas abriendo hacia un patio central, con el fin de lograr una cierta privacidad de los miles de prisioneros. Para crear un lugar de comedor y reunión, juntamos dos carpas. Allí nos juntábamos para asambleas generales, a las que era obligatorio asistir. Una larga sesión informativa nos puso al tanto de la situación actual.

Nos dijeron que el campo era dirigido de manera autónoma por un comité de representantes de varias comunas y grupos de detenidos. Los soldados británicos armados tenían prohibida la entrada al campo. La mala noticia fue que la comida era escasa y consistía principalmente en carne enlatada de mala calidad (probablemente de camello), sardinas y papa sofrita, y una estricta ración diaria de agua que era distribuida por camiones especiales. Debido a la

186

escasez de agua, la higiene personal se convirtió en un problema. Unos cuantos grupos compartían una letrina, pero no había duchas.

Había una pequeña área sin cercar que llevaba a la playa que, sin embargo, estaba cuidadosamente vigilada. Esta apertura hacia el mar nos daba una sensación de libertad, por ilusoria que fuera.

Vistas de los campos de retención en Chipre.

Con el oficial inglés al que llamábamos   Yo, en Chipre a los dieciséis años
"El Viejo".

Chipre, 1947. Yo llevo la bandera israelí en un desfile.

Con Elise, desilusionadas al no permitírsenos
salir de Chipre hacia Palestina con los demás.

Los alojamientos y las callejuelas de carpas alineadas se agrupaban por nacionalidad o afiliación política. El abrumador número de personas que ya llevaban muchos meses allí, consistía predominantemente de sobrevivientes del Holocausto.

Delegados de la *Haganah* ayudaban a los presos de diversas maneras, especialmente con la administración del campo. Disfrazados de refugiados, a veces se hacían pasar como miembros de organizaciones juveniles. Estos soldados encubiertos mantenían contacto con Palestina por medio de aparatos de radioaficionados escondidos. Entraban y salían del campo burlando la vigilancia de las formas más ingeniosas y representaban el único vínculo entre los judíos de Palestina y nosotros. Estos valientes sostenían nuestro espíritu por medio de la organización de toda clase de actividades y servicios comunitarios. Nos contaban historias sobre nuestra patria y nos enseñaban canciones y bailes hebreos.

Al mismo tiempo, *L'hagshamah* llevaba a cabo sus propias actividades internas, guiadas por un hábil líder llamado Diczi, a quien apodamos

189

"El Filósofo". Yo lo respetaba mucho por sus conocimientos, su callada diplomacia y su suave voz. Su mayor éxito era infundir confianza a aquellos que no teníamos educación ni sofisticación; nos brindaba oportunidades para desarrollar nuestro potencial natural. A no ser por el sistema de apoyo proporcionado por la comuna, no sé cómo hubiera sobrevivido esta nueva pérdida de mi libertad.

En un nivel menos serio, procuramos divertirnos lo más posible dentro de las circunstancias. Para la celebración de Purim, cuando se acostumbra utilizar máscaras y disfraces, decidimos hacer una fiesta. Algunas muchachas creativas diseñaron disfraces, transformando objetos con prácticamente nada. Como de costumbre yo quería ser bailarina y les pedí que me confeccionaran un disfraz apropiado. Con una sábana blanca me hicieron un tutú y—¡listo!—Mi deseo estaba cumplido, así fuera por una sola noche. Nunca imaginé que ese atuendo fuera a tener una recepción tan entusiasta, especialmente por parte de los muchachos. Más adelante me di cuenta de que no fue ni el vestido ni el ballet que representé, sino mis piernas y muslos lo que produjeron el furor. No era consciente de haber desarrollado por lo menos *un* atributo femenino, y me impactó darme cuenta que ya no era una niña ni una marimacha, sino una joven mujer. "Entonces, ¿porqué no menstruaba aún?", me preguntaba. Continuaba mi perpetuo temor por la anormalidad.

Sin embargo, eso no impedía que varios admiradores se sintieran atraídos por mí. Uno de ellos, un muchacho de veinte años, alto, guapo, atlético, de ojos verdes, llamado Marius, era especialmente persistente. Respondí a sus acercamientos y lentamente nos enamoramos. Era un sentimiento completamente diferente a cualquiera que hubiera tenido antes: una mezcla de excitación, novedad, erotismo, placer y aprensión.

Cegada por el amor, yo no veía sus defectos. Los muchachos que eran mis amigos me advirtieron sobre su personalidad frívola e inmadura, pero lo interpreté como señal de celos y escuché solamente a mi corazón; me regodeaba en el placer de amar y ser amada. Mi único miedo se relacionaba con mi bien custodiado secreto de no ser una mujer completamente desarrollada y cómo o cuándo se enteraría Marius.

Después de muchas semanas de tormento, decidí hablar del asunto con una de mis amigas. Estuvo de acuerdo con que a los diez y seis años y medio, ya debería estar menstruando. Su consejo fue que acudiera donde un "médico de mujeres" en la pequeña clínica que habían instalado en un módulo prefabricado atendido por voluntarios de Palestina.

Allá me saludó un médico y preguntó: "¿Hablas hebreo o yidish? Esos son los únicos dos idiomas que hablo yo".

"Hablo yidish", le contesté, feliz de poderme comunicar con él. De otra forma hubiéramos requerido de la ayuda de un intérprete, lo que me habría causado aún más vergüenza.

Le dije al doctor que iba a cumplir diez y siete años y aún me faltaban muchos signos de desarrollo femenino, especialmente la menstruación. Me bombardeó de preguntas que me hicieron sentir humillada.

"¿Eres casada?"

"No"

"¿Has dormido con alguien?"

"Claro que sí, con mucha gente, en camas—plataforma"

"No, no. Quiero decir, ¿has dormido con un hombre?"

"No, nunca", dije furiosa ante la sospecha.

"¿Alguien te ha tocado o besado?"

Contesté negativamente con mucha vehemencia esta última pregunta, confiando que no se notara. "Ajá", me dije, "debo haber hecho algo malo al dejar que Marius me besara como quería".

Una vez terminado el interrogatorio, me dijo que me desvistiera y me acostara en la camilla para examinarme. Yo moría de susto pensando que no me hubiera creído que era virgen, pero sí lo hizo. Después del examen me dijo que no había nada mal en mí y todo lo que debía hacer era tomar unas píldoras. Suspiré de alivio. Me dirigí a la farmacia del campo a conseguir mi medicina, sintiéndome degradada y avergonzada.

A medio camino, un agudo dolor en la parte baja de mi abdomen me hizo cambiar de planes e ir a nuestro alojamiento. Lentamente fui hasta la letrina, donde podía investigar mejor. ¡No podía creer lo que veían mis ojos! ¡Qué alegría y qué alivio! ¡Era una mujer normal!

Me pregunté si mi fuerte reacción a la humillante consulta podía haber disparado este pequeño milagro. Estaba tan emocionada que propagué la noticia entre mis amigas en un abrir y cerrar de ojos; ellas compartieron mi alegría y ofrecieron consejos sobre la manera de manejar la nueva situación. Le di la bienvenida a la molestia mensual como un mal normal, saludable y necesario.

La seguridad de ser normal, como cualquier persona que no hubiera pasado por los campos, hizo maravillas por la confianza en mí misma y levantó mi ánimo y me dio energía. Como consecuencia, me involucré en una serie de duras labores físicas.

Los miembros de la *Haganah* escogían a los muchachos y las chicas más fuertes para la *Shurat Hameginim* (Línea de Defensores), una especie de entrenamiento paramilitar. Marius estuvo entre los primeros reclutados de nuestra comuna. Poco después, yo fui seleccionada. Este entrenamiento clandestino se llevaba a cabo en diferentes sitios del campo, lejos de las torres de vigilancia y del alambre de púas. Es posible que los ingleses sospecharan de estas actividades, pero eligieron no darse por enterados.

Todas las mañanas marchábamos y corríamos en formación, trepábamos árboles y aprendimos un combate mano a mano llamado *kapapp* (una especie de lucha con palos, similar a la esgrima que, a falta de los maderos de verdad, practicábamos con palos de escobas cortos). A las pocas semanas de entrenamiento me volví una experta en este tipo de combate y fui promovida al rango de líder de grupo; debía enseñar *kapapp* a alrededor de veinte niñas. Luego vino un experto en judo a la comuna y nos enseñó otra forma de auto-defensa.

La posición de líder en la *Shurat* me acarreó popularidad y reconocimiento, pero la mayor recompensa fue la sensación de seguridad de poder defenderme sin armas en caso de volver a ser atacada. Había dejado de ser una niña, para convertirme en una dinámica joven, decidida a no dejar que fuerza alguna me acorralara o me humillara.

Varias semanas después de nuestro arribo, nos llegó una noticia que nos golpeó como un rayo: la cuota de inmigración a Palestina había sido reducida de 1,500 a 750 personas por mes.

La rabia y la indignación llevaron a marchas de protesta y lanzamos trapos en llamas a los ingleses por encima de las cercas; éstos, a su vez, penetraron al campo en vehículos blindados.

En un admirable acto de heroísmo, mi Marius se acostó delante del primer carro blindado. Todos dejamos de respirar. Agarrados unos a otros, en una atmósfera muy cargada de tensión, esperamos ansiosos para ver qué sucedía. El carro siguió; se detuvo a apenas unos centímetros de su cuerpo. Hubo un suspiro de alivio.

Un oficial ordenó que los carros dieran vuelta y salieran del campo. Lanzamos fuertes vivas. El heroísmo de Marius fue el factor más importante para impedir la entrada de los soldados ingleses. Osado y aventurero, Marius se convirtió en héroe a los ojos de los prisioneros.

Para calmar las tensiones creadas por la reducción de la cuota, Golda Meir, entonces directora de la Agencia Judía, vino a visitar el campo. En su honor, todas las comunas desfilaron portando la bandera nacional judía. Este era un honor usualmente conferido a un hombre, pero mi comuna me escogió a mí para llevar la bandera.

En una reunión posterior, La señora Meir pidió a los detenidos adultos que renunciaran a los privilegios de la cuota a favor de los niños y los bebés, solicitud que no fue recibida favorablemente. Al fin, se estableció una cuota separada para los jóvenes, que incluía niños, sus familias y los huérfanos; así retornó la paz al campo.

Después de su acto de heroísmo, Marius se involucró cada vez más en la *Shurat*. Un día, decidió abandonar la comuna e ir a vivir en otro recinto. A pesar de que venía a verme todos los días y me aseguraba que una vez que estuviéramos en Palestina volvería a unirse a nosotros, yo tenía mis dudas y estaba terriblemente desilusionada.

Mientras tanto, las protestas continuaron. Marchábamos, gritábamos consignas contra el gobierno inglés y lanzábamos piedras contra la cerca de alambre de púas situada cerca de un abandonado hospital militar. Este se hallaba en una esquina del campo, pero separado por una barda adicional de alambre de púas. Algunos de nuestros miembros notaron que en el recinto del hospital no había personal inglés. Armamos un plan para que nuestra comuna lo tomara. Después de varias expediciones de exploración, iniciamos la invasión. Durante la noche, nuestros hombres cortarían los alambres y el resto de nosotros desmantelaría las carpas en silencio y las pasaríamos para que ellos las armaran.

Habíamos descubierto un paraíso: un oasis en el desolado y arenoso desierto del campo. Frente a un pequeño terreno con césped verde, árboles y arbustos, se hallaba un edificio de concreto de un piso, que consistía de unos cuantos cuartos. Cerca, una construcción de aluminio con duchas y una letrina facilitaba nuestras necesidades de higiene. ¡Qué alivio era estar lejos de la abrumadora multitud y del arenoso campo principal! Confiábamos que los guardias británicos nunca nos sacarían de allí—y no lo hicieron. Nos convertimos en la élite y la envidia del campo. Pero aún este paraíso no era inmune a las arrolladoras lluvias del invierno que a menudo inundaban nuestras carpas. Algunas noches nos despertaba la fría agua de lluvia que había sobrepasado el nivel de nuestros catres de lona, mojándonos hasta los huesos.

Los largos meses lluviosos del invierno dieron paso a una esperada primavera, pero no llegaban aún noticias sobre nuestra cuota. Esta espera tuvo su efecto sobre los internos, desesperados por el aburrimiento. Para contrarrestar el letargo y la depresión, nuestra comuna inventó toda clase de actividades novedosas para sus miembros.

Organizamos un laboratorio de fotografía con una sola cámara y un cuarto oscuro improvisado. Con materiales clandestinos traídos de Palestina y los conocimientos de algunos de nuestros miembros, formamos un próspero negocio. Gente de todo el campo acudía a que se les fotografiara o simplemente a comprar fotos de recuerdo de los diversos sitios del campo. A pesar de su mala calidad, estas fotos tenían gran valor sentimental.

Otra actividad fue la escultura en piedra. Algunos de nuestros exploradores encontraron piedras originarias de la isla que, en las manos de unos cuantos artesanos, pronto se convirtieron en una variedad de objetos de arte: marcos para fotos, ceniceros, cubiertas para álbumes y candelabros. Los poníamos en nuestras mesas de noche, hechas de cajones de madera, para adornar el primitivo interior de las carpas.

Llevados por la desesperada necesidad de ropa, comenzamos a descoser las carpas sobrantes para utilizar la tela. Las carpas tenían cuatro capas de lona, caqui, blanco, azul y amarillo. Tan pronto como la Agencia Judía nos envió una máquina de coser, creamos una "mini industria de confección", bajo la dirección de nuestros propios sastres y costureras, así es que pronto tuvimos una colección de ropa nueva para vestirnos.

Los sobrevivientes del *Rafiaj*, finalmente teníamos una muda de ropa. A pesar de que la lona era rígida, se sentía dura y picaba contra la piel, el placer de tener una nueva falda, un corpiño, un par de pantalones cortos, lo compensaba con creces. Por coincidencia, llevábamos los colores nacionales de Israel: azul y blanco.

Pese a que estas industrias de garaje nos ayudaban a combatir el aburrimiento y la monotonía de estar en prisión durante el día, no aliviaban la tristeza y oscuridad de las noches. En la carpa comedor teníamos el lujo de una lámpara de kerosene Petromax, con un sofisticado mecanismo que producía una luz relativamente brillante. Después de las comidas o asambleas la llevábamos a nuestras carpas, utilizando un sistema de rotación. La carpa afortunada se convertía enseguida en el centro de reuniones y socialización.

Sin la Petromax, la única luz de las carpas provenía de lámparas improvisadas con un tarro vacío de comida que habíamos llenado con kerosén, con un trozo de tela adentro y la apertura cerrada para sostener el también improvisado pabilo. Después de que las chicas de mi carpa se dormían, tomaba la luz y la ponía en mi mesa para poder leer novelas clásicas (enviadas por la Agencia Judía) hasta la madrugada. En la mañana mi aspecto era el de un deshollinador, con mi cara y nariz llenas de grasoso hollín, que era difícil de lavar, pero la adquisición de conocimiento valía la pena. Aunque había borrado completamente de mi mente la idea de volver a estudiar, debido a mi compromiso con la vida del kibbutz, los libros continuaban siendo mi mayor fuente de información, educación y compañía.

A veces, en vez de ir a las carpas oscuras, toda la comuna salía al jardín a bailar *hora* (baile típico israelí). En ocasiones montábamos pequeñas representaciones para otras comunas, en las que más que todo cantábamos y bailábamos danzas rusas con coreografías mías.

Los programas culturales y sociales de *L'hagshamah* adquirieron tal reputación entre las otras comunas que muchos de sus representantes vinieron a visitarnos para aprender de nuestros experimentos. Nuestra fama llegó a oídos de la *Haganah* que decidió esconder su cuartel clandestino en nuestro recinto. Uno de sus miembros, "Avner", era el único ocupante de esa carpa secreta, equipada con artefactos de comunicación y otros aparatos. La entrada a ella estaba estrictamente prohibida. Esa orden se respetaba, pese a que moríamos de curiosidad.

A medida que más y más embarcaciones eran capturadas, aumentaba el número de judíos traídos a Chipre. Esto sobrecargaba el trabajo de los ingleses, quienes buscaron ayuda en las filas de la comunidad del campo. Los líderes reclutaron un miembro angloparlante de cada comuna juvenil sionista para trabajar fuera del campo en la distribución de enseres para los nuevos prisioneros. Yo fui escogida como miembro de *L'hagshamah*.

Decir que yo hablaba inglés era una exageración, pues todo mi conocimiento constaba de lo aprendido en unas cuantas lecciones privadas con la señora Kern en Czernowitz. Sin embargo, el oficial me examinó y dijo que mi inglés era suficientemente bueno para lo requerido. Diez o doce de nosotros recibíamos autorización para salir todas las mañanas por la reja del campo, escoltados por dos soldados armados del cuartel británico. Allí, en varias barracas de aluminio corrugado con techos convexos se almacenaban los enseres. Nuestra tarea era clasificarlos y preparar paquetes de ropa y otros artículos para los nuevos prisioneros

Salir del confinamiento del campo durante el día no era exactamente libertad, pero permitía la ilusión. Para mí, el poder trabajar con un grupo de personas de diferentes países y diversas ideologías fue un cambio bienvenido, aunque me costó mi puesto de "líder" en el destacamento de paramilitares.

Con intervalos, los oficiales nos hacían una visita de sorpresa, pero la mayor parte del tiempo trabajábamos sin supervisión, lo que nos proporcionaba la oportunidad de robar algunas cosas. Nos parecía casi heroico engañar al opresor para beneficio de toda la comuna. Yo no había robado siquiera un alfiler en mi vida para mi propio bien, pero ahora lo hacía con gusto para *L'hagshamah*. En el proceso, todos nos convertimos en hábiles ladrones. Convencidos de que todos los artículos eran propiedad británica, no nos remordía escamotearles parte. (Después supimos que eran suministrados por el JOINT (Comité Americano Judío Unido de Distribución).

Comenzábamos nuestra operación en la tarde, tan pronto nos dejaban solos. Mientras uno hacía de centinela en la puerta, los demás forraban sus axilas con medias, se ponían varios pares de calzoncillos masculinos, envolvían sus cuerpos en muchos metros de tela, y luego se vestían con su propia ropa. Al retornar al campo, todos parecíamos pequeños dirigibles. No era un trecho largo, pero bajo el ardiente sol mediterráneo—con nuestros cuerpos cubiertos con capas de bienes robados—se nos hacía eterno. Curiosamente, ni los escoltas ni los guardias de la puerta parecían notar el drástico aumento de nuestras tallas entre la mañana y la tarde.

A mi regreso del trabajo, mis camaradas me esperaban con entusiasmo y me mostraban su aprobación cuando empezaba a retirar las capas escondidas de ropa y tela. Todos se beneficiaban de este "heroico" acto de robo, lo que convertía mi crimen en una bendición.

Todos los oficiales británicos eran amables con nosotros, pero había uno en particular que me trataba de una manera especialmente cordial. No era atractivo, estaba en sus treinta y yo lo llamaba "el viejo", pues era así como lo percibía a mis diez y siete años. Fue con él con quien establecí mayor contacto.

Venía a nuestra barraca con cualquier pretexto para conversar conmigo y a menudo me traía pequeños obsequios. A veces eran cigarrillos, a pesar de que yo no fumaba; otras, dulces o chocolates. De una manera sutil parecía estar cortejándome, pero yo lo trataba más como a un tío querido. Mis compañeros de trabajo y los miembros de la comuna se divertían a costa de mi "enamorado". Pero a la vez, disfrutaban al compartir las golosinas que yo recibía de él.

Abril, 1947. Cuatro meses después del naufragio, los británicos dieron permiso para que las mujeres y los niños sobrevivientes del *Rafiaj* emigraran a Palestina antes que los demás. Eso nos daba derecho a las chicas del Grupo III a partir casi de inmediato. Pero después de muchos agitados debates, nuestros líderes decidieron que iba contra los intereses de la comuna dejarnos ir en este momento, ya que los primeros grupos estaban mejor preparados para trabajar la tierra y para la vida del kibbutz. La asamblea general decidió mediante votación que nos quedáramos y que unos veintisiete miembros de los grupos I y II viajaran primero.

Como resultado, mi grupo, y diez y seis integrantes de los Grupos I y II, nos quedamos. En nuestra ingenuidad e idealismo, estábamos convencidos de haber hecho un sacrificio meritorio. Sin embargo, la decisión de la asamblea general tuvo como efecto que muchos miembros abandonaran definitivamente la comuna, lo que dio lugar a una seria crisis y muchas desilusiones.

Los veintisiete afortunados pioneros dejaron Chipre, y más tarde nuestro partido les asignó el kibbutz Usha en Palestina para vivir durante un año como preparación para el establecimiento de nuestro propio kibbutz.

Poco después de la partida de este grupo, Marius decidió también salir de Chipre después de haber logrado ser incluido en una cuota más temprana. Para mi gran pesar, ese día llegó demasiado pronto. La idea de estar separada de él, sin importar por cuánto tiempo, me dolía tremendamente. Prometimos escribirnos tres veces por semana, hicimos planes de matrimonio y nos juramos amor y fidelidad eternos.

Poco antes de su partida, me atreví a pedirle a mi supervisor inglés un favor inusual: que me dejara acompañar a Marius hasta el barco. Al no esperar una respuesta afirmativa, me sorprendí mucho al recibir una autorización escrita que incluía la oferta de un escolta uniformado que me llevara y me trajera de vuelta al trabajo. Marius y yo viajamos en un camión repleto de gente, seguramente intrigada por la presencia de un escolta armado. Todos estaban eufóricos; en diez y seis horas serían libres.

Al ver ese barco de pasajeros, me asombré. A pesar de que no era una nave de lujo, comparada con el *Rafiaj* era enorme. Se me permitió abordar como visitante, y mientras caminábamos cogidos de la mano, Marius trató de convencerme de que me escapara con él, como polizón. No quise ni oírlo, a pesar de que mi escolta permanecía al lado del camión, y miraba despreocupado hacia el otro lado; posiblemente esperaba que tratara de correr el riesgo de buscar mi libertad.

Abrazándonos en un último beso furtivo, me despedí de mi amor y regresé al camión para observar a Marius y a los demás zarpar. El soldado me ayudó a subir al camión, vacío ahora, y me condujo a las barracas, deprimida y sola.

Marius salió de Chipre el 19 de Mayo de 1947. Esa misma noche decidí comenzar un diario para aliviar mi pena. Luego, cuando recibí su primera carta con su dirección, le transcribí su contenido en cartas reales, pero continué llevando el diario. Además de asuntos personales, anotaba los eventos de la comuna y el campo. Transcribo algunos trozos de mi diario, que traduje del rumano.

*   *   *

Mayo 19, 1947. Pasé toda la tarde llorando en el trabajo, por lo que me permitieron salir temprano. Cuando llegué a la puerta de *L'hagshamah*, Sammy me saludó con un chiste, al que reaccioné de manera apática. Trató de consolarme con unas palmadas en el hombro y me dijo, "Has sido muy valiente". Ante estas palabras, me puse a llorar de nuevo. Algunos de mis amigos se sorprendieron con mi regreso, pues el rumor era que me habían visto abordar el barco y asumieron que me iba. Los demás me aseguraron tener una absoluta confianza en mi lealtad a *L'hagshamah*. Estaban convencidos de que mi idealismo y compromiso con la comuna primarían sobre mis intereses personales. Fue agradable oír esto. Besos. Tu Ruth.

Mayo 23, 1947. Mi inglés ha progresado mucho a raíz de la constante conversación. El "Viejo" me hizo dos regalos extraordinarios:

Una lámpara Petromax para mi carpa y un cachorro. Qué placer entrar a la carpa y hallarla iluminada y llena de amigos que han venido a compartir la luz. Es increíble lo que un ambiente claro hace para el ánimo. Mi cachorro, con el que todo el mundo quiere jugar, se suma a mi alegría. Se ha convertido en el centro de atención, pues es el único animal permitido dentro del campo, así que me siento privilegiada. Besos. Tu Ruth.

Mayo 28, 1947. Hoy hay mucho que contar. Es la fecha para la doble boda de Mira e Ivan, y Cilli y Singher. Los *Mossadniks* aprovecharon esta ocasión para llevar a cabo una de sus ideas estrafalarias. Me asignaron la misión sin precedentes de tratar de conseguir que algunos oficiales claves, como el Mayor Pie, asistieran a la boda. No pregunté por sus intenciones, aunque sabía que jamás los ingleses habían socializado con los prisioneros. Puse en marcha todos mis encantos y mis buenas relaciones; sorprendentemente aceptaron.

A las 4:00 p.m., los oficiales llegaron a nuestra reja, para asombro de todos los prisioneros del campo. Liderando el grupo estaba el Mayor Pie, vestido con bermudas y un sombrero Panamá, además de su inseparable fusta. Detrás de él venían el capitán, el teniente y otros oficiales, todos un poco ebrios ya. Diczi y yo fuimos escogidos para ser anfitriones. El Mayor Pie besó mi mano galantemente y me ofreció su brazo derecho para que apoyara el mío. En esa pose caminamos solemnemente hacia el lugar de la recepción. Había que ver esa absurda, pomposa procesión de los viejos y estirados oficiales británicos guiados por una prisionera de diez y seis años. De una forma distorsionada, parecía que estuviera viviendo por un día en la época del emperador Francisco José. Los oficiales besaron a las dos novias, les desearon ventura y salimos hacia el césped a esperar el momento de la ceremonia religiosa.

Nuestros artistas se lucieron con la decoración de la glorieta donde se encontraba la *jupah* (palio matrimonial). El día era precioso; los ánimos festivos. Al final de la ceremonia, todos nos paramos firmes para cantar *Hatikvá* (el himno judío). Los oficiales movían los labios con las palabras y trataban de tararear la melodía. Era muy gracioso mirarlos. Mientras nos alistábamos para la comida, los oficiales se fueron, pero volvieron a las 9:00 p.m., justo a tiempo para la fiesta. De dónde salieron la comida y el vino, no tengo idea. Quizás para esa ocasión especial los ingleses o alguna organización judía los suministraron. De todas maneras, comimos y bebimos hasta la saciedad y estábamos de excelente humor.

De pronto Dudu, el muchacho del Mossad, me pidió que tratara de embriagar a los británicos para lograr que uno de ellos firmara algunos documentos importantes. En vista de que yo era la encargada de entretenerlos, hice lo que se me pidió, a pesar de que no me hacía feliz servirles a los viejos oficiales ebrios.

La diversión comenzó con Bertha quien cantó sus solos, y luego bailó. Después me pidieron que yo cantara mis solos. No estaba de ánimo en ese momento, pero cuando el mayor me rogó que lo hiciera como un favor para él, sentí que debía complacerlo, y lo hice. Después de unas copas, me animé e incluso interpreté mi baile cosaco.

Unos minutos más tarde, Dudu se me acercó de nuevo y me susurró: "Saca al viejo a bailar". Hice lo que me pidió, pues sabía que tenía un motivo secreto. El viejo oficial resultó ser un excelente bailarín. Cuando Dudu creyó que estaba suficientemente borracho, lo abordó y, en perfecto inglés, le solicitó que firmara. El mayor accedió sin dudarlo. ¡Victoria! Mucho después de que los ingleses se fueran continuó el canto, el baile y la diversión. Te abrazo y te beso. Tu Ruth.

Junio 8, 1947. Es sábado y utilicé un truco para no ir a trabajar hoy. Había tratado de convencer a los que trabajaban conmigo que no deberíamos ir en sábado puesto que somos judíos, pero todos le temían a Bacalu, el supervisor. Yo no le tengo miedo. Es sólo otro prisionero que sabe más inglés, con lo que se convirtió en el jefe. Mi protesta, que mis compañeros titularon "revolución" logró su objetivo, y no tendremos que trabajar ya los sábados. Todos me felicitaron y dijeron, en broma que probablemente tengo algo de sangre rusa revolucionaria en mis venas que me hace capaz de actos osados. Te quiero y besos. Tu Ruth.

Junio 19, 1947. Discutimos el deterioro del sentido de solidaridad de la comuna y la necesidad de la auto-disciplina para conservar nuestra salud mental en esta desesperante monotonía. Es fácil deprimirse si uno no se mantiene ocupado. Esta mañana nos levantamos como un rayo, nos lavamos y nos vestimos para estar listas cuando la coordinadora llegara a la carpa. Sara, quien está a cargo esta semana, estaba asombrada con nuestra auto-disciplina. Salimos para los ejercicios matutinos, generalmente dirigidos por Diczi, pero él decidió que otra persona debería tomar el mando. El grupo sugirió que yo lo hiciera. Algunos muchachos protestaron en broma ante la idea de una mujer en el poder y amenazaron con no participar. Sin embargo todo resultó bastante bien. Besos, Ruth.

Junio 21, 1947. ¡Hoy cumplí diez y siete años! En este día tan importante quisiera ser abrazada, besada y felicitada por un querido, sincero y amado amigo cuya presencia extraño hoy más que cualquier otro día. ¡Cómo quiero pasar este día contigo y ser completamente feliz y libre!

Cuando desperté, encontré en mi mesa de noche un sobre blanco con dos libritos esculpidos en piedra, productos de nuestros talleres, pero nada de ti. Desilusionada, no quise tocar nada y me fui a lavar primero.

Cuando volví, Shoshana pasó a desearme feliz cumpleaños, y luego lo hicieron las demás muchachas. Me conmovió mucho el sincero cariño que nos tenemos. Mis compañeras de carpa me escribieron una linda nota y los libros de piedra tienen una serie de escenas del campo, mezcladas con unas cuantas fotos del grupo y una de nosotros dos.

En la tarde fuimos a la playa a nadar. El mar estaba calmado y cálido. Como de costumbre tuvo un efecto tranquilizante.

A la hora de la comida, Maiciu anunció que era mi cumpleaños y todos me felicitaron. Después de la comida encontré otra nota sobre mi catre, que me informaba de un regalo que debía haber recibido de parte tuya. ¡Qué dulce tú por haber pensado con antelación en mí y mi cumpleaños! Gracias, mi amor. Tu Ruth.

Julio 24, 1947. La comuna tomó hoy una decisión osada en una de las asambleas generales. Tuvo que ver con llegar a conocernos mejor los unos a los otros y mejorar las relaciones entre los miembros casados y los solteros. Estamos emprendiendo un experimento social y psicológico sin precedentes, con miras a eliminar las tendencias individualistas. No nos basta compartir solamente "la riqueza", comer y vestir lo mismo. Ahora, además de lo material, queremos compartir también los aspectos espirituales y emocionales. Debería ser interesante.

Con este fin, desmantelamos las carpas y unimos tres de ellas en una grande para las mujeres y otra para los hombres. Juntamos los catres de modo que las diez y ocho patas parlanchinas quedáramos durmiendo cerca una de otra.

Las rutinas diarias siguen como siempre, excepto en las noches, cuando presentamos un corto resumen de nuestras vidas y luego hacemos una auto-crítica. Una vez que concluimos, los demás comentan y aportan sus observaciones. Esta práctica nos ayuda a conocernos más y a mejorar los aspectos negativos en un ambiente no amenazante y cariñoso. Todo lo que queremos es mejorar y así perfeccionar al grupo. Me gusta la sensación de cercanía y franqueza dado que siempre busco la perfección. Las parejas casadas están en un período de dos semanas de "vacaciones" de los cónyuges, y lo están tomando con humor. Unas cuantas parejas gruñonas tratan de ignorar las reglas y se encuentran en rincones escondidos del alojamiento para besarse y abrazarse. Claro está, no todo el mundo está contento con el experimento que, sin embargo atrajo la atención de una psicóloga norteamericana que vino a visitarnos. Está haciendo un estudio sobre este novedoso sistema para crear una sociedad libre de conflictos.

A pesar de toda esta actividad, te echo de menos. Me imagino cuán agradable sería estar contigo en un cuarto normal de un apartamento real, con puertas y ventanas, sentada en una silla de verdad, escuchando música de un radio.

Ah, sí, la nueva adición a nuestras carpas son cuatro gatitos que nos adoptaron, especialmente a mí, dado que resolvieron dormir en mi catre, como si supieran cuánto adoro los gatos.

¡Basta por hoy! Te beso muchas veces. Tu Ruth.

Julio 27,1947. Olvidé por completo contarte que Avner, el *Mossadnik* que vive en la carpa secreta, fue descubierto y encarcelado por algunas semanas. Gracias a mi intervención indirecta, ahora está en libertad. Parece que hice el papel de "Mata Hari" al persuadir a los oficiales británicos de que vinieran a la boda. Aparentemente el documento firmado por el mayor ebrio era indispensable para la liberación de Avner. Cuando él volvió a su carpa cercana a la nuestra, trajo un gramófono y algunos discos, un verdadero placer.

Hubo una terrible tormenta de arena en el campo que estropeó el humor de todo el mundo. El calor es insoportable y nos hace sentir letárgicos. Para completar, tenemos una seria crisis de agua. Para apagar mi sed aprendí no solamente a chupar jugo de limón, sino a comer también la pulpa.

Hacia el anochecer la tormenta amainó y pudimos disfrutar de la música que nos hizo escuchar Avner. Oímos arias de las óperas *Carmen*, *El Barbero de Sevilla*, y canciones folklóricas israelíes. Todo eso me puso melancólica. He estado soñando despierta contigo.

Nuestro "Periódico Mural" semanal editó setenta y cinco páginas con las que estoy feliz de haber contribuido.

En el último tiempo, he sufrido de problemas intestinales. Esta noche me sentía tan mal que mis amigos tuvieron que llevarme en brazos hasta la glorieta para que pudiera asistir a una reunión. ¡Me quedé dormida, pero me despertaron para que no pasara toda la noche allá! Te quiero, Ruth.

Septiembre 21, 1947. ¿Cómo puedo expresar en una carta la abrumadora emoción que sentí y aún siento gracias al telegrama que me enviaste para las festividades? Es una prueba más de que de verdad piensas en mi y en mis deseos; eso me da una dosis de esperanza y fuerzas para sobrellevar las seis semanas que se interponen aún entre nosotros. No sé cómo agradecerte. Hoy soy una chica feliz. Toda la comuna comparte esa felicidad conmigo; hasta Diczi vino a felicitarme y me dio un beso en la mejilla. ¿Te conté que recibí un vestido confeccionado con tela que había robado de la bodega? Pues muchas de las niñas también recibieron uno igual y me será útil en mis vacaciones en Palestina. Estoy cansada de usar esta ropa hecha de lona de carpa. Es injusto que una muchacha de diez y siete años luzca como pordiosera. Y tú, ¿tienes suficiente ropa? Me refiero a ropa de verdad. ¿Trabajas aún en la construcción? Amor y besos. Tu Ruth.

Octubre 20, 1947. Supongo que esta será la última carta que recibas de mí. Se acerca el día de nuestra partida; para cuando recibas esta carta, quizás yo ya estaré en Palestina. Sueño todo el tiempo con hallarme en libertad en mi propia tierra, la tierra de los sueños de mi padre y las esperanzas de mi hermano, y ahora, de nuestra reunión. Mi corazón está lleno de esperanzas por una vida sin antisemitismo y persecución. Pronto me reuniré con algunos de mis familiares, y quizá más tarde vengan también Tía Anna y Lucie. Las extraño mucho a ambas.

Por desgracia soy la única sobreviviente de mi familia que llevará a cabo el sueño de mi padre, pero la idea de que yo trabajaré la tierra y contribuiré a la creación de un estado judío le confiere significado a todo lo sucedido. Ser parte de una nueva sociedad es otro motivo de orgullo, el de haber cumplido nuestra misión. Mil besos y abrazos. Tu Ruth.

*   *   *

La proclamación por parte de las Naciones Unidas de la partición de Palestina en dos estados, uno judío y uno árabe, nos animó, pero este histórico evento no tuvo ninguna repercusión sobre la política de inmigración.

Los seis largos meses de nuestra separación pasaron en ansiosa expectativa, hasta que las listas de la cuota de nuestra comuna llegó. Alguien leyó los nombres en voz alta, y para nuestro desconcierto faltaban dos—el de mi amiga Elise y el mío. Revisamos varias veces, pero así era. Estábamos anonadadas. El representante de la Agencia Judía vino a explicar lo sucedido. Habían llenado la cuota con mayores de diez y ocho, dejando a los más jóvenes para una emigración juvenil posterior. Puesto que ni Elise ni yo teníamos diez y ocho años, tomaron nuestros cupos para dos adultos y nosotras tendríamos que esperar dos meses más hasta la próxima lista juvenil.

Yo no podía creer esta nueva mala jugada del destino. Era ya demasiado. Incapaz de aceptar la injusticia de la decisión, me rebelé de una manera muy peculiar. Recordé el ataque de histeria de mi madre cuando los comunistas trataron de allanar nuestro apartamento y copié su reacción.

No fue tan difícil, pues ya llevaba horas de llanto y temblor. Lo único que le agregué a la angustia real fue la fuerte gritadera y un poco de temblor a mi cuerpo. Mi pataleta fue tan impresionante que mis amigos me hicieron acostar y llamaron al médico. Inmediatamente diagnosticó un caso de histeria, me dio unas píldoras para calmarme y se fue. Luego, la somnolencia me hizo dormir; no recuerdo la secuencia de los acontecimientos que siguieron, excepto que no logré nada y me sentí muy avergonzada por haberme portado como una tonta. El grupo estaba de muy buen ánimo; yo sentía una profunda tristeza y una rabia desbordante. No hubo palabras de consuelo ni de simpatía que penetraran mi concha defensiva. Elise también estaba molesta, pero no al mismo grado; ella no era una sobreviviente de un campo nazi, y no tenía un novio esperándola en Palestina.

Mi depresión debe haber causado algún tipo de amnesia, pues no recuerdo los días después de la partida de todo el grupo de *L'hagshamah* ni cómo sobrevivimos las dos solas durante los dos meses que siguieron.

Lo que sí recuerdo es la fecha del 29 de diciembre de 1947, cuando un líder de la Emigración Juvenil vino a llevarnos al punto de encuentro para todos los menores de diez y ocho. De allí fuimos llevados en camiones hasta Famagusta.

Nos esperaba el mismo barco que había visto cuando Marius partió. Nos dieron un certificado azul, emitido por el Departamento de Inmigración de la Agencia Judía para Palestina. Nuestro pasaporte hacia la libertad.

Elise y yo compartimos una cabina durante el viaje a Haifa. Yo no podía creer que de verdad estuviera camino a la Tierra de Israel. El miedo a algún contratiempo se agazapaba en mí, pero al mismo tiempo casi no podía contener mi emoción—agridulce. Un sueño se volvía realidad.

La Tierra Prometida

CAPÍTULO 12

Enero 1, 1948. Poco antes del amanecer, después de una travesía tranquila, nuestro barco se aproximó a las costas de Palestina. La coincidencia o el destino hicieron realidad mi sueño justo a tiempo—el día de Año Nuevo.

Era una mañana fresca y brumosa, y a lo lejos distinguimos la silueta lejana del Monte Carmelo. Haifa reposaba dormida bajo un sedoso manto de niebla, como una hermosa novia esperando que su amado levantara su velo. A medida que el barco se abría camino en el muelle, el calor del sol despejaba la niebla y la ciudad, construida en tres niveles, parecida a San Francisco, se nos presentó con el más impresionante esplendor.

Los niños, excitados, se agolparon sobre la cubierta, anticipando el momento tempestuoso. Ahogadas de emoción, mi amiga Elise y yo nos abrazamos, incapaces de pronunciar palabra alguna. Dentro de poco estaría libre, en la tierra de mis antepasados—mi nueva patria. No más campos, no más persecuciones, no más guerras. Estaba en casa.

Inmediatamente después de desembarcar y cumplir con algunas formalidades, abordamos unos camiones que nos llevaron a un área de campos abiertos en Haifa. De nuevo, mi corazón se encogió, al ver enormes carpas en la mitad de la nada—un campo de transición.

Elise y yo nos instalamos en una carpa con alrededor de otras veinte mujeres, sin saber lo que nos esperaba. Exhaustas, nos dormimos.

De repente me despertaron los aullidos de lo que sonaba como niños torturados. Al escuchar con atención, lo volví a oír. Los gritos eran reales. Petrificada, desperté a Elise y a las otras niñas para que lo oyeran. Ellas habían oído los aullidos pero parecían no preocuparse. Era solamente mi loca imaginación la que asociaba esos gritos con niños torturados. Luego me enteré que el área estaba habitada por chacales que, cuando tienen hambre, emiten un aullido parecido al llanto de un niño. ¡Qué experiencia tan aterradora para mi primera noche de libertad!

Pocos días más tarde fuimos llevados al campo de transición de Atlit. Estaba rodeado de alambre de púas y soldados británicos armados. En ese momento me pareció que mi encarcelamiento jamás terminaría. Rápidamente se desvaneció mi ilusión por un recibimiento muy diferente en esa tierra mía.

Envié telegramas que avisaban de mi llegada a Marius y a mis familiares, y poco después él vino a visitarme. Nuestro encuentro fue salvajemente emocional, exactamente como yo lo había imaginado; nos comportamos como dos niños juguetones. Él me hizo dar volteretas como a un bebé y yo reí feliz; por unas horas olvidé el dolor de la separación.

Justo cuando Elise y yo habíamos comenzado a flotar sobre una nube de felicidad, vinieron de visita nuestros amigos del kibbutz Usha y nos hicieron aterrizar. Contaron cómo los árabes habían atacado a los judíos en todos los frentes, y sitiado ciudades y pueblos. Y a pesar de que la *Haganah* los repelió, representaban aún un gran peligro. El kibbutz Usha, al que finalmente Elise y yo fuimos enviadas, estaba cerca de la frontera libanesa, y había sido atacado con frecuencia. Los riesgos de otra guerra más arruinaron la dicha de mi recién hallada libertad.

La tensión aumentó; también mis ansiedades y miedos. Esta explosiva realidad no hacía concesiones a la fragilidad emocional de una sobreviviente del Holocausto que contaba con diez y siete años.

Durante los meses previos a nuestra llegada, el primer grupo de *L'hagshamah* había completado su entrenamiento militar; por lo tanto Elise y yo debimos comenzar el nuestro con otro grupo. Nos entrenamos durante varias semanas en Yagur, un kibbutz vecino. Al completar ese curso militar, nos reunimos en solemne ceremonia a jurar sobre la Biblia y el arma lealtad a la *Haganah*; fue un momento de emoción, patriotismo y orgullo.

Simultáneamente, aprendíamos un nuevo y difícil idioma (hebreo), y un nuevo y arduo oficio (la agricultura), en un estilo de vida totalmente nuevo y único.

La situación política en Palestina se estaba volviendo más volátil. Los árabes atacaban y bloqueaban caminos, por lo que viajar se convertía en una peligrosa aventura. Precisamente en ese momento, Marius me hizo una visita de sorpresa. Radiante de feliz orgullo, escuché su recuento de los peligros que había vivido para venir a verme. Nos abrazamos y nos besamos, hablamos sin cesar para intercambiar ideas y ponernos al día sobre todo lo que no habíamos dicho en nuestras cartas.

Mis compañeras de carpa mostraron su discreción y nos dejaron solos con un poco de privacidad—por primera vez en nuestra relación. Ciertamente aprovechamos ese lujo y estuvimos físicamente más cerca que nunca antes. En algún punto, Marius quería "ir hasta el final". En la ardiente pasión del momento, me implicó un enorme esfuerzo conservar el control y no ceder. Yo era rígida en mis principios sobre la virginidad y el matrimonio. Trató de persuadirme con el juego de la culpa, haber arriesgado su vida por venir a verme y por lo tanto merecerme como recompensa. Esa actitud me enfureció. En medio de mi ingenuidad, me sentí chantajeada. A pesar de que él partió desilusionado, nuestro amor prevaleció.

Más o menos por ese tiempo, mi comuna había completado la primera fase del entrenamiento. Nos preparábamos para la segunda, llamada "independencia", que implicaba valernos por nosotros mismos, buscar trabajo y entregar nuestros sueldos a la cuenta común. En los siguientes meses trabajé como lavaplatos, empleada de una lavandería y fabricante de dulces en una fábrica de halvah. Durante ese tiempo vivíamos en unas pocas chozas de madera erigidas en un terreno vacío que nos había sido asignado en Kiriat Benyamin, un suburbio de Haifa.

Desde nuestro campo teníamos una vista completa de la bella Haifa, pero llegar allí era peligroso. Para entrar a la ciudad desde nuestro lado de la carretera, había que cruzar un vecindario árabe, donde francotiradores atacaban constantemente los vehículos que pasaban. Unos pocos buses blindados recorrían esa ruta con un horario errático e infrecuente. En uno de ellos, con gran miedo, hice mi primer viaje a Haifa.

Además de trabajar durante esos meses, contacté a algunos de los familiares de mi madre: los Drs. Emma y Norbert Lustig y sus padres, los Nagel, todos ellos sobrevivientes de la masacre de Milie. A través de ellos, encontré a otros primos distantes de mi madre, originarios de Milie, que vivían en Haifa desde los años treinta. Como siempre, esos encuentros evocaban mucha tristeza, pero la actitud generosa y cooperadora de los familiares me daban fuerza y apoyo.

Cuatro meses después de mi arribo, fui testigo de un desarrollo histórico—esta vez la independencia de mi nueva patria.

Mayo 14, 1948. La Radio *Kol Israel* (La Voz de Israel): "Proclamamos el establecimiento del Estado judío en Palestina que se llamará Israel. Extendemos una mano de paz a todos los estados vecinos y a sus gentes, y los invitamos a cooperar". El anuncio fue largo y emotivo; tocó todos los aspectos de la historia judía, el sufrimiento, la persecución que culminó con el exterminio de seis millones de judíos durante la Segunda Guerra Mundial.

Las tumultuosas celebraciones llegaron a su fin cuando toda la nación se tuvo que preparar contra una repentina ofensiva árabe. Declarando falsas victorias mientras juraban lanzar a los judíos al mar, los árabes enviaron bombarderos a destruir las ciudades del nuevo estado, y Jerusalén estaba sitiada mientras se llevaban a cabo fieras batallas en el corredor que conducía a la ciudad. La mayoría de los árabes que vivían en territorio israelí huyeron hacia Jordania. Los británicos abandonaron sus cuarteles, y le abrieron camino a las fuerzas armadas israelíes.

Pocos meses después de iniciada la sangrienta lucha, las invasiones árabes fueron detenidas por la unidad élite llamada *Palmaj*, con la ayuda de los actos heroicos de muchos *kibbutzim*. Eventualmente las Naciones Unidas efectuaron una tregua temporal, que le dio a nuestra nación una pausa para respirar. Apenas en septiembre de 1948, después de lograr una segunda tregua, se nos permitió establecernos en un terreno en las Colinas de Judea, otorgado por el Fondo Nacional Judío.

Esta fue la última fase de la independencia total para *L'hagshamah*. Todo estaba empacado, las chozas fueron desmanteladas, y nuestro primer grupo de veinte viajó a Tel Aviv. Luego, en un convoy de camiones, comenzamos nuestro largo y aventurado viaje. Como la intersección de Latrun quedó en manos de la legión árabe, el acceso a Jerusalén por la carretera principal estaba bloqueado, por lo que el ejército israelí tuvo que improvisar un camino alterno. Apuntalaron ese camino empinado y angosto con mallas metálicas para evitar que los vehículos resbalaran por la serpenteante y embarrada ruta. Se lo conoció como el Camino de Burma.

Los camiones de nuestro convoy fallaban a menudo al tratar de subir el empinado y angosto sendero. Nos veíamos forzados a bajarnos y ayudar a empujarlos para sacarlos del fango.

Los costados de la carretera eran testimonio de batallas recientes: camperos quemados, tanques volcados, camiones y carros blindados caídos en zanjas como esqueletos abandonados. Estas escenas, combinadas con el ruido de disparos y explosiones a la distancia, empañaban nuestro entusiasmo. Yo estaba muy asustada.

Cuando llegamos al abandonado pueblo árabe de Saris, al pie de la montaña donde debíamos establecernos, ya el sol se había puesto y pronto sería de noche. Se nos sugirió, por lo tanto que esperáramos hasta el día siguiente para comenzar nuestro ascenso. Estuvimos de acuerdo. Organizamos una fogata y a su alrededor comimos, cantamos y bailamos *hora* toda la noche, sin pensar en el cansancio. Celebrábamos nuestro momento histórico, el logro de nuestra meta. Antes de que muriera el fuego, nos paramos todos en posición de atención y cantamos nuestro himno de *L'hagshamah*. Con este estado de ánimo exaltado y profundamente emotivo, observamos la salida del sol sobre los Montes de Judea que anunciaba la llegada de un nuevo día y un nuevo comienzo.

Kibbutz L'hagshamah

Septiembre 28, 1948. Temprano en la mañana subimos de nuevo a los camiones y continuamos el último tramo de nuestro viaje por el serpenteante y escarpado camino de tierra. Tuvimos que detenernos varias veces para que nuestro guía consultara su mapa, pero después de unos pocos fallidos intentos, anunció "¡Aquí! ¡Aquí!", señalando con el índice de su mano extendida. La caravana se detuvo abruptamente.

Saltamos a un campo desolado y árido, y descargamos los camiones. Con ojos trasnochados, miramos el impresionante paisaje de las montanas circundantes y el profundo valle que comenzaba a vislumbrarse bajo el sol saliente. Nuestro campo, sin embargo, era baldío y rocoso. Sentí un resurgimiento espiritual, como si fuera el primer ser humano en pisar esa tierra virgen y estuviera viendo la reciente creación del mundo. Escudriñé el paisaje y me pregunté qué podríamos hacer ahí y cómo sobreviviríamos.

Armamos nuestras carpas entre dos aldeas árabes abandonadas, Saris (ahora Shoeva) en la parte baja de la carretera principal y Beit Machsir (ahora Beit Meir) en la parte alta de la montaña. ¡Había nacido la avanzada de *L'hagshamah*! Desde ese momento nos convertimos en un nuevo asentamiento estratégico, un nuevo punto en el mapa de nuestra joven, diminuta madre patria: Israel.

Fue un momento solemne en mi vida, enfrentar una misión que estaba decidida a llevar a cabo. Mano a mano con otros sesenta camaradas idealistas, convertiríamos este suelo rocoso y estéril

211

en un jardín lleno de frutos, y construiríamos un hogar en ese abandonado pedazo de tierra. Quizás mi vida sí tenía un propósito, a pesar de todo.

Los tres meses siguientes, nuestro campo era un hervidero de ardua actividad: levantar cabañas suecas prefabricadas para un comedor y viviendas, conectar tubería para agua y electricidad desde el pueblo de abajo, erigir baños y una casa con duchas de aluminio corrugado.

Con el tiempo compramos algunas docenas de pollos y unas cuantas vacas. Mi especialidad, adquirida durante el entrenamiento en Usha, era criar aves, así es que la mayor parte del tiempo me encargaba del gallinero. Más tarde fui asignada a un proyecto encargado de la siembra de árboles, financiado por el Fondo Nacional Judío.

Cinco de nosotras trabajamos sin descanso durante cinco meses sembrando plantones en la calva ladera de la montaña. Era un trabajo duro, que rompía las espaldas, y sin embargo muy importante para un país en el que cada uno de los árboles ha sido sembrado.

En otra falda de la montaña, nuestros expertos en agricultura guiaron a otro grupo de camaradas en la preparación para plantar huertos construyendo terrazas. Sembraron una variedad de árboles frutales, incluidos ciruelos y duraznos, y las famosas uvas moscatel y hamburgo. Todos trabajábamos sin descanso, pero sabíamos que esta era nuestra propia tierra—muy nuestra—de modo que nada era demasiado difícil, ni excesivo.

De noche, mediante un horario rotatorio, dos centinelas armados, un hombre y una mujer, cuidaban nuestro único tubo de agua de los merodeadores y ladrones árabes que intentaban robarlo. Mantener la vigilancia sobre la carretera y el área circundante era nuestra responsabilidad.

Habían transcurrido varios meses sin noticias ni visitas de Marius. Como aún prestaba su servicio militar en una unidad anti-minas, me preocupé. Y de hecho, mis premoniciones se volvieron realidad. Me informaron que había sido herido en una pierna, e inmediatamente viajé a visitarlo en un hospital militar en Jerusalén. ¡Qué alivio encontrar que era una herida menor, en comparación con las de muchos otros soldados que se hallaban en la misma habitación!

Durante esa visita llena de emoción, Marius todavía trató de convencerme de abandonar la comuna e irme a vivir con él en Jerusalén, pero yo me mantuve en lo mío. Finalmente, prometió volver a unirse a *L'hagshamah*, siempre y cuando viviéramos juntos como pareja hasta que decidiéramos casarnos. Acepté vacilante, y con esta promesa retorné a casa a reevaluar mis sentimientos que no estaban en total armonía con el plan. Yo disfrutaba de la compañía de Marius, pero tenía mis dudas con respecto al matrimonio.

Una voz interior me alertaba contra el compromiso con Marius, pero la idea de no estar con él era absolutamente inconcebible. A veces trataba de visualizarnos separados, cruzándonos en la calle como desconocidos; la idea me producía escalofríos. No podía imaginar mi vida sin él.

Aparte de ese conflicto, estaba feliz con mi vida. Tenía casi diez y nueve años, una hermosa edad, particularmente si uno está lleno de entusiasmo, idealismo y fe en la humanidad. El pertenecer a esta grande y maravillosa familia de la comuna me ayudó a desarrollarme y a sentirme parte de algo grandioso. Me satisfacía casi por completo.

La mayor parte de nuestros camaradas habían aprendido un oficio, algunos tenían talentos naturales, y unos cuantos poseían ambos. Todo esto cubría las necesidades de la comuna. A pesar de que me había entrenado en agricultura y avicultura, mi interés natural se dirigía hacia la gente, su bienestar y sus problemas. No recuerdo en qué circunstancias me convertí en la encargada de la salud de la comuna, sin ningún entrenamiento en el campo de la medicina, con sólo una tendencia natural a ayudar. Muchos me buscaban, ya fuera por una raspadura o una decepción amorosa, y yo hacía lo posible por ayudarlos.

Cuando había alcanzado mi estatus no oficial de "curadora" el grupo me nombró su "médico", labor que ejercía con las dos únicas herramientas que poseía: sentido común y buena voluntad. Como no contaba con entrenamiento, me sentía incompetente, y al cabo de un tiempo pedí que me enviaran a tomar por lo menos un curso de primeros auxilios. La comuna aprobó la petición.

Contactamos al Dr. Abeles, miembro de nuestro partido político y director de la clínica del *Kupat Jolim* (Fondo Médico Laboral) en Jerusalén. Vino a nuestra comuna para evaluar nuestra necesidad de una persona capacitada, me entrevistó y me aprobó. Me ofreció un programa de entrenamiento de tres meses en su clínica. Yo estaba eufórica.

El tener que permanecer en Jerusalén planteaba un problema. No tenía sino a Tía Toni y su familia allá, y ella, como todos los nuevos inmigrantes, vivía en las condiciones más primitivas. Tía Toni, su marido y su hijo de veintiséis años, Isaías, vivían en un diminuto cuarto que solo contaba con una cama y un angosto sofá. No tenían cocina y debían compartir el único baño con otra familia de tres personas. Sin embargo, mis familiares me recibieron con los brazos abiertos. Dormía sobre una cobija extendida en el piso de baldosa, agradecida por el espacio y la escasa comida que generosamente compartían conmigo.

Cuando me presenté ante el Dr. Abeles, me condujo al departamento de cirugía de la consulta externa y me puso en manos de la enfermera jefe, una mujer corpulenta de mediana edad. Afortunadamente hablaba yidish, así que pudimos entendernos. Eufórica, me vestí con un uniforme blanco almidonado y comencé mis observaciones.

Me hallaba en mi elemento. Había algo inspirador en el blanco uniforme de enfermera, en el gorro de mi instructora, y en el ambiente de recipientes de vidrio, instrumentos y gabinetes blancos. Era casi como un llamado divino.

Había mucho por aprender en ese corto periodo, y pronto me empapé de los procedimientos básicos de primeros auxilios y tratamientos de rutina. Poco después la enfermera me permitió tratar pacientes bajo su supervisión, y más tarde, lo hice yo sola. Era tan gratificante y satisfactorio que quería saber cada vez más. Al cabo de los tres meses estaba calificada para poner inyecciones, vendajes, esterilizar jeringas e instrumentos y organizar una pequeña enfermería.

En Jerusalén tuve muchas oportunidades para estar con Marius, quien había terminado su servicio para la FDI (Fuerza de Defensa de Israel). Vivía con su hermana y trabajaba en la construcción, con buenas ganancias. El continuaba con sus planes para nosotros, con algunos de los cuales yo no estaba de acuerdo. Aún no podía sacudirme la sensación de malestar que me causaba el que quisiera que viviéramos juntos antes de casarnos.

Ese estilo de vida era común entre los miembros de nuestro grupo, y muchos de mis amigos pensaban que mi actitud moralista era basura. Pero no lograba convencerme a mí misma. Para mí, mi virginidad era sagrada, algo a lo que no se debía renunciar con facilidad, sobre todo no bajo presión. Volví a *L'hagshamah* un poco más capacitada para ser el paramédico, con una pequeña clínica bajo mi responsabilidad. Después de mi jornada de tiempo completo en el kibbutz, atendía mis horas de clínica en una pequeña cabaña. Una vez a la semana venía un médico del kibbutz vecino para los casos que yo no podía atender.

Entre el trabajo y nuestras actividades sociales, de las cuales era anfitriona, yo era una muchacha muy ocupada, y contenta con aquello. La llegada de mi prima Lucie se sumó a mi felicidad; ella, como todos los judíos rumanos en ese tiempo, inmigró legalmente a Israel. Willie, su prometido, ya estaba en Israel esperándola, y se casaron pocas semanas después. Lucie vino a *L'hagshamah* a visitarme un día. Entre lágrimas y risas, gozamos nuestro encuentro. Me contó que había tenido que dejar a su madre en Rumania cuando se le presentó una oportunidad de emigrar.

Me trajo un vestido que había cosido ella misma. Era una linda tela de algodón azul pálido salpicada de florecitas pastel, un regalo que atesoré por muchos años. Orgullosamente le mostré el kibbutz, y le expliqué nuestro estilo de vida y nuestra ideología. Poco impresionada, mi pragmática prima trató de mostrarme cuán tonta e ingenua era yo. Para darle fuerza a su argumento me dijo "¿Puedes verte desperdiciando los mejores años de tu vida en el papel de campesina? Con tu cabeza te podría ir mucho mejor".

"No quiero ninguna otra vida. Sería la última en abandonar *L'hagshamah*", respondí.

Y así siguió y siguió hasta que comencé a enfurecerme con ella por no apoyarme en mi noble causa. Cuando se fue, me asaltó un malestar que se infiltró en mis pensamientos. Comencé a visualizar mi futuro y ya no estaba cien por ciento convencida de querer ser una "campesina" para siempre. Pero irme estaba fuera de cuestión. Ahora había dos personas importantes en mi vida que deseaban que yo no estuviera tan entusiasmada con la comuna: Marius y Lucie. Eso no me desanimó en lo más mínimo; por el contrario, persuadí a Marius de volver a la comuna, y él consintió.

Aprensiva, esperé su llegada. En el momento de verlo maleta en mano, mi felicidad fue tan abrumadora que borró por completo cualquier pensamiento negativo que hubiera tenido. Este es uno de los peligros de la juventud. Fue oficialmente recibido de nuevo en la comuna durante una asamblea general. Más tarde muchos de mis amigos que se oponían a su retorno, me dijeron que habían votado a favor, no por sus méritos, sino por mí.

En una especie de ceremonia extraoficial de matrimonio, nos declaramos pareja. La asamblea general aprobó nuestro compromiso y nos permitió pedir una habitación de pareja, pero todas estaban ocupadas. El problema podía solucionarse sólo si una pareja de casados renunciaba voluntariamente a su cuarto. Como mis amigos Maiciu y Bertha partían de vacaciones de todas forma, nos ofrecieron su pieza. Todo el asunto estaba entre candilejas, lo que me avergonzaba tanto que deseaba meterme en un hueco para hacer desaparecer todo.

Cayó la noche. Marius y yo nos retiramos a nuestro temporal aposento. Yo me sentía incómoda y tensa. A diferencia de nuestros encuentros románticos previos, esta vez Marius actuó de forma diferente. Toda la ternura que había experimentado antes, había desaparecido. En vez de tratar de calmarme y hacerme relajar, su abordaje crudo e insensible aumentó mi ansiedad. Parecía estar vengándose por todos los años que lo había rechazado. Sin ocuparse de mi estado emocional, ni de mi falta de disposición física, procedió a tomarse lo que consideraba su derecho conyugal.

Esa noche, la relación amorosa con la que había soñado y para la que me había guardado, se convirtió en un desastre. Mi mala conciencia, mi ingenuidad, mi hipersensibilidad y la falta de conocimiento, me llevaron a pensar que debía culparlo sólo a él. Esa mala experiencia renovó mis dudas de ser una mujer normal e influyó sobre mis futuras relaciones con los hombres. Además de sus previas acciones insensibles, ésta me ayudó a tomar la decisión de romper la relación con Marius. Como llevados por el viento, desaparecieron mi amor y mis fuertes sentimientos, dejándome en un estado de trauma emocional. Además de la renovada preocupación por mi "anormalidad" femenina, y un nuevo secreto para guardar, me veía enfrentada al problema de manejar las reacciones de la comuna y de algunos otros del exterior.

Para mi gran alivio, encontré tanto amor y apoyo entre mis compañeros de la comuna, que el peso se alivió considerablemente. Parecía que todos estuvieran de mi parte, pero yo estaba deprimida y quería que me dejaran en paz.

Por poco tiempo, Marius continuó siendo miembro de la comuna y, a pesar de que yo no quería hablar con él, me perseguía, declarándome su amor y su deseo de casarse conmigo. Todo cayó en oídos sordos. Sólo entonces me permití mirarlo con la objetividad que nunca antes había tenido. Súbitamente me di cuenta de lo incompatibles que éramos y el terrible error que habría cometido si me hubiera casado con él.

Pero él no se dio por vencido con facilidad. Incluso llegó a pelearse con uno de mis admiradores y, celoso, amenazó con matarlo si no me dejaba en paz. El pobre hombre desapareció durante algunos días, lo que le permitió a Marius calmarse. Dado que yo me mantenía indiferente, finalmente perdió la esperanza y abandonó la comuna. Ante el alivio de esa presión, por fin comencé a retomar mi vida normal.

A medida que el grupo aumentaba su tamaño, mi trabajo en el área de la salud me exigía más y planteaba mayores problemas. Muchas mujeres casadas quedaron embarazadas, y los bebés recién nacidos fueron puestos a mi cargo. Los problemas médicos más serios requerían de conocimiento profesional que iba más allá de mi capacidad; por ello nuestros miembros tenían que viajar a Jerusalén para ser tratados. Mi ignorancia sobre la ciencia médica me molestaba; sentía que tenia que volverme una enfermera graduada para hacer un trabajo bien hecho.

Eso sólo era posible, sin embargo, mediante la inscripción a un programa de tres años en una escuela de enfermería, que implicaba vivir en los dormitorios. Planteé el asunto ante una asamblea general; hice hincapié en la necesidad que tenía la comuna de una enfermera graduada, en vista de las exigencias actuales y las del futuro. Después de muchas discusiones, la mayoría votó en contra de la idea, con el argumento de que no era el momento adecuado: "Ahora nuestra prioridad es trabajar los campos y plantar árboles, para lo cual cada par de manos es invaluable".

La derrota era algo que yo no aceptaba fácilmente, especialmente cuando estaba muy empecinada en algo. Al mismo tiempo, no estaba lista para irme y comenzar el programa sin la aprobación de mi grupo. De nuevo, me vi enfrentada a un difícil periodo de reflexión.

Mi intenso deseo de convertirme en enfermera estaba motivado por muchos factores; uno de ellos era el genuino deseo de ayudar a los enfermos y otro, la sed de conocimiento. Pero sin un diploma de educación secundaria, o siquiera su equivalente, entrar a una escuela de enfermería era inconcebible. Mis motivaciones me llevaron a una frenética acción para lograr mi meta, de otra forma imposible de conseguir.

Así como un soldado no puede ganar una batalla por sí mismo, yo no podía hacerlo sin pedir ayuda. La única persona que conocía que me pudiera ayudar era Margalit Laufer (llamada Zita), la esposa de mi primo Israel.

Zita era una mujer admirable con quien pronto establecí una buena amistad, a pesar de que era mucho mayor que yo. Era cálida, sensible y compasiva. Era una artista bien conocida en los círculos israelíes y locutora de radio, y como tal tenía muchos buenos amigos y conexiones en las altas esferas. Zita fue la única que se interesó genuinamente en mis experiencias durante la guerra y a quien una vez me atreví a contarle un episodio doloroso. Cuando terminé, me miró directo a los ojos, me agarró por los hombros y me sacudió como para sacarme de un sueño. "Ruthi", exclamó. "¿Es verdad esto? ¿O es producto de tu imaginación? He leído mucho sobre las atrocidades, pero nunca he oído una historia como esta. Además, eras demasiado pequeña para recordar".

¡Eso fue! Desde ese día jamás le conté a nadie mi historia, consciente de que es demasiado extraña, absurda y dolorosa para que la gente la crea. ¿Porqué me creerían otros si yo misma tenía dificultades para creer que había estado allí y pasado por esa pesadilla? Así, enterré ese recuerdo junto con muchos más. Por lo demás, ¿qué más daba?

A pesar de que Zita probablemente no creyó totalmente mis historias, creía en mí. Habló con la decana de la Escuela de Enfermería de Hadassah sobre los requisitos para ser aceptada en el programa. Lo que averiguó no me sorprendió: debería presentar un diploma de educación secundaria y un certificado de perfecta salud. Esto me desanimó puesto que no poseía ni lo uno ni lo otro. "Olvídalo", me dije a mí misma.

En las siguientes semanas, evalué mi situación y luché con dos opciones. Una era quedarme en la comuna y olvidar mi deseo de mejorar buscando cursar la profesión de enfermería y vivir independientemente en la ciudad; la otra era renunciar a mis metas en la comuna, mis amistades allí, y al estilo de vida al que estaba acostumbrada. Opté por la primera.

Lentamente, me recuperé de mi calamitoso fiasco con Marius y la negativa de la comuna para dejarme ir a la escuela de enfermería patrocinada por ellos. Y, a pesar del arduo trabajo, era aún muy feliz con mi simple vida entre mis amigos del kibbutz.

Un momento de especial felicidad llegó cuando mi querida amiga de la infancia, Litty, llegó de Rumania con el grupo de *L'hagshamah* IV a unirse a nuestra comuna. Después de poco tiempo se comprometió con Eli, otro miembro proveniente de Buzâu.

Sin embargo, muchas cosas habían cambiado gradualmente en nuestra comuna desde los días de nuestras más altas aspiraciones. Mientras vivíamos aislados de nuestras familias y la vida de la ciudad, todo funcionó bien y podíamos aspirar a convertirnos en una "sociedad perfecta". Pero en la realidad, la naturaleza humana tiende hacia el individualismo, rasgo natural que habíamos tratado de modificar. Nos llevábamos bien socialmente, tolerábamos las idiosincrasias de cada quien y vivíamos en armonía, hasta que nos vimos enfrentados a las tentadoras circunstancias de tener que compartir regalos y posesiones personales. Algunos miembros menos idealistas eran incluso infelices por no recibir un salario por su trabajo.

Todos estos problemas iniciaron una ola de deserciones que debilitaron aún más la estructura de la comuna y causaron una crisis interna. Hasta Litty y Eli, casados ya, decidieron irse. Su partida tuvo su efecto sobre mi propia decisión de irme.

Me aferré obstinadamente durante mucho tiempo a mi fe en nuestro idealista sistema social. A la larga comprendí que el compartir la totalidad de las posesiones con el grupo era poco realista y anti-natural, aún si el concepto era hermoso y noble. Esto se me confirmó cuando recibí un reloj barato de Tía Toni y debí obtener la aprobación de la asamblea general para llevarlo en mi muñeca, puesto que era considerado propiedad colectiva de la comuna. Esto lindaba con lo ridículo. Predije un remezón mayor como resultado de los últimos desarrollos. Ahora, volverme enfermera era más que un "llamado divino"; era cuestión de tener una profesión que me permitiera sobrevivir de manera independiente en cualquier lugar.

Una vez aceptada la nueva realidad, y a pesar de la desilusión que me causó, pude estar más cómoda para planear mi carrera de enfermería. Cómo y dónde dar mis primeros pasos hacia esta difícil meta eran mis grandes preguntas. Todo lo que sabía era que un diploma de bachiller era indispensable. Sin embargo yo ni siquiera tenía pruebas de mis seis años de educación.

En una de mis visitas a Zita, mencioné el tema y de nuevo prometió ayudarme. Poco después, logró conseguir una cita para que yo fuera entrevistada por la decana de la Escuela de Enfermería de Hadassah. La idea misma de encontrarme con la persona clave me petrificó. Le agradecí a Zita, pero me rehusé a ir. "¿Para qué ir, si lo primero que me pedirá es que le muestre mi diploma?", le pregunté escéptica. Zita no estuvo de acuerdo conmigo. "No estás segura de que eso sea así", me dijo. "No pierdes nada con ir a conocerla y oír lo que tenga que decir. Es una persona muy agradable e, incidentalmente, también es de Rumania". "Lo pensaré", le prometí. Una semana más tarde, decidí correr el riesgo y viajé a Jerusalén para la entrevista.

En ese entonces Jerusalén había sido dividida entre Jordania e Israel, y en esa división el Monte Scopus, que quedaba entre los dos países, y en el que estaban construidos la Escuela de Enfermería y el Hospital de Hadassah, era llamado Tierra de Nadie. En esas circunstancias, el hospital se había visto forzado a evacuar y ser reubicado en el centro de Jerusalén en edificios pequeños y grandes diseminados, totalmente inadecuados para servir de hospital. Sin embargo debieron ser utilizados durante los siguientes veinte años. Afortunadamente todas las dependencias estaban en la misma calle o a su alrededor. La escuela de enfermería estaba ubicada en un ala del Monasterio de San José, frente al edificio principal del hospital. Las monjas dirigían su colegio católico y sus actividades religiosas en un ala, y la escuela funcionaba en la otra.

Con gran aprensión entré al monasterio y busqué la oficina de la decana en el segundo piso. Una secretaria me pidió que me sentara en una sala de espera. Finalmente, fui conducida a la oficina. Detrás del escritorio, una mujer delgada, distinguida, vestida con uniforme de enfermera, me saludó con una sonrisa y se presentó como la señora Margalith. Abrió el diálogo en hebreo, que yo comprendía sólo en forma parcial. "Así que tú eres la muchacha del kibbutz que tanto ansía volverse enfermera", me dijo.

"Sí señora Margalith, pero no comprendo el hebreo muy bien", le respondí con timidez.

"No hay problema, podemos hablar rumano, ruso, yidish, lo que prefieras", me propuso.

"Por favor rumano, si no le importa", le dije.

"Cuéntame un poco sobre ti y tu motivación para convertirte en enfermera".

Le hice un breve resumen de mi vida y luego le expliqué muchos de los motivos para querer se enfermera. Por la expresión de su cara comprendí que sentía una gran empatía, que casi me hace sentir culpable.

Nuestro diálogo continuó de una manera amistosa y tranquila, hasta que surgió la temida pregunta.

"¿Tienes un diploma de bachillerato?".

"Eso es", me dije, "aquí viene el drama".

Como de costumbre, mis instintos corrieron a rescatarme. Mi voz interior me dijo que ese era un momento decisivo en mi vida, que moldearía mi futuro, por lo cual bien valía la pena mentir una vez más.

"Sí, señora Margalith, completé la *dyesyatilietka* (diez años de educación) en Rusia, el equivalente de la educación secundaria en Israel, pero desafortunadamente mi diploma, junto con todos mis demás documentos, están en el fondo del Mar Adriático". Estaba sorprendida ante mi propio descaro.

"Glasberg", dijo, "estoy segura de que serás una buena enfermera y me encantaría tenerte en mi escuela. Pero sin un diploma, no hay manera. Lo siento mucho".

Tragué saliva para evitar que las lágrimas de desilusión rodaran por mis mejillas. Le agradecí su interés y salí de la oficina.

Afuera, en el patio del monasterio, las estudiantes de enfermería, con sus largos uniformes azules de cuellos almidonados, delantales blancos y capas blancas hasta los hombros, iban y venían atareadas. Al mirarlas, sentí una ola de envidia, y un profundo sentimiento de humillación invadió mi espíritu. Corrí donde Zita con la mala nueva; ella me escuchó con simpatía, y trató de darme aún alguna esperanza. Prometió ver qué podía hacer para encontrar una solución al problema.

Vez tras vez me daba cuenta de que, aún después de liberada, los efectos de la guerra me seguían rondando, incluso amenazaban con invalidarme intelectualmente para el resto de mi vida. Yo era una persona, y sin embargo una no-persona, sin familia ni hogar, sin un documento que me identificara, un certificado de nacimiento, libretas de calificaciones, diploma, pasaporte que probara mi existencia; sólo poseía mi nueva tarjeta de identificación israelí.

Después tuve lo que pensé era una idea brillante. Tendría que hallar por lo menos a uno de mis profesores de Czernowitz, entre los miles de inmigrantes recién llegados, lo que equivalía a buscar una aguja en un pajar. Requeriría de un trabajo detectivesco, encontrar a alguno y convencerlo de darme una constancia escrita de que había completado mis diez años de educación. Pero mi decisión era tan firme, que nada me disuadiría. Después de las ocho horas de dura labor física en el kibbutz, emprendía mi quijotesca aventura. El primero en mi lista era el Profesor Weizman, mi maestro de ruso y literatura. Esperaba que me recordara y que quizás estuviera dispuesto a mentir por mí. Hay que tener en cuenta que en ese tiempo un teléfono era un lujo que pocos tenían. El correo no era una opción, puesto que todos los nuevos inmigrantes se instalaban temporalmente en campos de transición sin direcciones, o en aldeas árabes abandonadas. Así, para hallar a una persona en particular, había que ir personalmente y pedir ayuda para averiguar con amigos, conocidos y familiares. Como Litty vivía en el área, supo que el Profesor Weizman estaba, en efecto, en Israel y vivía en algún lugar en Jaffa.

Habría que saber lo que era Jaffa en 1948/49—una aldea árabe abandonada, un pequeño puerto de callejuelas angostas y caminos retorcidos, sin nombres ni números—para comprender lo que implicaba localizar el apartamento preciso de alguien. Tenía solamente una vaga descripción de su vivienda y con ella anduve de sitio en sitio, y toqué en muchas puertas equivocadas en su busca. En esos días no era raro tener una dirección confusa. Un residente podría decir, por ejemplo, "camine hasta la esquina; después de la casita blanca que queda cerca del poste de la izquierda, tres puertas más abajo; es la de la ventana azul".

Finalmente, toqué a una puerta, y ante mí estaba mi amado y respetado maestro. Daba tristeza mirarlo. No cabía en mi cabeza lo que veía. Un hombre viejo y cansado, de pelo gris, de pantalón corto y camiseta, parado jorobado bajo el marco de la puerta, mirando sorprendido a su inesperada visitante. La imagen del profesor de digna apariencia elegante que tenía grabada en la mente se derrumbó. Sentí lástima de él.

"Señor Weizman, ¿no me reconoce? Soy Ruth Glasberg del colegio judío de Czernowitz", logré musitar, temiendo que no recordara después de cuatro años.

Frunció la frente y exclamó: "¡*Dietochka!* (Niñita) ¿Cómo podría haberte olvidado? Eres la que recitaba poesía tan hermosamente", dijo, y sus ojos se iluminaron con el recuerdo. Aliviada en vista de que me recordaba, le dije lo que necesitaba. Gustoso accedió. Probablemente había olvidado en qué curso estaba, porque dudo que hubiera dicho una falsedad por mí de otra manera. Entró a su humilde habitación, y en un simple pedazo de papel escribió que yo había completado diez años de estudio y había sido, efectivamente, su alumna. Le agradecí fervientemente y volví a casa, feliz de tener por lo menos un trozo de papel para mostrar.

Equipada con ese "documento", regresé donde la señora Margalith, y orgullosa le mostré la prueba de mi historia. Lo miró y dijo: "Esto está muy bien, pero no es suficiente".

"¿Qué más puedo hacer?", le pregunté con voz entrecortada.

"Necesitamos más pruebas. Déjame pensarlo y te avisaré por medio de tu prima".

Al salir, me pregunté cómo había podido creer que una tal declaración pudiera ayudarme a entrar a la escuela de enfermería. Tenía una visión muy ingenua de la burocracia.

Pasaron semanas de incertidumbre y ansiedades hasta que Zita, otra vez, encontró una solución. Ella logró a convencer a un conocido suyo del ministerio de cultura que me diera una cita para entrevistarme con un cierto señor Perlman. Este estuvo de acuerdo con hacerme un examen oral sobre el tema que mejor manejaba: literatura rusa y poesía. Basada en su aprobación la señora Margalith me permitiría entrar al programa de enfermería.

Aún hoy no puedo comprender cómo pude ser tan frívola como para presentarme a un examen tan importante sin prepararme. Ignoré completamente que hacía tres o cuatro años no me acercaba a un libro de literatura rusa en el idioma original, y que durante esos años mi cerebro había funcionado bajo tensión y había bloqueado totalmente cualquier conocimiento que tuviera previamente. En medio de mi entusiasmo, olvidé poner a prueba mi memoria. No era tanto frivolidad como fe ciega en la fuerza de voluntad de tener éxito. Inocente, aproveché la única oportunidad de probarme, a pesar de que el hombre que iba a examinarme era el señor Perlman, una persona importante en el ministerio de cultura.

Era un judío ruso mayor, de pelo gris, con una amable sonrisa, que me recibió cordialmente en su oficina. Para hacerme sentir tranquila conversó conmigo en ruso sobre esto y aquello. Al hacerlo, probablemente estaba examinando mi conocimiento de la lengua en sí. Finalmente me preguntó, "¿Cuál es tu poema favorito?"

"*Borodino* de Lermontov", respondí sin dudarlo.

"Recítamelo, por favor".

Comencé a recitarlo pero no pasé más allá de la primera estrofa. Nada me venía a la mente. Al ver mi angustia, el señor Perlman generosamente trató de darme una segunda oportunidad dejándome recitar otro poema. Frenéticamente busqué el nombre de otro de mis poemas favoritos y recordé uno de Pushkin. Pero no pude recordar ni el nombre ni el contenido, sólo una línea.

Para mi gran sorpresa, el señor Perlman terminó la labor por mí; recitó el poema de comienzo a fin, mientras yo asentía con la cabeza. Era *La trova de Oleg el sabio*, de Pushkin. Cuando terminó, me acompañó hasta la puerta y prometió hablar con Zita. Humillada, salí de su oficina tragando mis lágrimas de rabia. ¡Eso era! Había perdido mi última oportunidad. La humillación era demasiado grande para tolerarla. "¿Y ahora qué?", pensé. "¿Volver al kibbutz y quedarme allí para siempre en completo estado mental vegetativo?".

¡No! Después de unos pocos momentos de infelicidad, recapacité y resolví continuar mi lucha. Pelearía con todas mis fuerzas para deshacer el daño que me había hecho la guerra. Iba a lograr mi meta de convertirme en enfermera para poder ayudar a preservar la vida y, en mi propia forma limitada, ayudar a la humanidad. Con esta determinación, sequé mis ojos y salí a la carretera a encontrar un vehículo que me llevara de vuelta a *L'hagshamah*.

Una semana más tarde, aún esperando un milagro, volví donde Zita para oír el veredicto del señor Perlman. Pude ver en sus ojos que no eran buenas noticias. Ella vaciló por unos momentos y luego lo citó textualmente: "Esa muchacha es un *bur*" (ignorante total, en hebreo). Y, por más que me costara admitirlo, tenía razón, tomando en cuenta mi desempeño en la entrevista. Pero ser llamada de esa forma era tan degradante que mi ánimo quedó por los suelos. Me pregunté qué podía haber pensado Zita y cómo se lo iba a decir a la señora Margalith.

Aparentemente, la señora Margalith *sí* creía en mi potencial, a pesar del mal reporte. Un tiempo después, le habló a Zita de una alternativa: un examen para obtener el diploma de equivalencia en educación superior ofrecido por el gobierno para nuevos inmigrantes en situaciones similares a la mía. Ella y Zita pensaban que yo debería intentarlo en los próximos meses. Eso implicaba atiborrar cinco años escolares perdidos en tres meses—y nada menos que en hebreo. Iba a ser casi imposible.

Las materias requeridas eran física, química, ciencias, álgebra, geometría y composición en hebreo, todas a nivel de onceavo año. ¿Cómo, en nombre de Dios, iba a lograrlo? ¡Y encima, tenía que trabajar mis ocho horas y cumplir con mis otras obligaciones en la comuna! Carecía de dinero, sabía poco hebreo, y no tenía un tutor. De nuevo Zita vino al rescate y sugirió que un estudiante universitario podría querer ayudarme. Dicho y hecho—encontró un estudiante que, por un sueldo, estaba dispuesto a trabajar conmigo todos los días. Nos presentaron, le mostré el plan de educación y acordamos tiempo y dinero. El era de Polonia y su residencia era un kiosco cerrado en medio de un parque público.

¿Dónde encontraría el dinero? Tuve que sobreponerme a mi orgullo, y por primera vez en la vida me vi forzada a pedir un préstamo a mi familia. Tía Toni y Tío Simón tenían poco dinero, pero sin embargo me prestaron una cantidad quizás equivalente a quince dólares, casi dos semanas de trabajo. Prometí devolverlos con mi primer sueldo.

Necesitaba ahora que la comuna me asignara horas especiales de trabajo para poder estar libre para ir a Jerusalén durante el día. Como excusa les dije que me estaba preparando para el examen para el diploma de bachillerato, sin hablar del siguiente paso, es decir, la escuela de enfermería. Accedieron a darme dos nuevos oficios: sacar a las vacas a pastar a las 5 a.m., lo que me permitía ir a Jerusalén temprano, y la guardia en el turno nocturno, lo que me permitía estudiar.

Mi nuevo horario era agotador. Conducía las vacas de vuelta a sus establos a las 7 a.m., dormía unas horas, y comenzaba mi diario viaje donde mi tutor. No había transporte público, y nuestro único camión salía muy temprano hacia la ciudad, de modo que tenía que caminar desde el kibbutz hasta la carretera principal, una distancia de unos dos kilómetros. Una vez en la carretera principal, empezaba la espera de algún conductor amable que me llevara.

Andar "a dedo" era un estilo de vida en Israel, pues la mayor parte de la población no tenía carro ni dinero. Mi medio de transporte variaba entre camiones del ejército, camionetas, camperos, tanques de combustible y unos pocos carros privados. Había, por supuesto, buses de transporte público y trenes, además de taxis que varias personas compartían en una ruta, pero todos costaban dinero, del que yo carecía. Viajar a dedo era poco confiable en relación con el tiempo, así que mi tutor nunca me esperaba a una hora determinada; habíamos acordado, en caso de falla, la mañana o la tarde siguiente. Si corría con suerte, me recogía un carro a los pocos minutos; otras veces tenía que permanecer durante horas bajo el ardiente sol. Después de mi clase, debía caminar de vuelta a la carretera, esperar que alguien me dejara subir a su vehículo, y luego trepar los dos kilómetros de montaña hasta *L'hagshamah*. Para hacer el recorrido menos aburrido, yo cantaba a lo largo del camino. Al llegar a mi cama en la enfermería, me dejaba caer en ella, agotada, y dormía unas horas antes de reanudar mi estudio y la guardia nocturna.

Compartía la guardia nocturna con muchachos que me permitían estudiar una hora o más en el comedor, mientras ellos permanecían afuera solos. Durante esas noches me mantenía despierta con tazones de café negro. Esa fue mi manera de vivir por varios meses.

Como una esponja, mi cerebro absorbió enormes cantidades de información en un tiempo limitado. En retrospectiva, creo que esto se hizo posible únicamente debido a una oleada de entusiasmo y perseverancia.

Cuando mi tutor me pidió su primer pago, le planteé una discusión filosófica sobre lo injusto que era tener que pagar por una tutoría. "Parece tan injusto", protesté "tener que pagar para que le ayuden a uno a estudiar, cuando en Rusia la educación es gratuita, y en nuestra comuna nadie que haya enseñado a otros ha recibido dinero".

El trató de explicar: "Comprendo lo que dices. Yo vengo del mismo sistema, pero soy un poco mayor y he aprendido cómo funciona el capitalismo. Si no te cobro, no podría alimentarme". Después de una larga discusión, le pagué de mala gana y el tema no volvió a surgir. Pronto aprendí a hacer frente al sistema.

Algún día de agosto de 1949, el ministerio de salud me citó para presentarme al examen el siguiente mes. A comienzos de septiembre, veinte de nosotros nos sentamos en un remolque en las afueras de Tel Aviv y tomamos el examen.

Cuando me entregaron la hoja de preguntas, me sorprendí por primera vez. Ingenua como era, no contaba con la dificultad de comprender las preguntas que, por supuesto, eran en hebreo. Requerí de un esfuerzo para leer cada una de ellas, y uno aún mayor para comprenderlas. Mi ansiedad alcanzó la cima. Las primeras preguntas eran de álgebra y ciencias, materias que pensaba haber dominado; con el resto, pasé un mal rato.

Apenas pensé que había pasado lo peor, se nos pidió que escribiéramos un corto ensayo, en hebreo, sobre cualquier tema. Durante unos segundos, mi corazón se detuvo; luego comenzó a correr sin control. ¿Cómo iba a hacerlo con mi limitado vocabulario?

Miré la hoja en blanco con una desesperación que amenazaba con paralizarme. Sentí ganas de salirme y abandonar todo el empeño. Sin embargo, me lancé al ensayo, y describí mi vida en Chipre. Debió parecer el trabajo de una chiquilla de primer grado puesto que me guié solamente por la fonética. Imaginé la reacción de quienes lo calificaron; debí causarles muchos momentos de hilaridad. Cuando terminó el día, retorné a *L'hagshamah*.

A medida que se aproximaba el comienzo del año en la escuela de enfermería, mi ansiedad por obtener los resultados a tiempo aumentó. Temía lo peor.

Para tratar de averiguar si algo se había filtrado mientras tanto, fui una vez más a visitar a Zita. Tan pronto entré, ella me entregó una invitación de la escuela para asistir a los actos de graduación de la clase de enfermería de 1949. Yo sabía que era costumbre que esa ceremonia sirviera también como iniciación para quienes entraban a primer año. Pero al no haber oído nada de parte de los examinadores ni haber sido aceptada en el programa, no entendí el sentido de esta invitación. Parecía, por el contrario, cruel que me hicieran presenciar la alegría de las nuevas estudiantes y las que se graduaban, a quienes no me permitirían unirme.

En lugar de tomar la invitación como venía, sospeché de las intenciones de la señora Margalith. Por orgullo, decidí no ir. Zita me amenazó con no volverme a hablar si lo hacía. Agregó que la señora Margalith quería verme antes de la ceremonia. Al fin, pese a mis dudas, accedí a ir. La señora Margalith me recibió con una sonrisa pícara y amistosa. "Siéntate, Glasberg, quiero hablarte de tus exámenes de equivalencia. ¿Cómo te fue?", preguntó calmadamente.

"Me temo que no muy bien", le dije. Traté de explicarle los muchos obstáculos que había tenido que vencer, especialmente en la composición en hebreo.

"Te tengo una sorpresa. Ayer me llegaron los resultados. Los pasaste todos, excepto el de geometría". Estaba perpleja y abrumada por la buena nueva. "Por ley", me dijo, "no debería admitirte, pero estoy dispuesta a arriesgarme contigo. Pienso que una persona muy motivada, como tú, con seguridad será una excelente enfermera. Por lo tanto te acepto al programa y confío que no me decepcionarás". La señora Margalith estaba radiante.

Se había guardado lo mejor para el final. "He convencido al ministerio de salud para que te permitan tomar de nuevo el examen reprobado más adelante en el año, siempre y cuando pases los seis meses de prueba".

Mientras me daba las buenas noticias, mi corazón se enterneció de nuevo con esta generosidad, y secretamente la puse en el mismo pedestal con todos mis otros mentores y benefactores, todos esos héroes poco cantados, esos amorosos seres humanos cuya influencia positiva puede cambiar toda la vida de una persona. La señora Margalith ciertamente cambió la mía. Tuve que contener la urgencia de abrazarla y besarla de gratitud, pero ella supo por mi expresión y fuerte apretón de manos lo que yo sentía. Durante mi vuelta al kibbutz, me di cuenta de que abandonar mis ideales, mis amigos y camaradas, era como morir un poco, pero por el otro lado tenía el indescriptible júbilo que me causaban mis recientes logros y mis planes futuros. Estaba en una montaña rusa de emoción.

Tan pronto le conté al director de la comuna mis intenciones, llamó a una asamblea general, en medio de la cual hice mi dramático anuncio. Mis amigos, a pesar de compartir mi felicidad por las nuevas oportunidades, expresaron también su pesar.

Los contadores de la comuna calcularon el total de las posesiones colectivas, para pagarme mi parte. Este procedimiento habría sido un material excelente para una sátira, pero para nosotros era una cuestión seria. Llevábamos un inventario de las posesiones comunes y personales, cuyo valor total dividíamos por el número de miembros. Eso determinaba la parte que cada miembro recibiría al partir. Incluido mi reloj barato, mi poca ropa, un par de zapatos, mi parte era de L.I. 13 (liras israelíes) en efectivo—alrededor de $10 dólares.

Conflictos

Con trece liras israelíes a mi nombre y un paquete de ropa, entré a la escuela de enfermería y a una sociedad competitiva que no comprendía del todo.

Nuestra clase contaba con 70 por ciento de *sabras* (israelíes nativas) y 30 por ciento de nuevas inmigrantes para quienes se ofrecían diariamente clases intensivas de hebreo. En vista de que no existían textos de enfermería, nos guiábamos por las conferencias dictadas por los profesores de la Facultad de Medicina de la Universidad Hebrea. Como yo aún no había dominado la escritura en caracteres hebreos, tomaba mis apuntes en el alfabeto latino. La lucha por descifrarlas era a veces peor que el estudio mismo. Pasar el periodo de prueba era importante para todas pero, en mi caso, todo el futuro dependía de ello.

Seis meses más tarde, el día del veredicto, cada alumna se entrevistaba individualmente con la decana para una evaluación.

"Felicitaciones, Glasberg", dijo la señora Margalith. "Te ha ido bien tanto en el área académica como en la práctica. Estoy muy orgullosa de tu desempeño. Gracias por no defraudarme. En vista de tu excelente trabajo estás eximida de repetir el examen de geometría. ¡Buena suerte!".

No podía creer lo que estaba oyendo. Después de agradecerle por su apoyo y su fe en mí, salí de su oficina, prácticamente bailando, y abracé a las muchachas que aún esperaban su turno.

Ya éramos estudiantes de enfermería con pleno derecho; trabajábamos turnos de ocho horas—sin sueldo, únicamente recibíamos $L.I. 1.00 por mes como dinero de bolsillo. Aunque yo tenía poco tiempo para socializar y extrañaba a mis amigos de *L'hagshamah*, estaba feliz en mi papel de enfermera. Ni siquiera limpiar a un paciente incontinente me molestaba. Todo lo hacía con entusiasmo, y me decía que, directa o indirectamente, estaba ayudando a los desvalidos.

Entretanto, disfrutaba de mi segundo año de estudio, especialmente del dormitorio, donde ya no éramos veintiocho muchachas, sino que estábamos divididas en cuartos más pequeños, de a siete. Mi habitación era una muestra en miniatura de las Naciones Unidas: tres búlgaras, dos rumanas, una suiza y una sabra. El espíritu de camaradería y amistad que reinaba entre nosotras podría haber servido como ejemplo clásico de la manera como las naciones de este mundo podrían y deberían llevarse. Nuestro cuarto era también el centro de grupos de estudio y diversión. Las cinco del bloque oriental formamos incluso un pequeño coro, con un repertorio predominantemente ruso.

Mis colegas nunca me hicieron sentir diferente, pero no siempre podía sobreponerme a mi orfandad. Me sentía especialmente solitaria cuando mis compañeras salían a reunirse con sus familias para las fiestas o vacaciones. Fuera de visitas esporádicas a mi tía o a Zita, no tenía a nadie a quien visitar.

Comprendiendo mi situación, mis amigas búlgaras, Becky y Chemdah, me invitaban con frecuencia a dormir en sus casas. Sus padres, como la mayoría de los nuevos inmigrantes, ocupaban un solo cuarto en un apartamento habitado también por otras familias. Sin embargo, me permitían con agrado compartir su cama en invierno, o el piso en verano. Nunca olvidaré su cálida hospitalidad.

Afortunadamente, durante mi segundo año, llegó Tía Anna de Rumania en barco. Como siempre había sido como una madre para mí, verla después de cuatro años fue un evento reconfortante. Inmediatamente me fueron proporcionados el amor, el cuidado y un lugar que podía llamar "mi casa". Lucie y Willly vinieron de Haifa a reunirse con ella. De ahí en adelante pasé todas mis vacaciones con ellos, a pesar de que tenía que dormir en el piso.

El hermano de Tía Anna y de mi madre, Tío David, vivía con su familia en Boston y mantenía contacto con ella, así que pronto nos envió una serie de paquetes CARE[14]. Más tarde, yo personalmente recibí una cantidad pequeña pero muy apreciada de dinero que utilicé para librarme de mis dientes incisivos enchapados en oro; los remplacé por unos de porcelana que eran más favorecedores. El resultado fue tan espectacular que cambió mi actitud y añadió una nueva dimensión de alegría y tranquilidad a las partes positivas de mi vida.

Ávida de cultivar mi filosofía socialista, comencé a asistir, con mis amigas búlgaras, a las reuniones del partido comunista. A pesar de que nunca me hice miembro, mi fe en esa ideología permaneció sólida como una roca hasta el 5 de marzo de 1953, día en que murió Stalin. Recuerdo que caminé por la calle Jaffa en Jerusalén en estado de shock, sintiendo que el mundo se había colapsado, como si hubiese sufrido una enorme pérdida personal. Me negaba a creer que mi figura paterna omnipotente, mi modelo, el "único redentor del mundo" se hubiera ido para siempre. Por si eso no fuera suficiente, pronto comenzaron las informaciones sobre sus atrocidades. Profundamente desilusionada, me volví apolítica.

Sin embargo, la igualdad y la justicia siguieron siendo asuntos importantes para mí, y cada vez que encontraba la falta de alguna de las dos, trataba de cambiar las situaciones, a mi modesta manera. Una de esas situaciones era la explotación de las estudiantes de enfermería por el Hospital Hadassah. Trabajábamos tiempo completo y recibíamos una lira mensual. Indignadas, llamamos a una asamblea del cuerpo estudiantil. En medio de acaloradas discusiones, yo planteé la moción de ir a una huelga si no se satisfacían nuestras exigencias de un aumento en el sueldo mensual. Todos estuvieron de acuerdo; me eligieron para el Comité de Estudiantes y la Asociación Nacional de Estudiantes de Enfermería.

Como representante de mi escuela fui invitada a participar en una reunión de la Junta de Enfermería en Tel Aviv. La reunión trataba varios problemas estudiantiles a nivel nacional. Pasaba el tiempo y ninguno de los delegados tocaba este delicado tema; reuní todo mi valor y hablé. Expliqué nuestra situación, y exigí un aumento inmediato

---

[14] Durante la Segunda Guerra Mundial, la organización CARE (Cooperative American Relief Everywhere) enviaba paquetes de ropa y alimento a los países afectados por la guerra. Posteriormente se siguió utilizando CARE para referirse a los paquetes de ropa y alimento. (N. E.)

de una a cinco liras por mes. La reacción inmediata de la junta fue rechazar la idea, con mucha retórica sobre nuestra noble profesión, las consideraciones humanitarias, y los sacrificios. Cuando me di cuenta de que su posición no iba a cambiar sin presión, amenacé con una huelga general de todas las estudiantes de enfermería de Hadassah. Los rostros de los miembros mayores de la junta se demudaron. Me atacaron verbalmente por atreverme a decir algo tan "anti ético" como "huelga". No había precedentes de huelgas en la profesión médica. Me sentí mal, pero permanecí firme.

Al volver, cité a una reunión de los tres cursos de enfermería para explicar lo que había sucedido. A pesar de que no sabíamos cuál sería el resultado final, las muchachas aplaudieron mis esfuerzos—pero no así la decana. Unos días más tarde, me llamó la señora Margalith.

Podía predecir malas noticias. Ella quería saber lo sucedido en la reunión, pues la Junta de Enfermería se había quejado de mi proposición poco ética. Le relaté el episodio al pie de la letra. Simpatizaba con nuestro problema, pero pensaba que amenazar con una huelga era demasiado radical.

Sin embargo, obtuvimos la victoria. Un mes después, nuestra petición fue aprobada, logrando ventajas, no sólo para nuestra escuela, sino para todos los estudiantes de enfermería del país. Las estudiantes de segundo año comenzaron a ganar L.I..10.00 y las de tercero L.I.15.00.

Aún no todo era pura dicha para mí. Tuve que enfrentarme con dos problemas serios. Uno se relacionaba con los turnos nocturnos, el otro con los muertos.

Los turnos de noche me costaban mucho trabajo. Mi cuerpo se rehusaba a cambiar su horario natural y a hacer de cuenta que el día era noche. Luego no podía dormir en el día, ni siquiera en el cuarto oscuro y silencioso destinado a las estudiantes del turno nocturno. Sólo daba vueltas en la cama y vivía con apenas dos o tres horas de sueño.

El otro problema era el manejo de los muertos. Se pensaría que después de todos los horrores que había presenciado de niña, estaría ya completamente inmune a ese tipo de exposición. Pero aún tenía un terrible miedo de los cadáveres.

De acuerdo con el ritual judío, la preparación de los muertos implicaba lavarlos, llenar todos los orificios con algodón, envolverlos en una sábana blanca y atar la mortaja en el cuello, la cintura y los talones. A la larga, tuve que hallar a otra enfermera que preparara a los muertos, a cambio de algún otro servicio. Eso funcionaba a veces, pero no siempre. Cuando no había opción y tenía que hacerlo, ensayaba todo, incluso técnicas de auto-sugestión para no colapsar. Para mí era un enigma el porqué los humanos escogen la noche para morir y para nacer, pero era un hecho que me llevaba a temer aún más los turnos de noche. La única excepción era el pabellón de maternidad, donde la alegría de un recién nacido los hacía una experiencia agradable.

Por mucho que me hubiera gustado que mi vida romántica fuera tan exitosa como la académica y cívica, no lo fue. Exceptuada una corta relación platónica con un joven capitán, no me involucré con ningún hombre en los siguientes tres años. Acepté salidas esporádicas a cine, una fiesta o un concierto, pero nada serio. De hecho, apenas después de graduarme establecí una relación romántica.

Pensando posteriormente en las razones por las cuales no había encontrado mi alma gemela, llegué a la conclusión de que el estigma atado al sobreviviente del Holocausto, mi orfandad y la falta de hogar, pueden haber sido algunas de ellas. Para los jóvenes israelíes que en ese momento luchaban heroicamente en la Guerra de Independencia, era especialmente difícil comprender porqué no opusimos resistencia a los nazis.

Esto era particularmente notorio en algunos israelíes que nos despreciaban. Llamaban a los sobrevivientes de los campos de exterminio "jabones", por el jabón que hacían con los humanos en esos campos; nos acusaban de cobardes al dejarnos conducir por los nazis como ovejas al matadero. Insinuaban, incluso, que podíamos estar mental o emocionalmente enfermos como resultado de haber experimentado las inhumanas condiciones de los campos. Esto último era parcialmente cierto. Así, ¿quién querría involucrarse con una huérfana sin hogar y con ese tipo de problemas? Parecía imposible que yo escapara siquiera a las influencias indirectas del Holocausto.

Luego tuve que encarar otro malentendido: si no se tenía un número tatuado en el brazo, no se creía que uno había estado en un campo. La notoriedad de campos como Auschwitz y Treblinka opacaba la existencia de campos como Transnistria, que jamás eran mencionados, incluso en conmemoraciones oficiales, como si los sobrevivientes de un campo fueran más importantes que los otros. Esta práctica tenía implicaciones casi discriminatorias que hizo que algunos de nosotros nos mantuviéramos en silencio durante los siguientes treinta años.

En mi caso, internalizar la experiencia me causó muchos problemas psicosomáticos y horrendas pesadillas. Sueños extraños me afligían y lo hacen aún hoy en día; varían de desastres naturales a ser perseguida, con la sensación de la agonía del último momento antes de la muerte, pero despertando siempre antes de morir. Otro sueño repetitivo era que averiguaba que mi familia estaba viva y nos íbamos a reunir. Pero mi felicidad ante esas reuniones siempre estaba marcada por un profundo dolor, cuando Mama, aparentemente enloquecida, no me reconocía y no me aceptaba como hija suya. Esas pesadillas deben haber tenido su origen en mis recuerdos de sus últimos días cuando, después de la muerte de mi hermano, ella no quería seguir viviendo.

Para integrarme con los demás jóvenes, continué exhibiendo una apariencia alegre, saludable, pretendiendo ser tan normal como ellos pero, por dentro me desgarraba.

Aparentemente logré esconder muy bien mis verdaderos sentimientos, pues la mayoría de las personas nunca supieron que era una sobreviviente. Todos los que por azar llegaron a saber de mi pasado se sorprendían y siempre comentaban, "No te ves como alguien que haya estado en un campo". A pesar de que siempre me sentía diferente, me enorgullecía escuchar estas palabras.

Pero la vida siguió, al igual que las luchas cotidianas. Se aproximaba la graduación y yo, en medio de una necesidad desesperada de dinero, aproveché una oferta de donar sangre a cambio de L.I. 5.00. De camino al banco de sangre del hospital, me encontré con Amos, un interno de ginecología. A menudo él había flirteado conmigo pero, debido a su reputación de mujeriego, nunca lo había tomado en serio. Pero en esa ocasión me saludó de una forma especialmente cálida y expresó su preocupación por mi palidez. Cuando sugirió que me hiciera un examen de sangre, reí ante la ironía. Seguramente aterrado por el hecho de que estaba en camino a donar sangre, intentó disuadirme, sin éxito. Aunque no lo escuché, su genuina preocupación me conmovió y encendió una chispa en mi corazón.

Desde ese día floreció nuestra amistad. Curiosamente, no me invitó a salir por un tiempo, pero yo sabía que él no era el tipo de salir en serio y yo tampoco estaba lista para algo más que una amistad. Para entonces ya habíamos descubierto nuestros mutuos intereses: la música clásica, la literatura, la danza, y el mar. Para mi sorpresa, finalmente rompió el hielo y me invitó a un recital de piano. Mi alegría fue doble—primero porque me invitó y segundo porque iba a ser mi primer concierto en vivo.

En 1952 no había salas de conciertos en Jerusalén. Las presentaciones se hacían en salas de cine con escenarios. Esos teatros eran relativamente pequeños, pero tenían palcos y balcones. El pianista de esa noche era Claudio Arrau. Disfrutamos todo lo que tocó, especialmente la sonata No. 23, la *Apassionata* de Beethoven, que interpretó con tal sentimiento y sensibilidad que me llevó al llanto.

Arrau acababa de comenzar el movimiento final cuando, de pronto, todas las luces del teatro se apagaron. Él continuó tocando sin perder una nota. En vez de entrar en pánico y correr a la salida, la audiencia permaneció sentada, en completo silencio, probablemente inspirada e hipnotizada por el gran artista. Las luces retornaron justo a tiempo para el estruendoso aplauso y los gritos de felicitación tanto por su virtuosismo como por su valor. Los apagones eran frecuentes en Jerusalén, pero nunca antes habían convertido un concierto en tan extraordinaria aventura.

El último movimiento de la *Appassionata* implica la destrucción del mundo, durante la cual Lucifer, el portador de luz, cae desde los cielos hacia las eternas tinieblas, lo cual hizo de esa noche una experiencia inolvidable y casi espiritual para mí, como supongo debe haber sido para muchos. Amos y yo íbamos también a cine y a bailes y, contrario a su reputación, se comportaba como todo un caballero. Comenzó a gustarme y de repente me había enamorado de él. Pero aún temía la intimidad y posiblemente envié algún mensaje no verbal, que obviamente recibió, y por lo tanto no insistió.

Además de salir con Amos, me mantenía ocupada estudiando, leyendo, y visitando con frecuencia a Tía Anna y su familia. Me encantaba Haifa por sus hermosas playas y los bosques del Monte Carmelo, por la maravillosa vista de la bahía y la cúpula dorada del templo Baha'i. Me gustaban especialmente las brillantes luces de la noche, que le daban a la ciudad el aspecto de un inmenso joyero. Planeaba mudarme a esa ciudad tan pronto fuese posible.

También encontraba tiempo para visitar a mis amigos de *L'hagshamah*, que en algún momento había dejado de ser un kibbutz para convertirse en un asentamiento colectivo, Moshav Shoresh, en el cual todo el mundo recibía un sueldo y vivía una vida individual. Habían construido incluso un hotel de turismo, con todas las comodidades, la realización de una de nuestras ideas originales. Para entonces los pequeños árboles que habíamos sembrado se habían convertido en un joven bosque. En una vistosa ceremonia con invitados oficiales y representantes del gobierno, el Primer Ministro David Ben-Gurion pronunció el discurso de inauguración y le dio el nombre de *Yaar Hagiborim* o "Bosque de los Héroes". Yo estaba conmovida y orgullosa de haber contribuido a la arborización de Israel.

El tiempo voló en esos últimos meses. Antes de darnos cuenta llegó la fecha de los exámenes finales. Después de los ensayos escritos, vinieron los orales ante un panel de enviados del Departamento de Salud, y la decana.

Más adelante la señora Margalith me llamó a su oficina. Esta vez no anticipaba malas noticias, pero tampoco estaba preparada para lo que iba a oír. ¡Me pidió que *yo* diera el discurso de graduación! Me sentí muy honrada y orgullosa. ¡Qué recompensa a mi perseverancia y dura labor! Acepté, por supuesto. En una atmósfera cargada de emoción y alegría, comenzó la avalancha de preparaciones para el día del grado. Nos medimos nuestros nuevos uniformes blancos, mandamos invitaciones a familiares y amigos. Nuestra rutina diaria se vio sazonada con expectativa. Un tiempo antes de la graduación, la señorita Hellen Keller visitó la Escuela de Enfermería de Hadassah. Se sentó en el sofá del salón; su secretaria, la señorita Thomson, estaba a su derecha y yo a su izquierda. Estar sentada al lado de ese ser extraordinario, tocarla y escuchar sus mensajes fue casi como conocer una deidad. A pesar de ser ciega, sorda y muda, logró metas que no muchas personas normales lograrían. Ella escribía sus palabras en la palma de la mano de la señorita Thomson, su traductora y su "voz", quien a su vez nos las comunicaba, y viceversa.

Esa inolvidable tarde me dejó muy impresionada y reforzó mi filosofía a medida que nos decía que cuidáramos la esperanza, no tomáramos nada por sentado y lucháramos por lograr lo que deseábamos, contra todas las dificultades. Su personalidad y extraordinario coraje nos inspiraron a todas y, a pesar de que mis luchas eran de naturaleza diferente, me identifiqué profundamente con ella. Era ciertamente un modelo para muchos, pero para mí fue la prueba viviente de que "donde hay voluntad, hay manera".

Septiembre 9,1952. La graduación. Para mí, fue un día de felicidad y gran orgullo; con dificultad podía creer estaba sucediendo. Sin embargo no faltó el tinte de tristeza, pues de nuevo hizo que pensara en mi orfandad.

Imaginé a mis padres y a mi hermano sentados entre el público compartiendo mi victoria contra la adversidad, dándome palmaditas en la espalda y animándome.

Me aferré a esa visión hasta que pude retornar al aquí y ahora, y contentarme con la presencia de unos cuantos primos, tíos y amigos.

El final de mi largo trabajo estaba a punto de ser celebrado por medio de la ceremonia de colocación de las cofias. Nos reunimos en el patio del monasterio, vestidas con los nuevos uniformes blancos de enfermeras graduandas. Nuestro curso se ubicó en el ala izquierda y la clase que comenzaba en la derecha; los familiares e invitados se hallaban detrás de los grupos. Frente a nosotros se encontraban todos los dignatarios, sentados ante una mesa larga colocada sobre un improvisado podio. Uno a uno se acercaron al micrófono y pronunciaron sus discursos, hasta que finalmente llegó mi turno.

Dando el discurso de despedida en la graduación.
La Sra. Margalit en uniforme de enfermera.

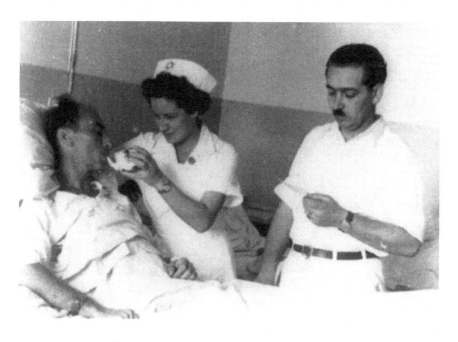

Atentiendo a un paciente en el hospital Hadassah en Jerusalen.

A pesar de que me lo sabía de memoria, estaba muy nerviosa cuando me llamaron. Comencé a hablar ante el micrófono notablemente emocionada. "Señora Margalith, Dr. Mann, estimados invitados y amigos: En nombre del curso de estudiantes mayores, que hoy concluyen su ciclo de estudio, me ha sido conferida la tarea de transmitirles unas palabras de resumen y gratitud. Recuerdo que hace décadas . . ."

Se produjeron risas entre el público.

Me tomó un segundo darme cuenta del motivo de las risas. Por supuesto, no podía recordar "hace décadas". Había cometido un lapsus. Me sonrojé. Aclaré mi garganta para continuar, pero antes de que pudiera hacerlo, la señora Margalith se levantó de su asiento, tomó mi lugar ante el micrófono y comenzó a hablar. Sin saber lo que diría, me encogí de humillación.

"Señoras y señores, recuerdo a esta niña, Ruth Glasberg, cuando por primera vez entró a mi oficina, hace tres años; escasamente podía hablar en hebreo, por lo cual tuvimos que comunicarnos en rumano. Hoy se gradúa como una alumna sobresaliente, pronunciando un discurso en hebreo. Les pido pues, un gran aplauso para ella".

Tanto su gesto como el aplauso me emocionaron profundamente. Con humildad y gratitud, acogí el reconocimiento. Cuando terminó el aplauso, continué mi discurso, como si nada hubiera sucedido.

Después de la ceremonia, subimos a tomar fotografías de todo el grupo con los dignatarios. Por la noche había una fiesta bailable para nosotras. Quienes tenían novio lo trajeron; invitamos también a los estudiantes de medicina y a los doctores que no tenían esposas para que nos ayudaran a celebrar. Yo, claro está, invité a Amos, encantada de poder pasar ese momento especial en su compañía. El que fuera un excelente bailarín venía como bonificación; yo estaba en el séptimo cielo.

Cuando terminó la celebración, sentí de repente un vacío y miedo de tener que defenderme por mí misma. Como el país estaba en pie de guerra, las enfermeras eran incorporadas automáticamente con rango de cabo. Por medio de una rifa, sólo unas pocas graduadas habían sido reclutadas por el Ejército de Israel. Las demás teníamos que trabajar un año en el Hospital Hadassah como compensación por nuestra educación, pero debíamos tener nuestra propia vivienda. Amos me ayudó a encontrar una pieza de empleada doméstica, donde viví seis meses. Después, me mudé a un apartamento con otras tres enfermeras.

Mi primer trabajo fue en la sala de recuperación quirúrgica, recientemente inaugurada. Era una de tres enfermeras que compartíamos el turno. La responsabilidad completa sobre ocho pacientes era a la vez un reto y una experiencia gratificante para mí. Trabajaba febrilmente en el monitoreo de alimentación intravenosa, tubos gástricos, vendajes y tratando de mantener cómodos a los aún obnubilados pacientes después de sus cirugías. Al cabo de unos meses fui transferida al pabellón de hombres del piso quirúrgico, y allí trabajé como asistente de la enfermera jefe durante el día o como enfermera encargada en los turnos de la tarde o la noche.

Apenas pude ahorrar unas cuantas liras, me compré un vestido nuevo y mi primer par de zapatos de tacón. Estos pequeños lujos aumentaron mi felicidad y satisfacción generales con mi trabajo. Sin embargo, me corroía un persistente pensamiento negativo—la duda sobre mi "normalidad" como mujer. A pesar de que nuestra relación no iba hacia ninguna parte, seguí viendo a Amos. Éramos buenos amigos, confiábamos el uno en el otro pero, aunque yo le gustaba, su relación hacia mí carecía de amor. Yo, por el otro lado, seguía locamente enamorada de él. Me atraía y pensaba en secreto que si había alguien a quien pudiera confesar algún día la razón de mi miedo a la intimidad, sería a Amos.

El destino nos favoreció cuando fuimos invitados los dos a la boda de unos amigos comunes en Haifa. Como siempre, me alojé con mi familia y él con sus amigos. Salimos juntos a nadar, a bailar y a pasear en el parque. En un determinado momento, cuando trató de ponerse romántico, surgió el tema de mi resistencia a sus aperturas. El quiso saber la razón y, por primera vez, hablé de mi experiencia con Marius. Había contado mi secreto, y su reacción fue consoladora. Me abrazó y me acarició tiernamente mientras me aseguraba que yo era normal y que no era raro que esas cosas sucedieran. Habló basado tanto en su experiencia como hombre como en la de ginecólogo practicante.

Estaba maduro el momento para dejarme seducir y decidí dejar que las cosas siguieran su curso. En los siguientes días, él estuvo más romántico y yo menos resistente, lo que llevó a lo que era natural. Yo estaba totalmente sorprendida cuando sentí una ola de placer que antes pensaba era sólo un mito. Así, de una vez por todas, se despejaron mis dudas, y recuperé la confianza en mi feminidad. Me sentí fortalecida y vuelta a nacer. Al mismo tiempo, yo esperaba que la intimidad estimulara nuestra amistad, pero estaba en un error.

Pese a mi sospecha de que no era el compañero adecuado para mí, la intimidad acentuó mi arrebato por él al punto de volverse obsesión. No era tonto; entendió mis sentamientos. Al día siguiente, en la playa, me saludó con un aforismo hebreo: "No entusiasmarse, no enamorarse, y no desilusionarse".

Esta afirmación indirecta pero clara de que no deseaba un compromiso fue como una cachetada. Mi ego estaba profundamente lesionado, pero al mismo tiempo no podía desprenderme y acepté su condición por gratitud para con él por haberme ayudado a liberarme de mi pesada carga.

Durante los meses siguientes nuestra relación siguió sin rumbo. Nuestros encuentros se hicieron menos frecuentes hasta que ya casi no salíamos. Algunos médicos jóvenes me invitaron a salir, pero después de la primera cita podía ver que no valía la pena continuar. Una vez me encontré por accidente con Marius. Me rogó que volviera con él, pero eso estaba descartado. Unos meses más tarde—para mi gran alivio—escuché que se había casado.

Cuando se acercaba el final de mi año obligatorio en Hadassah, comencé a buscar trabajo y un sitio para alojarme en Haifa. La suerte me acompañó. Mi prima Lucie, que trabajaba como técnica de laboratorio en un hospital privado, oyó de una vacante para una jefe de enfermería en el piso de cirugía. Arregló una cita para que me entrevistara la directora de enfermería, quien me contrató inmediatamente.

Me convertí así en jefe de un piso de treinta camas, trabajando solamente de día y, para completar, me asignaron una habitación en el sótano del hospital a un precio módico. Profesionalmente me sentía gratificada.

Había hecho las paces con mi realidad y disfrutaba plenamente de la vida. De vez en cuando se ensombrecía mi felicidad al reavivarse mis dolores intestinales crónicos. En algún momento, se hicieron tan fuertes que tuve que ser hospitalizada. Por primera vez, un chequeo minucioso reveló una colitis espástica. Esta inflamación del intestino grueso se debía aparentemente a la estadía en Bershad, exacerbada por infecciones amibianas que no respondían al tratamiento. Las amibas eran originarias de áreas tropicales y subtropicales como el Mediterráneo.

Por algún motivo, circulaba una teoría poco científica que sostenía que un cambio de clima podía curar la enfermedad.

Hablé al respecto con Tía Cilli, quien se había mudado recientemente a Israel, y me hizo una oferta imposible de rechazar. Puesto que ella de todas formas se iba a encontrar con su marido en Viena, sugirió que viajáramos juntas y me quedara dos meses con ellos. Pagaría incluso por el tratamiento, de modo que yo tenía que pagar únicamente el viaje. La propuesta era tentadora. La sola idea de encontrarme tan cerca de mi patria, despertó de nuevo mi eterno sueño de retornar a mi amada Bucovina y también a Transnistria, el sitio del dolor.

Después de haber obtenido el permiso para ausentarme por razones médicas, comencé febrilmente a prepararme para mi primer viaje de lujo en barco. La emoción era casi intolerable. Embarcamos hacia Italia en el crucero italiano S.S. *Messapia*, en el que me divertí como nunca antes. La mayor parte de los pasajeros desembarcó en Venecia, mientras nosotras seguimos hasta Trieste, destino final de la embarcación. Allí nos esperaba mi primo menor, Guido.

Nos condujo a través del norte de Italia en su Volkswagen. Pernoctamos en un hotel y continuamos el camino a la mañana siguiente, para cruzar por último la frontera con Austria. Al recorrer los Alpes Austriacos con sus árboles, anchos ríos y lagos, y respirar el fresco aire tan familiar, me invadieron los recuerdos agradables de la infancia en mi nativa Bucovina. Simultáneamente con ellos, escenas de los campos encontraban su camino a mi conciencia.

Estos sentimientos conflictivos me impedían sentir la dicha completa con total abandono. La luz de un diminuto piloto arde eternamente en mi inconsciente y se reaviva para convertirse en una enorme llama en los momentos más agradables—un ardiente recuerdo de mi pasado. No me permite olvidar el destino de mis seres queridos y mi propio papel en la tragedia; que soy yo quien está aquí, viva; que soy yo quien realmente estuvo en ese infernal mundo surrealista.

Con estos pensamientos y sentimientos reprimidos, llegué a Viena, la ciudad de mis sueños. Sólo que esta vez no era sueño ni visión; era realidad. Largo había sido el camino.

¡Ah, Viena! Parecía tan acogedora y conocida, me embargó un sentimiento de *déjà vu*. Igual que en Czernowitz, había la misma arquitectura, transportes públicos, bulevares, atmósfera y lengua. Después me di cuenta de que el *déjà vu* era apenas el recuerdo de las vívidas descripciones de los cuentos que mi padre me contaba a la hora de dormir. Me sentí como en casa y me enamoré inmediatamente de esa ciudad romántica y excitante. Contraponiéndose a esta euforia, estaba el hecho de saber que Austria había ensangrentado sus manos en la misma medida, o peor incluso, que los alemanes. Era difícil sobreponerse a esa inquietud.

Pese a su reputado esplendor, muchas áreas de Viena atestiguaban los fuertes bombardeos sostenidos durante la guerra. Muchos edificios, incluido el de la Opera del Estado de Viena, estaban aún en ruinas.

También estaba en ruinas la otrora grande población judía de más de doscientas mil personas. La mayoría habían sido exterminadas en los campos de muerte nazis; las hermanas de mi padre, la Dra. Pepi Drimmer y Maryem Schaerf, junto con su esposo Gedalia, entre ellos. Los pocos judíos que residían en Viena después de la guerra eran en su mayor parte refugiados de otros países, y apenas unos pocos nativos aquí y allá.

Con mis escasos ahorros, comencé a visitar los lugares culturales menos costosos, los museos. Para entrar a la ópera o a un concierto, hacía filas durante horas hasta que lograba conseguir un boleto barato de estudiante en las últimas filas de la galería o en las escaleras. Casi todos los días y todas las noches asistía a otro evento, lo que asombraba a mi tía.

Mi admisión a la *Wiener Poliklinik*, un hospital universitario, llegó demasiado pronto. Afortunadamente debía ser tratada por el Profesor Grueneis, quien resultó ser un sobresaliente médico y un extraordinario ser humano. Después de dos días me dieron de alta, y comencé los preparativos para regresar a casa. Con mis últimos chelines austriacos, adquirí un boleto de tren a Trieste, donde embarqué en el S.S. *Messapia* para retornar a Haifa y reasumir mi puesto como enfermera jefe.

Pero mi primera visita a Austria me abrió el apetito por las maravillas de Europa, y al cabo de dos años comencé a buscar una nueva oportunidad de viajar. Como de costumbre, mi problema era el dinero. Como resultado, para mi segundo viaje acepté un trabajo como enfermera-secretaria de un ingeniero israelí de setenta y dos años, que residía en Chipre. Resultó ser una persona muy excéntrica e inaguantable. Tras un viaje por seis países europeos en dos meses, me sentía perfectamente agotada e incapaz de retomar mi tensionante trabajo en Elisha.

Regresamos a Zurich, donde nos encontramos con sus socios. Como ellos lo conocían bien, me aconsejaron que buscara a otra persona para que lo llevara de vuelta a Chipre. Los Marx me invitaron a quedarme con ellos en Kreutzlingen, Suiza, para recuperarme del mal rato. Me recogieron y me condujeron a su espléndida villa a orillas del lago Konstanz. Estaban asombrados de mi resistencia con ese señor, pues sabían que era un tirano. Pero, como dice el dicho "quien nada arriesga, nada gana". Había visto los lugares más importantes de cinco países, y las impresiones y aventuras adquiridas constituían una valiosa experiencia educativa.

Ya estaba lista para volver a Israel, pero como estaba tan cerca de Viena, Tía Cilli me pidió que fuera a visitarlos. Mientras meditaba si ir o no, el destino me ayudó a tomar la decisión. Israel se vio arrastrada una vez más a un conflicto con los árabes, la guerra del Sinaí de 1956. En mi estado emocional, no podía tolerar la idea de estar de nuevo expuesta a otra guerra, así que gustosa acepté su invitación. Mis familiares me recogieron en la estación del tren y me llevaron a su nueva residencia cerca al centro de la ciudad.

Desafortunadamente mi relación con Tío Max no mejoró. De hecho, escasamente nos tolerábamos. Pero Tía Cilli genuinamente quería que mi vida fuese más fácil. Decidió que la enfermería era una profesión demasiado estresante para mí y además mal pagada. Pensaba también que la vida en Israel era demasiado ruda y sugirió que cambiara tanto de profesión como de domicilio. En su opinión, la manera más rápida y menos costosa de adquirir una nueva profesión era por medio de un curso de secretariado.

Un nuevo proyecto, un nuevo reto. A pesar de que hablaba y leía alemán, nunca había estudiado formalmente el idioma. Para mi gran sorpresa, aprobé el examen de admisión y comencé un curso de dos meses en el *Wiener Handelsschule* (Escuela de Comercio de Viena).

Lo que ignoraba era que las intenciones de mi tía iban mucho más allá. También quería ayudar a casarme—y pronto. De una forma muy astuta, se las arregló para presentarme a Karl Meth, un abogado de Czernowitz, con el argumento de que él podía ayudarme a obtener mi dinero de restitución de Alemania y que tenía muchas conexiones que podrían ayudarme a encontrar trabajo.

En efecto, Karl llamó y sugirió una cena de negocios, que acepté. Era soltero, veinte años mayor que yo, y un personaje encantador e interesante. Pero, como hombre no me atraía en absoluto. A la larga comprendió el mensaje, y en cuanto se eliminó el tema del romance, Karl y yo nos hicimos buenos amigos.

Trató de convencerme de que lo dejara ser mi abogado para ayudarme a obtener una restitución monetaria de Alemania. Ya en Israel me habían hablado del asunto y rehusé de plano escuchar siquiera los detalles. Parecía un concepto monstruoso sugerir que el dinero podía reparar el daño que me había sido hecho. Por lo demás, no quería tener nada que ver con los alemanes, por ningún motivo. Pero Karl fue muy persuasivo y me convenció de que era muy ingenua y que estaba en un error.

A partir del día en que le confié mi caso a Karl hasta que concluyó, pasaron veinticinco años antes de que viera el dinero. Una pequeña maleta llena de cartas y documentos avalan mi lucha por la justicia. Fuera de remover el trágico pasado, me infligió muchos días de ansiedad y noches de desvelo. Tuve también que ocuparme de la dificultad de probar mi estatus e identidad en la preguerra. Dado que no tenía documentos legales para presentar, mi caso fue interpretado por las autoridades alemanas como una petición falsa. Exigieron testigos para procurar detalles sobre mis padres y el oficio de mi padre y otros más para declarar que habían estado conmigo en Bershad durante la ocupación nazi.

Muchos sobrevivientes adultos habían logrado esconder algunos documentos o confiárselos a familiares o amigos; los huérfanos como yo no teníamos ninguno. Este era un problema de la mayoría de los sobrevivientes menores y, en consecuencia, pocos fueron compensados. Desafortunadamente, estos hechos no fueron tomados en consideración por los burócratas alemanes. Seguí las instrucciones de Karl y comencé a reunir evidencias, primero de mis dolencias físicas.

El único médico que conocía en Viena era el Profesor Grueneis, quien me había tratado en 1954, y a él le pedí un certificado. Este doctor austriaco escuchó un corto recuento de mi vida y dijo: "Señorita Glasberg, después de todo lo que le ha sucedido a usted, debería ser envuelta en algodón e instalada en una casa de cristal en la Riviera francesa por el resto de su vida. Esa es la felicidad que se merece y jamás debería ser expuesta al mal".

Nunca olvidaré sus ojos llenos de lágrimas mientras pronunciaba estas compasivas palabras. Su reacción confirmó mi convicción de que no todos los austriacos o alemanes eran nazis y que por lo tanto jamás debía generalizar. El escrito que me entregó era más que un documento: era una evaluación médica, con un énfasis muy humano en las repercusiones emocionales y físicas.

La necesidad de ser envuelta en algodón y de tener escrito encima "Frágil, trátese con cuidado" era irónico, puesto que la vida me estaba golpeando como si fuera de acero.

La esperanza de obtener dinero de los alemanes en algún momento no colmaba mi urgente necesidad de él en el presente. Mientras estudiaba para hacerme secretaria, mis escasos ahorros comenzaron a agotarse, y mis familiares no me ofrecían siquiera un cigarrillo.

Pronto me percaté que Viena sin mis amigos y sin dinero no era un lugar tan alegre, después de todo. Habría podido regresar a Israel, donde había sido feliz, pero no me gustaba dejar mis cosas inconclusas. Había comenzado el curso para secretaria, y quería completarlo y ver qué beneficios me traía.

Cuando me gradué, Karl me recomendó a un amigo para un puesto. Este hombre de negocios, también de Czernowitz, tenía una cadena de oficinas en diferentes ciudades, y Viena estaba a punto de ser agregada a ellas. Yo debía ser su secretaria y persona de confianza. La entrevista transcurrió bien; parece que le gusté y me contrató de inmediato. Todo lo que necesitaba era un permiso de trabajo.

Karl me acompañó a la oficina de permisos. Apenas mostré mi pasaporte israelí, mi petición fue negada: a los extranjeros no se les permitía trabajar en Austria. ¡Qué desilusión! Miré a mi amigo; él me miró a mí. No podíamos creer que eso estuviera sucediendo. En lugar de sentir rencor, lo percibí como un augurio que decía: "Vuelve a casa en Israel; es adonde perteneces", y así terminó mi estadía de seis meses en Viena. Me preparé para mi regreso a Israel.

Al llegar a Haifa me enteré que mi puesto en el hospital Elisha había sido ocupado. Aunque después de una ausencia tan larga yo sabía que eso podría suceder, fue un golpe. El punto crítico era que no tenía donde alojarme, y eso implicaba acudir con Tía Anna, Willie y Lucie. Con el nacimiento del segundo hijo de Lucie, vivían ahora cinco personas en el diminuto apartamento. Tuve que dormir en el piso. Pero no me importaba. Este era mi hogar para bien y para mal.

Después de buscar un tiempo, encontré un trabajo en el departamento de consulta externa de cirugía de la clínica de la

Kupat-Jolim (equivalente al Seguro Social) en el centro de la ciudad. Una pareja mayor me alquiló una habitación en su apartamento sin acceso a la cocina. Esto hacía que comer en casa fuera imposible, pero por lo menos ya no tenía que molestar a mi familia.

Durante el año que viví en el cuarto subarrendado, soñé con tener mi propio pequeño apartamento; mientras tanto, debía contentarme con lo que poseía. Y tenía muchas cosas no materiales: una buena profesión, muchos buenos amigos y mi familia. Vivía en medio de gente honesta y trabajadora, en mi propio país, lejos de las persecuciones de la Europa de antaño.

Seis meses más tarde encontré un mejor puesto, más interesante, en el Hospital Rambam de Haifa. Era supervisora del hospital, lo que era más apropiado para mis capacidades. Trabajaba especialmente en turnos de tarde y noche en el hospital de quinientas camas, y me gustaba el reto de la gran responsabilidad.

Mi vida romántica, sin embargo, dejaba mucho que desear. Había conocido y salido con varios hombres, pero ninguno llenaba mis expectativas. No estaba preocupada, pero mi familia y mis amigos me instaban a bajar mis exigencias y casarme antes de alcanzar la fatal edad de treinta años.

Casi había abandonado la esperanza de hallar a la persona correcta hasta casi antes de mi vigésimo octavo cumpleaños. Tomé una semana de vacaciones con mis familiares, los Laufer, en Jerusalén. Después de la fiesta, mis primos Isiu, Max y su esposa Ika y yo viajamos a Tel Aviv a visitar a Tía Cilli, quien había venido sola desde Viena a vender su apartamento.

Al anochecer, Isiu me recogió para que conociera algunos amigos suyos en el Café Noga. Me condujo hasta una mesa en la que Max, Ika y dos personas que no conocía nos esperaban. Uno era un hombre bajito, musculoso y más bien poco atractivo, que se presentó como Ludwig. El otro—más joven, guapo, delgado y bronceado—se presentó como Salomón Gold, amigo de Ludwig.

Ordenamos café helado, y se desarrolló una animada conversación en varios idiomas. Salomón nos contó que era un turista de Colombia, Sur América. Inmediatamente me impresionó su impecable hebreo literario, además de que teníamos seis idiomas en común: alemán, yidish, rumano, ruso, hebreo e inglés. Hubo un sentimiento de comunicación instantáneo, ayudado por el hecho de que él había vivido unos años en Czernowitz. Así como yo me sentí atraída hacia su intelecto y apariencia, parece que también yo le había gustado.

Además de los idiomas, teníamos mucho en común. Fuera de compartir procedencia y cultura, éramos ambos sobrevivientes de la guerra. Toda su familia había perecido en el Holocausto, excepto una hermana que vivía en Israel, a quien había venido a visitar cuando nos conocimos.

Salo—como le llamaban—no lo pensó mucho y me demostró que le gustaba. A la mañana siguiente envió un enorme ramo de rosas al apartamento de mi tía, junto con una invitación a cenar. Fue el comienzo de dos intensos meses durante los cuales me cortejó. Después de mi retorno a Haifa me llamaba con frecuencia y viajó varias veces e incluso se quedaba toda una semana para estar cerca de mí. Felizmente, consiguió un hotel en mi calle para que tuviéramos más tiempo juntos, puesto que yo estaba en turnos de noche.

Después de varias semanas, Salo torpemente me propuso matrimonio; lo hizo sonar como si me estuviera convidando a un paseo por Europa. Yo fingí no entender, pero sabía exactamente lo que estaba sugiriendo. Unos días más tarde, me pidió que nos comprometiéramos. Yo le dije que me diera un tiempo para pensarlo.

Mi decisión no se basó en amor ni en química. Esta vez hice una evaluación lógica de lo que estaba a favor de tal compromiso. Era once años mayor que yo, y yo necesitaba a alguien maduro. El era una persona que yo podía respetar y de quien podía aprender. Su porte evocaba respeto, y era verdad que lo que más admiraba era su intelecto. Pensé que tendríamos una base sólida de confianza y amistad y esperaba que de ella surgiera el amor.

Antes de responder, sin embargo, sostuve un fuerte debate conmigo misma sobre dos desventajas que me preocupaban—la idea de tener que irme de Israel y lo que pasaría con mi profesión. Israel era ahora mi hogar, donde finalmente pude arraigarme. Aquí tenía a mis únicos familiares y a mis amigos; aquí me sentía libre, segura y feliz. No podía visualizar la vida entre gentiles de nuevo, especialmente en Sur América, tan lejana.

Varias veces traté de convencer a Salo para que se mudase a Israel, con el argumento de que era el lugar donde todo judío debería vivir—él especialmente, puesto que su única hermana y su familia estaban allí. Pero su negocio de importación de aparatos electrónicos, creado y operado por él mismo no era fácil de abandonar. Para ayudarme a tomar una determinación, prometió que en unos años volveríamos a vivir en Israel. Aún así no podía decidirme.

Pero, como suele suceder en la vida, el curso de eventos que yo llamo "destino" tiene un papel importante en cualquier toma de decisiones, y un sólo factor puede ser la gota que rebosa la copa. Uno de estos se presentó como una crisis en el curso de uno de mis turnos de noche. Como de costumbre, había recibido el reporte y estaba a punto de comenzar a pasar revista. Era julio, y el ambiente era caluroso y tranquilo. De repente, se oyeron enloquecidos alaridos de las sirenas de ambulancias. Los aullidos se multiplicaron; indicaban un desastre mayor. Instintivamente lo diagnostiqué como el comienzo de una nueva guerra.

Pocos minutos después, el hospital entró en caos. Desde ambulancias y camiones, fueron sacados docenas de árabes muertos y heridos, víctimas, no de la guerra, sino de una revuelta en una prisión. Eran reclusos del vecino pueblo de Akko, donde habían organizado una gran rebelión. Como supervisora, era mi responsabilidad organizar y dirigir toda la operación. Ver un cadáver era más de lo que podía tolerar, pero ver docenas en una sola noche fue una horrenda pesadilla, una que no quisiera tener que revivir nunca más. Ese fue mi punto de quiebre. Este incidente inclinó la balanza a favor de mi decisión de casarme.

Cuando me encontré con Salo a la mañana siguiente, aún temblaba a causa del horror de la noche. Cuando le conté lo sucedido, estaba aterrado. En ese momento me aconsejó que me retirara inmediatamente de mi trabajo. No lo hice. Pasé, sin embargo mi carta de renuncia.

Agosto 23, 1958. Salo y yo nos casamos en Tel Aviv, y una semana después, viajamos hacia Bogotá, Colombia.

Matrimonio con Salomon Gold, Tel Aviv 1958.

Bailando descalza en la boda.

Choque Cultural

Catorce años en Bogotá no fueron exactamente Shangri-La. Tenía más comodidades que nunca antes, pero extrañaba Israel y los lazos emocionales con mi familia y amigos. La adaptación a un idioma más, el español, que aprendí solamente por fonética, a otro país y a su cultura, me obligaban a reinventar mi propio yo. Me sentía completamente desarraigada de nuevo y eso incrementó mi añoranza por volver a Israel, pero Salo no quería ni oír hablar de ello. La nostalgia se apoderó de mí.

Mi matrimonio no fue lo que yo esperaba, principalmente por las grandes diferencias de nuestras personalidades. Salo, a pesar de ser una persona honesta y trabajadora, carecía de calidez y compasión; era posesivo y poco emotivo. Yo, por el otro lado, tendía a ser demasiado sensible y añoraba atención, especialmente en ese ambiente nuevo y desconocido. Pero sobre todo, me hacía falta la enfermería y la independencia social y financiera que me proporcionaba.

La abrupta transición de un Israel altamente socializado a una Colombia subdesarrollada y capitalista fue difícil, al igual que el flagrante contraste entre las clases sociales. Las residencias opulentas al norte de Bogotá chocaban grotescamente con las chozas de metal corrugado o de cartón al sur.

Lo peor era ver niños sin hogar, pidiendo limosna, durmiendo en portones, cubiertos de papel periódico para protegerse de las frías noches bogotanas. Era especialmente impactante encontrarlos a la salida de un cine o un restaurante.

Esas escenas despertaron en mí una sensación de rebelión que pronto encontré difícil de controlar. Sin importar la racionalización que Salo quería imprimir a la situación al decirme que eran niños que se habían fugado y optaron por ese estilo de vida, no podía aceptar esa injusticia.

En este nuevo ambiente extraño, me sentí prisionera en un apartamento sin amoblar, con una empleada con la que no sabía qué hacer y días que no tenía con qué llenar. Un radio y unos pocos libros me proporcionaban entretenimiento hasta que Salo llegaba y me hacía un recuento detallado de su negocio de electrónica, del cual yo no entendía nada.

Asediada por la melancolía y la soledad, no me inmuté cuando dejé de menstruar. Pensé que era el cambio de clima y el nuevo estilo de vida. La posibilidad de un embarazo jamás había cruzado por mi mente, ya que nunca había logrado sobreponerme a la sensación de no ser una mujer "normal".

Por recomendación de una nueva conocida, consulté a un ginecólogo recién emigrado de Hungría, quien diagnosticó un embarazo. Curiosamente, no me emocioné demasiado. De hecho no creí en su diagnóstico. Pero, a medida que avanzaba el embarazo, lentamente acepté la verdad, y mi felicidad, así como la de Salo, no tuvo límites. Sin embargo, después de tres meses comencé a manchar y lo reconocí como una señal de peligro. Pero el joven médico no se impresionó, me aseguró que no era nada significativo y me recomendó seguir una vida normal. Instintiva y profesionalmente sabía que él estaba en un error y, a pesar de ello, decidí creerle, por razones que aún hoy no puedo explicar. ¿Porqué no pedí una segunda opinión? ¿Cómo no reconocí la incompetencia de mi médico? Quizás albergaba un temor inconsciente de dar a luz un niño cuyo destino podía ser similar al mío. Pero yo adoraba los niños y ansiaba tenerlos, por todos los motivos por los que una mujer desea un hijo, pero yo tenía una razón más importante: simbolizaba dar vida y desafiar y deshacer el genocidio del Holocausto, aunque fuera en una muy modesta medida.

Luego, al comienzo de mi séptimo mes, se me reventó la fuente. Agitada, llamé al doctor, quien finalmente admitió que las cosas no se veían bien y me ordenó ingresar al hospital, adonde él iría pronto. Cuando llegamos, fui llevada inmediatamente a sala de partos.

Confundida y en pánico, no sabía qué esperar. El problema fue que no tuve contracciones y el doctor no hizo nada para inducir el parto. En cambio, me tomó la mano. Permanecimos así, paciente y médico, agarrados de la mano, esperando impotentes un milagro.

Yo no dilataba, el líquido amniótico ya no estaba, el bebé probablemente estaba muerto dentro de mí. Comencé a perder la conciencia, y cada vez que abría los ojos preguntaba "¿Ya salió?". Su respuesta era siempre la misma: "Aún no".

Durante veinticuatro horas agonicé en la sala de partos, casi a punto de morir. En uno de mis pocos momentos de lucidez, le rogué a Salo que llamara a su tía Dora o a alguien que me salvara antes de morir sobre la mesa de partos. Esa idea, por simple que fuera, no se le había ocurrido a mi marido, pues odiaba pedirle ayuda o favores a la gente. Ahora que le supliqué, fue a buscar a su tía. Por recomendación de ella, Salo llamó a otro gineco-obstetra, el doctor Juan Rodríguez, a una junta con el mío. Decidieron inducir el parto, y bajo anestesia di a luz al bebé.

Ya de nuevo en la habitación del hospital y aún mareada, sentí que alguien me sostenía una mano. Al abrir los ojos, reconocí al Dr. Rodríguez, y lo oí decir "Lo siento Doña Ruth, el bebé no sobrevivió". Luego agregó rápidamente, "Es mejor así porque habría tenido muchos problemas".

"¿Qué era, Doctor?" Logré preguntar, tragándome las lágrimas.

"Una niña, pero estaba muy débil", dijo, tratando de consolarme. Lloré en silencio, y por primera vez vi a mi poco emotivo marido llorar también. Se sentó a mi lado y lloramos juntos. Desde ese momento, quedé convencida de que nunca podría tener un bebé.

Todavía estaba sedada cuando al rato una de las monjas se acercó a mi cama y dijo, "Señora Gold, ¡felicitaciones! Tiene una hermosa niña, igualita a usted".

"Muchas gracias", le contesté, convencida de que me había confundido con alguna otra paciente—o que bajo los efectos de la anestesia, había imaginado oírla. No quería hacerla sentir mal. Además, no tenía la energía para explicarle.

Los mensajes contradictorios, el diálogo, la preparación para el entierro mientras yo estaba medio dormida, fueron confusos y dolorosos, por decir lo menos. Debo haber negado partes, pensando que eran sólo sueños. Pero lo supe todo cuando Salo fue a la casa a buscar una parte de su pijama para amortajar a la bebé, acto obligado por la ley judía. No se me permitió ver el cuerpo. Y, de hecho, fue enterrada al día siguiente, sin mi conocimiento.

Una semana más tarde, estaba en casa. Me sentía como un saco vacío, avergonzada y derrotada, dolorosamente consciente de haber sido privada de la función más básica y natural de la mujer. La culpa de haber desilusionado a mi marido me consumía. Con frecuencia, él había insinuado que su principal objetivo al casarse era tener hijos—no muy halagüeño, pero cierto.

Esa nueva pérdida, el bebé que había llevado en mis entrañas y había sido incapaz de traer al mundo, me asediaba constantemente. Nunca la vi en realidad, pero en mis sueños tenía una clara imagen de mi pequeñita estirando los brazos desde un profundo abismo. Parecía pedirme que la salvara, formando la palabra "Ayúdame" con sus pequeños labios, sin emitir ni un sonido. Pero en mi sueño soy incapaz de ayudarla, como si estuviera paralizada (la situación exacta de mi madre). Cada vez que despertaba de una de esas pesadillas, me encontraba empapada en sudor y lloraba lastimosamente.

Las pocas personas que vinieron a visitarme en mi convalecencia no me ayudaban con sus frases de cajón; "Eres joven y tendrás muchos hijos" o "Estas cosas suceden a menudo". Nadie podía comprender lo que la pérdida significaba para mí, porque nadie sabía nada sobre mi pasado. De nuevo me convencí que el Holocausto me había marcado para el resto de mi vida.

Esa convicción, sumada a las pesadillas y a la pena, produjeron una depresión. Todo lo que hacía era dormir y llorar; me sentía muy sola y muy triste.

Pese al poco apoyo moral de Salo, mostró por lo menos un gesto caritativo: pagaría el viaje de Tía Anna desde Boston a Bogotá. Ella estaba en Boston visitando a su único hermano, mi tío David, a quien no había visto en cincuenta años. Esa casualidad fue mi salvación. Vino a quedarse con nosotros dos meses. Junto con Julia, mi empleada, preparamos el apartamento, ya amoblado, para su llegada. Su presencia y amor maternal levantaron mi ánimo considerablemente, y al final de la visita de Tía Anna, era casi yo misma de nuevo.

Un tiempo después de su partida, comencé a limpiar y organizar clósets y cajones; por accidente encontré unas cuentas del hospital. Pensé que Salo había olvidado pagarlas, y cuidadosamente leí lo que cobraban. Encontré un renglón que me dejó atónita: cubría el costo de cinco horas de oxígeno de incubadora. ¿Cuál incubadora? Tenía que haber un error. ¡Luego comprendí! De pronto, recordé los incidentes del hospital que lentamente comenzaron a plasmar un cuadro claro y resolvían el misterio. Casi me desmayo cuando deduje que mi bebita sí había nacido viva y que la monja que me había felicitado tenía razón—no era mi imaginación, ni una confusión de personas. Quienes me dijeron que había nacido muerta habían mentido atrozmente.

Tan pronto Salo llegó a casa, lo confronté con la cuenta. Con gran esfuerzo logró decirme la verdad. La bebé había nacido viva, prematura, e instalada en una incubadora, pero murió unas horas más tarde. Me sentí traicionada. Mis pesadillas tenían más sentido ahora y, de nuevo, me entregué a la pena y a la inconsolable tristeza, pero mi decisión de tener otro hijo se fortaleció.

El Doctor Rodríguez me aseguró una completa recuperación pero prohibió otro embarazo durante los siguientes seis meses. Le pregunté si podía sugerir un método de anticoncepción pero, indignado, me respondió, "Lo siento, pero como católico, va en contra de mi religión prescribir esas cosas".

Sus palabras fueron como un balde de agua fría. Jamás había oído de algo tan absurdo. Éramos jóvenes y recién casados; ¿qué se suponía que hiciéramos? ¿Practicar la abstinencia?

Obviamente, tres meses más tarde, a pesar de todas las precauciones tomadas, quedé embarazada de nuevo. Tanto como celebré el hecho de haber sido capaz de concebir otro bebé a pesar de todo lo que había pasado, me atemorizaba lo que podría pasar con un embarazo a destiempo. Estaba segura de que el doctor ordenaría un aborto, o que el bebé nacería prematuramente o con alguna anormalidad.

Mis temores me llevaron a un estado de gran nerviosismo que solo pudo ser controlado mediante tranquilizantes. No fue sorprendente cuando, en el tercer mes del embarazo, de nuevo aparecieron manchas de sangre, primer signo de un aborto. Estaba desolada. El doctor Rodríguez me dio un tratamiento hormonal y recomendó reposo absoluto, en cama.

Durante un mes Salo contrató una enfermera que cuidara de mí durante el día, a quien él reemplazaba de noche. El sangrado pasó a las pocas semanas y se me permitió sentarme durante periodos cortos, e incluso ir sola al baño. Pero debí permanecer la mayor parte del embarazo en cama.

Esa situación de completo aislamiento y soledad fue muy dura para mí. Fuera de una nueva empleada y una vecina, tenía pocas visitas y nada que me mantuviera ocupada durante el día. Para entonces Salo había rechazado a la mayoría de las pocas amistades que yo había entablado, e incluso se negó a dejar que algunas tuvieran acceso a la casa. Yo leía y dormía y leía y dormía, esperando un final feliz.

Al despertar una mañana noté una ronquera extraña. Al comienzo pensé que era un resfrío, a pesar de que luego descubrí que no lo era. Mi profundo tono de voz no cedió, de modo que consulté a varios especialistas. Encontraron que mis cuerdas vocales estaban inflamadas pero no conocían la causa del fenómeno. Supusieron que podía ser un efecto secundario del tratamiento hormonal. Esto me angustió particularmente, ya que el canto había sido siempre mi salida espiritual y me dolía no poder cantar como antes lo hacía. Mi voz me sonaba fea, masculina y poco atractiva, especialmente cuando me llamaban "señor" por teléfono. Esa voz permanece profunda hasta hoy día.

Julio 21, 1960. El sol brillaba y borraba todo el sufrimiento que había padecido hasta ese día. Con su primer llanto, mi hijo recién nacido trajo lágrimas de inexpresable felicidad a mis ojos. Sostener ese bultito rubio, de ojos azules, de siete libras de salud contra mi seno fue una experiencia mística. Era demasiado bueno para ser realidad. ¡Yo le había dado vida a otro ser humano! Con ese nacimiento comenzó un nuevo ciclo: una reencarnación de las cenizas del Holocausto, un reemplazo de las familias perecidas. Salo y yo estábamos extasiados. Le pusimos el nombre Michael, en memoria de mi padre, Mendel.

Como toda mamá, estaba aprensiva por la salud de mi primogénito, pero mi ansiedad estaba llevada al extremo. Un agazapado temor de perderlo me mantenía extremadamente alerta en el día, y despierta en la noche. Mi excesiva atención alrededor de Michael pareció crear un círculo vicioso: él se convirtió en un niño con cólicos y yo en una neurótica madre sobre protectora.

El patrón neurótico maternal tratando de proteger a mi hijo de algún mal invisible continuó. Era probablemente un trastorno emocional proveniente de los días de la persecución. Ahora que yo era una madre, no podía sino recordar la agonía de mi madre al perder a su hijo, mi hermano Bubi. Morbosamente me preocupaba el destino de Michael.

Sentía que la responsabilidad por otro ser humano, mi propio hijo, era una tarea difícil y atemorizante. Mi felicidad se vio ensombrecida por esta ansiedad.

Por esa época, Salo y yo discutimos la posibilidad de tener otro bebé, más que todo para darle a Michael un hermano. Definitivamente no queríamos que fuera hijo único, algo que era importante para los sobrevivientes del Holocausto. En 1963, tres años después del nacimiento de Michael—y luego de un embarazo normal—nació nuestra hija Liana. Su nombre honraba la memoria de mi madre, Lea. Nació el 21 de junio, día de mi cumpleaños, y fue el regalo más preciado que una madre pudiera recibir—una muñeca viviente.

La familia en Bogotá, Colombia, en 1966.

Antes del segundo cumpleaños de Liana, nos mudamos a un apartamento más grande. Pero aún este progreso y una vida más ocupada no disminuyeron mi añoranza por Israel. Salo sabía que no era feliz en Colombia, y esto creaba continuas tensiones en nuestro matrimonio.

Como si con esto no bastara, en 1965 Salo tuvo un infarto repentino. El miedo a perderlo me hizo dar cuenta de que a pesar de nuestra tensa relación, de una manera paradójica, él me importaba mucho. Yo siempre había reconocido sus buenas cualidades y mi lealtad hacia él como familia superaba todo lo demás, incluso mi insistencia por mudarnos a Israel. Afortunadamente, Salo se recuperó y reasumió su rutina; sin embargo, desde ese momento yo viví en constante miedo de que fuera a morir.

Me mantenía ocupada aprendiendo a jugar bridge, a hacer arreglos florales, coser, y recibir gente en mi casa, y mis hijos eran para mí una enorme fuente de alegría, pero aún me sentía muy infeliz en Colombia. Sabía, en lo profundo de mí misma, que aunque me resignara a quedarme, mis hijos, a pesar de haber nacido en Colombia, nunca serían aceptados como colombianos por su complexión rubia y por sus nombres. No pensaba que los colombianos fueran antisemitas o xenofóbicos; para ellos éramos simplemente *diferentes*.

Sucedió una y otra vez: cuando decían "Yo soy colombiano", escuchaban un comentario irónico como "Con esa piel tan blanca y ojos azules, no puedes ser colombiano—eres un gringo". No iba a permitir que mis hijos vivieran con ese sentimiento de desarraigo y no pertenencia. Gradualmente mi decisión de sacarlos se hizo más fuerte.

Mientras tanto, el comportamiento de Salo se había vuelto totalmente irracional, y culminó en amenazas de impedirme la relación con mis entrañables familiares. La situación se tornó tan terrible que le pedí el divorcio muchas veces, pero respondía siempre con una amenaza: "Puedes irte con tu ropa interior únicamente cuando quieras, pero los niños se quedan conmigo". Sin un lugar adonde ir, sin un centavo a mi nombre y con el peligro de perder a mis hijos, estaba atrapada.

Una de mis amigas que conocía mi problema sugirió que fuese a terapia con el doctor Jaime Villarreal. Por petición mía—y en contra de sus procedimientos psicoanalíticos ortodoxos—me permitió grabar mis experiencias del Holocausto. Cuando terminé me preguntó: "¿Se dio cuenta de que relató los eventos como si hablara de otra persona?". Era la primera vez que contaba mi historia con detalles, y lo había hecho con gran desprendimiento. Aparentemente conmovido, el doctor Villarreal sugirió que escribiera un libro. Le estoy agradecida por haber reforzado la idea que muchos, incluido Salo, habían sugerido. Cuando finalizó el tratamiento, había recuperado la confianza en mí misma.

El doctor sugirió también una terapia de pareja con su esposa, experta en ese campo. Logré convencer a Salo para que viniera conmigo. Pero al cabo de dos sesiones, la tildó de "perra" y se negó a volver. Sin muchas opciones, y consciente de que en Colombia no había la menor posibilidad de obtener un divorcio, era imprescindible abandonar el país.

Fuera de mis problemas personales, pude prever también los políticos que se avizoraban, aún antes de la época del tráfico de drogas y el terrorismo.

Le presenté a Salo mi plan de emigración como un ultimátum. Esta vez, debido a mi posición firme, no me menospreció sino que me escuchó con atención. Cuando había expuesto todos mis argumentos, accedió a ensayar a vivir en los Estados Unidos. Normalmente, los ciudadanos colombianos, y nosotros lo éramos, debían esperar durante años para que se les otorgara una visa. Yo no preveía nada distinto, pero la oportunidad de una nueva vida me daba esperanza y fuerza.

Al planear este paso, era consciente de un problema grande—mi fobia a manejar, que provenía de un incidente de mis primeras experiencias: por accidente golpeé un anden. "¡Necesitas otras trescientas lecciones de conducción antes de poder manejar!" dijo Salo, y lo dijo en serio. Sus gritos exagerados y su furia descontrolada me inmovilizaron de tal forma que dejé de conducir durante los siguientes doce años. Pero, enfrentada a la posibilidad de mudarme a los Estados Unidos, la necesidad de manejar se hacía patente. La motivación fue suficientemente fuerte como para emprender casi todo para recuperar mi confianza inicial. Me tomó un año de continua, paciente y calmada enseñanza por parte de un chofer colombiano a quien contraté para sobreponerme a esa fobia y manejar en el loco tráfico de Bogotá.

Con la aprobación de Salo, comencé a movilizar las cosas. Una era encarar el problema del negocio. Asumí que Salo vendría con nosotros y era cuestión de cómo manejarlo durante sus ausencias periódicas. Busqué y eventualmente encontré a un señor suizo—dueño de un almacén de artesanías colombianas—en quien, pensé, Salo confiaría. Llamó a Salo y le expuso su interés en asociarse con él. En efecto, ese encuentro resultó en una larga relación de mutua cooperación, y Salo sintió que podía salir de Colombia por periodos cortos.

Luego concerté una cita con la vice-cónsul de la embajada de Estados Unidos. Durante la entrevista de rutina, esta amable joven, cuando le conté algunas cosas sobre mi vida, pareció deseosa de ayudar. Estaba explicándome que la diligencia se demoraría un tiempo, cuando de repente, en medio de la frase, se detuvo. "¿Dónde me dijo que nacieron?", preguntó.

"En Rumania", respondí un poco aprensiva por el régimen comunista. "Déjeme llamar a Washington, porque creo que en el momento no hay cuota para Rumania", me dijo, levantando su palma derecha en señal de "Espere".

La llamada tomó menos de un minuto—un minuto que selló nuestro destino. Cuando colgó el receptor me brindó una gran sonrisa: "Señora Gold, tiene usted mucha suerte. En efecto, no hay cuota para los nacidos en Rumania, lo que implica que usted y su marido pueden conseguir su visa en unas pocas semanas. Una vez que les entreguen su residencia permanente, deberán viajar en el curso de seis meses".

"¡No lo puedo creer!" fue todo lo que pude decir. ¿Fue un milagro o simplemente buena suerte? Quién sabe.

Agosto 1, 1972. Llegamos a Miami, Estados Unidos, como nuevos inmigrantes. Una vez más, era un sueño hecho realidad. Era mi quinto país, mi cuarto continente, y aún teniendo cuarenta y dos años, estaba llena de expectativas para una nueva vida. Escogimos Miami por su proximidad con Colombia y porque la conocíamos por visitas anteriores. A mí me gustaba la democracia y la libertad del país, pero me sentía especialmente a gusto en Miami, con su mar, el clima cálido y la vida sin complicaciones. Los niños y yo estábamos contentos en nuestra nueva patria, pero Salo no. Viajaba cada dos meses, y cada vez que llegaba a Miami trataba de persuadirnos para que volviéramos. Alquilamos una casa amoblada y matriculamos a los niños en colegios públicos. Cuando estábamos ya instalados, Salo volvió a Bogotá, y los niños y yo comenzamos nuestra nueva vida.

El cambio repentino del ambiente protegido de un colegio privado a las clases grandes, impersonales, del sistema escolar de Estados Unidos, fue difícil para los niños. Sin embargo, Michael, de doce años y Liana, de nueve, se adaptaron pronto y les fue bien. Los dos entraron al programa de niños superdotados.

Luego, sin ninguna experiencia en negocios, y con un presupuesto limitado que me asignó Salo, empecé a establecer un negocio de artesanías de Colombia. Encontré un local en un segundo piso en una calle comercial. Me desbaraté trabajando ocho horas en él, cuidando de mi casa, sin ayuda, y atendiendo a los niños. Me convertí en importadora, compradora y vendedora, llevada por una sola energía: el entusiasmo. La presión era intensa.

Dos años más tarde, Salo finalmente aceptó que me iba a quedar y accedió a comprar una casa en Bay Harbor Islands, Florida. Me ayudaba, incluso, en el almacén en sus visitas periódicas. Después de años de largas horas de trabajo sin ver ningún beneficio, llegué a la conclusión de que no estaba hecha para el comercio. Lo que me molestaba especialmente era la cantidad de maniobras aceptadas pero faltas de ética utilizadas en la vida de los negocios. El ignorarlas iba contra mi carácter y quería salir de allí. Pero, para entonces Salo se había encariñado con nuestra pequeña boutique porque tenía un sitio adonde ir cada mañana. Aunque fuera tiempo y energía perdidos, no quería ni oír hablar de venderla. Luego el destino jugó otra broma: un día Salo fue tomado como rehén durante un atraco en el almacén. Ese miedoso incidente lo hizo cambiar de opinión y accedió a venderlo.

Comencé a pensar seriamente en volver a la enfermería, tras un lapso de veintidós años. Con el ánimo que me dieron mi hijo y una prima, me embarqué en el difícil empeño de prepararme para la Licenciatura de Enfermería de Florida. La parte burocrática fue casi tan complicada como los estudios, pues para entrar a la universidad surgió de nuevo el problema del diploma de bachillerato. Con mucho esfuerzo logré obtener mis calificaciones de homologación de Israel, y a la edad de cincuenta años volví a las aulas, esta vez con jóvenes estudiantes de enfermería. Tener que aprender la gran cantidad de nueva información hallada en las últimas tres décadas, además de refrescar los conocimientos de enfermería que había olvidado, era muy intimidante. Comprender el lenguaje académico en inglés implicaba también un gran esfuerzo. Durante varios meses me dediqué exclusivamente a estudiar. Echada en el piso con muchos libros a mi alrededor, estudiaba de ocho a diez horas diarias. Finalmente me presenté al examen y lo aprobé la primera vez. Decir que estaba eufórica no alcanzaría para describir lo que sentía.

Mi hija Liana, enfermera, y mi hijo Michael, neurólogo e investigador.

Mi primer puesto fue en el Hospital St. Francis, en Miami Beach. Trabajaba como enfermera de medio tiempo en un piso de medicina interna. Volver a mi profesión y ganar mi propio sueldo fue inmensamente gratificante. El éxito al obtener la licencia coincidió con otro logro: La compensación monetaria de Alemania. Tardó veinticinco años la obtención de una suma de dinero obscenamente pequeña, comparada con mi sufrimiento, pero ayudó a darme la tan deseada sensación de alguna independencia económica y fue un estímulo para mi auto-estima.

Poco después establecí nuevas amistades y una nueva vida social. Ingresamos a un grupo estimulante de amigos, algunos de los cuales estaban involucrados en el mundo de la música. En 1979, Salo y yo fuimos invitados a una velada musical en casa de unos amigos. Se presentó una orquesta de cámara de la Universidad de Miami y después de la función se suscitó una viva discusión. El tema principal era los estudiantes de música y la influencia que sobre sus carreras podían tener los maestros. Naturalmente, traje a colación la historia de mi difunto hermano y su profesor, el señor Samuel Flor. Tan pronto pronuncié el nombre, una señora de Nueva York se volteó y me preguntó: "¿Cómo dijo que era el nombre del profesor?"

"Samuel Flor", repetí.

"Lo conozco bien", dijo con satisfacción.

"Quiere decir que lo conoció bien", la corregí.

"¿Porqué utiliza el pasado?" preguntó. Le expliqué que Flor era un hombre a quien yo percibía como de mediana edad cuando era niña, y por lo tanto asumía que ya no estaba vivo.

"Lo que usted me está diciendo me confunde" me dijo, sacudiendo la cabeza. Se presentó como la Dra. Stella Saslow, pediatra de Czernowitz y amiga de los Flor. Me dijo que el profesor Flor estaba en sus setenta y vivía en Pensilvania con su esposa Gerti, pianista. Era también el director del Centro para las Artes y la Música de Vermont. "No puedo creer que esto sea cierto", dije a la mujer aparentemente divertida.

Prometió enviarme su dirección y número telefónico, y al cabo de pocos días recibí la información. Emocionada como una colegiala, lo llamé. "¡Hola! Es *Herr Professor* Samuel Flor de Czernowitz?" "Si", fue su sorprendida respuesta.

"¿El nombre de Bubi Glasberg le dice algo?" pregunté con voz temblorosa.

"Por supuesto, era mi mejor alumno. Tocó el concierto para violín de Bach en Radio Kishinev. ¿Quién es usted y dónde está él?"

"Soy su hermana Ruthi", dije en medio de lágrimas de emoción que amenazaban con ahogarme. "Bubi falleció en Transnistria".

"Te recuerdo, una niña rubia, con largas trenzas que se escondía debajo de la mesa durante las clases". De repente me sentí como si hubiera establecido contacto con el espíritu de mi amado hermano.

Nos mantuvimos en contacto y planeamos encontrarnos en Florida o en Nueva York, pero los planes fallaban vez tras vez. Apenas dos años más tarde pudimos concertar un encuentro en Nueva York. Antes de partir, me atreví a preguntarle si tenía fotos de sus alumnos, con la esperanza de ver una vez más a Bubi con su violín. Su respuesta fue negativa, pero prometió darme algo de genuino interés. A pesar de mi curiosidad no lo presioné para que me revelara de qué se trataba. Simplemente tomé el siguiente avión a Nueva York.

Ese preciso día el clima no fue bueno. Desde un oscuro cielo gris, un fuerte aguacero inundaba las bulliciosas calles de Manhattan. Con suerte, pude encontrar un taxi en la puerta de mi hotel. Llegué al restaurante previamente acordado con los Flor, quienes llegaban en su coche desde Abington, Pennsylvania, con ese mal tiempo. Lo reconocí inmediatamente, a pesar de que era una versión envejecida del hombre alto, rubio y guapo que recordaba. Su rostro se iluminó con la misma sonrisa que entonces, y la mirada pícara no cambió con los años.

Para aligerar los tensos primeros minutos, él comenzó a tomarme del pelo, como lo hacía cuando era niña. A pesar de que aún me divertía, lo que en el fondo quería, era llorar. Después de almorzar, le pedí que me contara todo lo que recordara de Bubi y generosamente me dio gusto. Me impactó su sorprendente memoria mientras contaba muchas viñetas sobre mi hermano. Después, yo les relaté la horrible experiencia de Transnistria y la muerte de toda mi familia.

Entonces el profesor Flor se puso de pie y me entregó un cartapacio. "Esto es para ti", me dijo. "Antes de la deportación a Transnistria, escondí mis papeles importantes en el jardín de un vecino en Czernowitz. Con buena fortuna, los encontré después de la liberación". Con manos temblorosas, lo abrí. Había varias hojas con recortes de periódico de las invitaciones a los conciertos de sus alumnos y cortas reseñas de su desempeño.

En un estado de gran agitación, regresé a mi hotel y cuidadosamente leí las reseñas, fechadas entre 1937 y 1940. No eran fotos pero, de alguna manera, evocaban imágenes. Al llegar a la última página, me helé de emoción. ¡¡Era la reseña del debut de Bubi en Radio Kishinev en Besarabia!! Era como un eco del pasado distante. Fue así como llegó a mis manos el recorte del *Morgenblatt*, del que di cuenta en un capítulo anterior.

Así como me había intrigado la suerte del profesor Flor, a menudo me preguntaba qué habría sucedido con otras personas cercanas de mi niñez.

En lo que más pensaba era en el destino de Ilse, mi amiga de infancia en Czernowitz, la niña alemana cuya familia había salido al comienzo del régimen soviético. En las décadas que siguieron, tal búsqueda parecía imposible, así que nunca la efectué. Pero la edad madura nos hace hacer cosas que en la juventud podrían no ser prioritarias. En 1979 decidí embarcarme en la misión de encontrar a Ilse y a sus padres.

No sabía ni por dónde empezar, así que resolví llamar al consulado alemán. Alguien me dijo que escribiera a la Cruz Roja y al periódico *Aufbau* de Nueva York, cosa que hice. Por fortuna, recordaba los nombres de los padres de Ilse y el de su negocio de lámparas Edison en Czernowitz. Dos meses después, me respondió la Cruz Roja; me pidieron más detalles y me aconsejaron tener paciencia.

Después de nueve meses, me informaron que habían ubicado a una Ilse Ulrich, Ilse Kaese para entonces, que vivía en Sontra, Alemania. Además, me enviaron una carta escrita por ella, en la que confirmaba los datos que yo había proporcionado.

Al día siguiente, recibí una llamada telefónica de una mujer perpleja que se preguntaba quién era Ruth Gold y porqué la estaba buscando. Cuando le dije que mi nombre era Ruth Glasberg, gritó, "¿La pequeña Ruthi, la niña con quien solía jugar, mi vecina?".

Pensé que me iba a desmayar de emoción. Mis gritos de alegría e incredulidad hicieron que mi familia se reuniera alrededor del teléfono de la cocina y todos se alegraron con el resultado de mi pesquisa. Ella se alegró tanto como yo y con pesar me contó que sus padres habían fallecido recientemente. Poco después me mandó una carta y fotos de cuando era niña. En efecto, era Ilse.

Le prometí visitarla y cumplí mi promesa el año siguiente. Yo estaba en Dusseldorf en una audiencia para la compensación, y desde allí viajé cinco horas en tren para encontrarme con Ilse. Nuestra reunión en la pequeña estación fue increíblemente intensa. Normalmente no nos habríamos reconocido en la calle, pero aquí, en esta plataforma solitaria, ella era la única que esperaba. Estábamos ambas tan emocionadas que no podíamos encontrar las primeras palabras, así que, simplemente, lloramos la una en brazos de la otra.

Más adelante me di cuenta de que Ilse tenía apenas un vago recuerdo de mí. Era dos años menor que yo y no recordaba mucho sobre su infancia. Esto hizo que la visita fuera difícil, para no decir decepcionante. Intercambiamos información sobre nuestras vidas pasadas y presentes, con lo que me enteré que estaba a punto de divorciarse y que, fuera de sus dos hijos, no tenía familia.

Ilse me contó que fueron forzados a salir de Czernowitz en 1940, después de la anexión soviética de esa parte de Rumania. Su padre había sido llamado como oficial de reserva al ejército alemán, su madre siguió trabajando en el consulado alemán. Ella fue dejada donde unos conocidos en Praga. Luego, su padre la recogió y los dos terminaron en un campo de tránsito de Silesia en Polonia.

Su madre salió como una de las últimas nacionales alemanas y se reunió con ellos. Su padre logró manejar un almacén de lámparas en la Alta Silesia hasta que las tropas soviéticas avanzaron sobre el área. En ese punto, él tuvo que quedarse a ayudar al Reich, mientras Ilse y su madre huían hacia Berlín. Allí las encontró su tío y las llevó al pueblo de Sontra. Antes del fin de la guerra, su padre se reunió con la familia.

Entre otras cosas, me habló de un problema particular que enfrentaba en ese momento: el de la discriminación por parte de los de la misma nacionalidad—una lección en otro feo aspecto del carácter humano. Dado que los Ulrich eran refugiados de Rumania, Volkdeutsche, y no Reichdeutsche (alemanes que vivían en Alemania), la gente del pueblo los llamaba "Gitanos". Como nadie le creía lo que decía sobre la privilegiada posición previa de su familia, invitó a sus amigos a escuchar mis historias sobre su vida antes de la guerra. Yo era la primera y única testigo de su niñez. Me alegró haber contribuido un poco a su rehabilitación.

Volví a Miami un poco desilusionada, pero pude validar una etapa de mi infancia y sacarla de mi sistema. Ilse y yo nos escribimos unas pocas veces, pero a la larga, perdimos contacto.

A través de los años continué viajando a Israel, cultivando mi relación con amigos y familiares allá. Al mismo tiempo, Salo y yo manteníamos una tenue amistad. Los niños eran grandes ya, y estudiaban en la Universidad de Miami, Michael, pre-médico, y Liana en la Escuela de Enfermería.

No había vuelto a Israel en cinco años y, ahora que tenía algún dinero propio, decidí ir de visita, especialmente porque Tía Anna estaba envejeciendo y debilitándose. Incluso invité a Salo para que viniera por mi cuenta. Aceptó dudoso.

Después de un mes, Salo volvió a Miami y yo me quedé aún unas semanas para visitar a algunas personas. Quería también pasar más tiempo con Tía Anna, pues sentía que sería la última vez que la iba a ver (de hecho, murió unos meses más tarde).

Regresé a Miami y fui cofundadora de la WIZO (Organización Sionista Internacional de Mujeres) de Miami, en 1982. Ya no trabajaba en el hospital, pues era demasiado difícil para una persona de mi edad.

En la noche del 3 de junio de 1982, estábamos todos viendo un concierto especialmente televisado por las orquestas filarmónicas de

Nueva York y de Israel, bajo la dirección de Zubin Mehta. Cuando finalizó, todos nos fuimos a dormir.

Alrededor de las dos de la madrugada, Salo me despertó, quejándose de un fuerte dolor en el brazo izquierdo. Le había dado otro infarto. Rápidamente lo llevamos a la sala de emergencias, pero todos los esfuerzos por salvarle la vida fracasaron. Cuando me notificaron su muerte, me sentí destrozada y lloré. Era la primera persona con quien mi vida estuvo entretejida durante veinticinco años, y a pesar de nuestras dificultades, estábamos muy apegados. Era también la primera persona de mi familia nuclear—fuera de tíos y tías—desde la muerte de mis padres y mi hermano.

Mis hijos no podían comprender mi prolongada depresión. Mi pena fue más profunda de lo que yo anticipaba y duró varios años. El golpe de la muerte de Salo probablemente provocó la necesidad, reprimida hasta ahora, de trabajar el duelo que no pude vivir durante el Holocausto debido a que mis emociones estaban entumecidas. Mi duelo no fue únicamente por Salo, sino por mi familia que nunca fue enterrada.

Como si esa pérdida no fuera suficiente, unos meses más tarde mi hija emigró a Israel a terminar sus estudios de enfermería y mi hijo regresó a su escuela médica. Para sobreponerme a este difícil periodo de viudez y nido vacío, volví al trabajo en la consulta externa del Hospital Mount Sinai en Miami Beach. Allí, junto con mis deberes como enfermera, fungía como intérprete en varios idiomas para pacientes y médicos. Sentirme necesitada y capaz de ayudar, no fue solamente gratificante; también renovó mi motivación para seguir adelante.

También en ese periodo comencé a acariciar la idea de escribir mis memorias. Incluso le prometí a mi hijo hacerlo como resolución de Año Nuevo. Pero en cuanto comencé a escribir sobre mi familia, no pude continuar. Corrían ríos de lágrimas; me deprimía y posponía el proyecto. Periódicamente intenté plasmar mis experiencias sobre papel, pero el patrón se repitió, hasta que en 1991 finalmente reuní todo mi valor y perseveré en mi resolución, a pesar del profundo dolor y desconsolado llanto que me producía el escribir.

De Vuelta a Mis Raíces.

CAPÍTULO 16

Cuando de un remoto pasado, muertos los seres, destruidas las cosas, sólo quedan, por largo tiempo aún, frágiles pero más vivaces, más inmateriales, más persistentes, más fieles, el olor y el sabor, como almas, recordando, esperando, anhelantes, entre las ruinas de todo lo demás, cargando sin flaquear sobre su gotita casi impalpable el edificio inmenso del recuerdo.

MARCEL PROUST

Después de la muerte de Salo y la partida de los niños de casa, el constante leitmotiv *completamente sola en el mundo* reapareció en mi vida. A pesar de mi trabajo y otras responsabilidades, me sentía nuevamente huérfana.

Este sentimiento se intensificó al revivir mi pasado mientras luchaba al escribir los primeros capítulos de este libro. Esto, a su vez, provocó un renovado y más intenso anhelo de conectarme con mis raíces. Yo deseaba regresar, aunque fuese solo temporalmente, al lugar de donde vine. Sentía una fuerte necesidad de validar mi previa existencia como la de una niña cualquiera —amada, con una familia y un hogar—así como validar la tragedia que siguió, para detener el ciclo de dolor.

Desde entonces he olvidado muchas cosas importantes que han ocurrido, pero extrañamente *sí* recuerdo la más minúscula flor, los aromas, los sabores y sonidos de cosas desvanecidas desde hace casi medio siglo. Como una fuerza secreta, estas rememoraciones de mi paraíso perdido parecían llamarme continuamente de vuelta.

A través de años de alegrías y penas, tuve muchos sueños repetitivos con el mismo tema: la búsqueda de gente y lugares que me procuraron una infancia feliz.

Algunas veces me veía regresando a la granja de mi abuelo, encontrándola reemplazada por una atareada y extraña estación veraniega.

A pesar de todos estos cambios, yo todavía buscaba un punto de referencia familiar, o un mueble. A menudo, efectivamente encontraba un ligero recuerdo de cosas que alguna vez fueron.

Por extraño que parezca, dentro de todos los paisajes distorsionados, el pequeño riachuelo Teplitza continuaba corriendo imperturbable en el mismo sereno escenario pastoril. Y el venerable, antiguo puente de dos troncos, era todavía la única manera de cruzarlo.

El sueño más curioso era uno en el cual oía el lindo y melódico sonido del alto reloj de péndulo que solía estar en el cuarto de mi abuelo. Yo seguía el sonido, pero en ninguna parte podía encontrar el reloj, único recordatorio del tiempo dentro del, por lo demás, ocioso mundo de mi paraíso.

¡Cómo deseaba verlo todo otra vez! Pero durante el periodo de la Guerra Fría, aún si hubiese tenido el dinero para viajar, hubiera sido imposible por las restricciones impuestas a los extranjeros dentro de la Unión Soviética. Cada vez que trataba de obtener un permiso, la Agencia Soviética de Intourist me contestaba lo mismo: "Estas ciudades y aldeas no tienen hoteles". En otras palabras, Intourist, que era como una rama de la KGB, no podría mantener un ojo vigilante sobre los extranjeros en estos pequeños lugares. Más tarde, los comunistas abrieron las ciudades grandes para algunos turistas elegidos, pero todavía restringían el acceso a poblaciones más pequeñas. Así que aún teniendo los medios, yo no hubiera podido visitar Bershad o Milie.

Solamente después de la *Perestroika*, me atreví a llamar a la embajada Soviética en Washington explicando mi petición. Esto resultó. Hablé en ruso con una empleada inteligente y empática. Ella escuchó mi apremio y ofreció unos valiosos consejos. Sugirió que escribiera a los directores regionales del Intourist pidiéndoles permisos de un día para visitar Milie y Bershad. Siguiendo su consejo, inmediatamente escribí unas cartas conmovedoras a dos de estos directores, y seis meses más tarde me otorgaron finalmente los permisos.

El 2 de Junio de 1988, acompañada de mis primos americanos, Rita Farrel y Al Katz, me embarqué en una travesía hacia mi pasado. Era mi primer viaje detrás de la Cortina de Hierro en más de cuarenta años.

Nuestra primera parada era Bucarest, Rumania. Allá es donde esperaba encontrar la edición del periódico *Romania Libera* donde, en una abreviada versión, se publicaron mis sufrimientos en Bershad durante la guerra (la única copia que yo poseía se había perdido en el naufragio de 1946). Yo quería tener ese documento como prueba que los niños *sí* recuerdan sus experiencias y que sus historias no son producto de la imaginación o fantasías.

Bucarest estaba tenebrosa y deprimente; por todos lados se podía percibir el régimen opresivo de Ceausescu. Los almacenes tenían poca mercancía, toda de mala calidad; tiendas de comestibles exhibían algunas latas de remolacha, repollo y sardinas. Radicalmente cambiada, la ciudad ya no poseía los elegantes bulevares bulliciosos con gente bien vestida. El regocijo y el ánimo desaparecieron, sólo se escuchaba el imperante murmullo "¿Dólares para cambiar?".

Alrededor de los hoteles un tempestuoso mercado negro prosperó, a pesar del riesgo que presentaba la eterna presencia de la policía secreta.

Adentro de nuestro hotel, sospechamos que nuestras habitaciones tenían micrófonos ocultos. Pero esto no desanimaba a Rita para expresar en voz alta su crítica. Ella echaba un vistazo al techo y gritaba "¿Me están oyendo allá arriba?".

El segundo día, los tres fuimos al edificio del periódico *Romania Libera* para iniciar la búsqueda de mi artículo. Al entrar al vestíbulo, nos detuvo un guardia viejo y desdentado. Por mucho que trataba de explicarle quiénes éramos y lo que queríamos, él no nos dejaba pasar. Rita, que era periodista, utilizó todos los trucos de su oficio para hacerlo cambiar de idea, pero fue en vano. Finalmente, sucumbió a nuestras súplicas e hizo algunas llamadas telefónicas. La única persona disponible esa tarde era un periodista, quien vagamente prometió averiguar el asunto. Frustrados, nos fuimos.

Sorprendentemente, al día siguiente recibí una llamada del periódico, explicándome que la única manera en la que podría obtener una copia del artículo, era buscarlo en los archivos del mismo periódico. Después de un sinnúmero de llamadas, mi petición fue aprobada.

Al entrar al edificio de los archivos, fui escoltada hasta la oficina del supervisor. El insistió en interrogarme, preguntando qué era específicamente lo que venía a buscar, y porqué. Después de contarle mi historia, le mostré una copia en papel carbón de mi manuscrito original. El la miró, pero parecía tener algunas dudas sobre mis verdaderas intenciones, probablemente pensando que yo era una espía americana.

Para convencerlo de que no lo era, decidí leerle el último párrafo de mi manuscrito en el cual describía mi repugnancia por los fascistas rumanos y mi dicha de poder regresar a Rusia. Instantáneamente, su cordial disposición se convirtió en rabia. "No, cambié de opinión", dijo. "No la voy a dejar entrar a los archivos".

Quedé atónita. Sin embargo, no iba a ceder. Lo amenacé con recurrir a una autoridad más alta, diciendo que como ciudadana americana, apelaría a la embajada de los E.U. Esto funcionó. Media hora después, un joven me trajo a la sala de lectura aproximadamente sesenta periódicos fechados de diciembre de 1944 hasta enero de 1945. Había pedido tantos porque no recordaba la fecha exacta de publicación. Esta fue una nueva experiencia para mí, y con gran entusiasmo comencé a ojear despacio y cuidadosamente los papeles amarillentos. Me tardé tres horas para buscar en todo ese montón. Para mi amarga desilusión, no encontré el artículo. Primera meta—primer fracaso. Estaba tan deprimida, que la única cosa que pude hacer para levantar mi ánimo, fue hacer turismo. Así que me uní a mis primos e hice exactamente eso.

Dondequiera que yo estuviese expuesta a los sonidos y sitios de interés de la cultura rumana, me sentía abrumada de nostalgia. Sin embargo, el ambiente deprimente de Bucarest desalentó nuestro entusiasmo. Así que estábamos felices de marcharnos al cabo de unos días.

Emprendimos un viaje de doce horas de Bucarest a Czernowitz. El tren, que salió de Sofia, estaba repleto de búlgaros, rumanos y rusos, sobre todo campesinos sobrecargados de bultos y canastas. Los vagones apestaban, estaban sucios y no eran del todo lo que se esperaría según los estándares occidentales.

Al entrar en nuestro compartimiento observamos cuatro colchones descubiertos y sucios sobre las literas. La idea de dormir sobre ellos nos repugnó y nos preguntamos cómo pasaríamos la noche. Media hora más tarde, una mujer de expresión severa, encargada de la hospitalidad, apareció con un bulto de ropa de cama. Nos dio a cada uno un juego limpio de sábanas y fundas de almohadas, después de lo cual nos acomodamos para dormir.

Alrededor de las dos de la madrugada fuimos despertados por inspectores uniformados queriendo revisar nuestros pasaportes. Lo que debería haber sido un procedimiento simple, se convirtió en un calvario de dos horas. Fuimos sometidos a un largo y riguroso registro. Ellos chequearon cada papel, cada prenda, no dijeron nada y se fueron.

Antes del amanecer, el tren aminoró la velocidad y luego se detuvo. Al mirar por la ventana, nos dimos cuenta que nos encontrábamos en una pequeña estación llamada Seret. Casualmente, era la misma ciudad fronteriza del lado de Rumania a la cual nosotros, los judíos de Czernowitz, habíamos llegado en 1946. Sentí un nudo en el estómago. Estaba cerca de mi ciudad natal.

Una nueva tripulación de inspectores vestidos de civiles—esta vez Ucranianos—abordaron el tren. Ellos fueron aún más meticulosos que los rumanos. Joyas, relojes, cámaras y dinero debían ser registrados para impedirnos venderlos en la Unión Soviética. Cada "Traveller's Check" y billete tenía que ser declarado. Además, una mujer del Intourist que hablaba inglés nos llamó uno por uno a un compartimiento desocupado para interrogarnos. Cuando llegó mi turno, le hablé en ruso, contándole las razones de mi retorno a los lugares de mi niñez, así como al lugar donde en tiempos pasados se encontraba el campo de concentración de Bershad. Ella mostró una sincera compasión y me deseó buena suerte.

Mientras tanto, el tren se mantuvo detenido en la estación durante horas sin que nadie nos indicara cuándo podríamos continuar el viaje. Más adelante nos explicaron que, como medida de seguridad, fue necesario cambiar las ruedas a un diferente calibre para adaptarlas a los rieles más anchos del la Unión Soviética. Después de lo que pareció una eternidad, el tren salió lentamente de la estación y pronto estuvimos al otro lado: Bukovina del Norte—ahora Ucrania.

El aura del amanecer, el monótono ritmo de las ruedas y el aroma del aire montañoso, fresco y vigorizante, despertaron en mí un torbellino de emociones, recordándome mis viajes a Milie. Ahora, como entonces, los campesinos venían a cada pequeña estación a vender manzanas encurtidas, dulces y otras mercancías. El mismo tramo de tierra, el mismo escenario rural llenaba mi corazón de nostalgia. Casi cincuenta años habían transcurrido, pero a medida que nos acercábamos, las asociaciones se volvían más y más intensas.

Las afueras de mi ciudad natal aparecieron lentamente a la vista. Con unos estridentes silbidos, el tren rodó hacia Czernowitz, ahora llamada Chernovtsy.

Inmediatamente reconocí la estación. Mis emociones se agitaron tan de prisa, que a duras penas pude contenerlas. ¿Qué voy a sentir al encontrarme cara a cara con mi pasado?

Un chofer del Intourist nos encontró y nos dijo que tuvimos suerte que pudo recogernos a última hora, porque ninguno de nuestros comprobantes había llegado al hotel. Sólo después de que el Intourist de Seret llamó al hotel para alertarlos de nuestra llegada, lo llamaron a su casa y le pidieron que nos recogiera.

Observando a la multitud circulando dentro de la estación férrea, noté el cambio radical en la población étnica, en especial el predominio de ucranianos. Esa ya no era la Czernowitz de mi infancia; me sentí como un extranjero en su propia casa.

Recorriendo el centro de la ciudad, reconocí muchas calles y casas, pero a medida que nos alejábamos del centro, me sentí totalmente desorientada. Una ciudad completamente nueva se había desarrollado en la periferia. Hasta nuestro hotel, el Cheremosh, era una edificación moderna de muchos pisos, el único de este tipo en Czernowitz.

Nos enteramos pronto que, debido a la ausencia de los comprobantes, nuestras habitaciones no estaban listas y que nuestras reservaciones para el resto del viaje no eran válidas. Pedí una cita con el señor Chorney, director del Intourist, la misma persona a quien le escribí acerca de mi permiso para visitar Milie. Era un hombre tan amistoso y cálido en persona como lo fue en su correspondencia conmigo. Consciente del error, trató de hacer todo lo que estaba en su poder para resolver el problema. "No se preocupe", dijo. "Vaya a comer algo y salga a pasear un rato, mientras yo llamo a Moscú y arreglo todo". Aparentemente lo hizo, y más tarde nos llevaron a nuestras habitaciones, pequeñas, pero agradablemente decoradas con artesanías tejidas por manos locales.

Con cada momento que pasaba, me ponía más y más ansiosa de visitar nuevamente sitios familiares, así que a pesar del agotamiento, decidí salir, arrastrando a Al conmigo. Sin la menor idea de cómo llegar al centro, tomamos un autobús, pidiéndole al chofer que nos dejara cerca de la calle principal cuyo nombre, asombrosamente, yo todavía recordaba. Nos hizo descender en una plaza enorme, rodeada de un parque con un monumento de "Victoria" dedicado a los héroes Soviéticos. Yo estaba totalmente perdida. ¿Dónde estaba? ¿Cómo se llamaba esta plaza antes?

Afortunadamente tenía instintos que me guiaban, y ellos me llevaron directamente a la famosa *Herrengasse*, irreconocible ahora que era una calle comercial, llamada *Kobilianskaya*. Estaba cerrada al tráfico, bordeada por algunas sombrías tiendas, en su mayoría librerías. Había también un lúgubre supermercado, una panadería y algunos deteriorados restaurantes. Una pesada melancolía se apoderó de mí. Con resignación acepté la nueva apariencia de esta elegante y otrora bulliciosa calle. Los bonitos edificios de la plaza principal y los de la vieja ciudad todavía reflejaban la destreza de los arquitectos que las construyeron durante un tiempo glorioso. Pero ahora se veían desvencijados, con sus rejas rotas y torcidas, y sus jardines abandonados cubiertos de hierba.

Aquí y allá encontré tiendas y cafés que solía visitar con mis padres; estos todavía se parecían a como lucían originalmente, pero sin el mismo espíritu. Mirando hacia atrás con nostalgia mi desvanecida niñez, recordé los pequeños placeres que esta ciudad ofrecía. Una imagen recordada provoca otra y otra, y todas contenían el encanto de tiempos más felices.

Esta era mi ciudad adorada, y todavía albergaba un fuerte sentimiento para con ella, a pesar de los cambios. ¿Hay algo malo en amar mi ciudad natal, mi país natal, tras haber sido cruelmente deportada de éste? Para entonces había vivido en una multitud de lugares, pero Milie y Czernowitz son aquellos donde está mi corazón y donde mis raíces son más profundas.

Al caminar por los mismos andenes que de niña pisaba, cada casa y cada señal que reconocía detonaba una vívida memoria. Todo me parecía fantasmal. Sólo la observación de mi primo, que sentía hambre, me sacó de mis ensueños. Encontramos un restaurante para almorzar, después de lo cual planeamos ir a un museo y a comprar boletos para un ballet de la India. Pero lo que de verdad deseaba más que todo, era ver mi antiguo apartamento.

"Al, ¿tenemos que ir al museo?", pregunté. "Yo más bien preferiría visitar mi viejo apartamento".

"Voy a ir contigo", ofreció mi primo, y partimos.

Estaba lloviendo cuando salimos al andén mojado. Para mi gran sorpresa, descubrí que me encontraba cerca de la calle que conducía hacia mi viejo vecindario. Allá mismo estaba el viejo kiosco que alguna vez estuvo abastecido de frutas y otras mercancías, y que ahora era solamente una choza vacía.

Bajo el paraguas protector de Al, yo guiaba con confianza hacia mi vecindario. Al querer tomar una foto, mi cámara no funcionó, como si hubiese sido embrujada por toda la excitación. Mis emociones se hinchaban con cada casa que iba reconociendo. Hubiera podido pensar que el tiempo se detuvo, si no fuese por los nuevos nombres de las calles. La nuestra se llamaba ahora Zhdanova.

Al fin estuvimos frente a mi edificio, antes la gloria de nuestro barrio, ahora una vieja y ruinosa morada con las ventanas rotas, tapadas con madera contra chapada, sus andenes quebrados. Miré a Al y le pregunté, "¿Me atrevo a entrar?".

"¡Vaya!", dijo en tono alentador. Y así, seguida por Al, subí esas escaleras que me eran tan familiares hasta llegar a nuestro piso. Allí, como por coincidencia, tres niñas adolescentes estaban charlando delante de la puerta abierta de lo que una vez fue *nuestro* apartamento. Yo estaba turbada y tenía dificultad para pronunciar alguna palabra. ¿Cómo podría explicarles el motivo de mi visita? Con gran dificultad pregunté quién ocupaba ese apartamento.

Una de las niñas dijo, "yo, y mi nombre es Ida". Ella tenía diez y siete años y vivía ahí con su familia de cuatro personas—igual que la mía. Tragando mis lágrimas, traté de decirle que hace casi cincuenta años yo solía vivir en ese mismo apartamento con *mi* familia y le estaría muy agradecida si me permitiera verlo una vez más. Ida era muy agradable y nos invitó a entrar, momento en el que sus amigas se marcharon.

Yo quería tomar fotos, pero otra vez mi cámara no funcionó. Esto me indispuso terriblemente. Ida prometió dejarme regresar dentro de tres días, cuando ella habría terminado sus exámenes. Afortunadamente, yo tenía una cámara Polaroid en el hotel que podría usar entonces.

Con Al e Ida siguiéndome, yo señalé dónde estaban los muebles y traté de pintarles un cuadro de nuestro hogar. Mis emociones llegaron al máximo cuando me acerqué a la estufa de baldosas, al lado de la cual solía estar mi diván. Era una especie de estufa vertical de azulejos de piso a techo, la misma donde Papa calentaba el edredón con el cual me tapaba en las noches frías del invierno.

*Después de 47 años tocando de nuevo la inolvidable estufa
de baldosa de nuestro viejo apartamento en Czernowitz.*

Abrí la crujiente puerta de hierro. Para mi gran asombro, adentro había un quemador de gas en lugar del carbón o la leña que nosotros usábamos. Todavía acariciando la estufa fría, como si solo con tocarla pudiese reproducir las sensaciones de una infancia mimada y protegida, me colapsé en una silla cercana. El río de lágrimas no cesó de fluir por algunos minutos, abrumada por este contacto físico con mi pasado.

Me fijé con cariño en las puertas dobles acristaladas y en el parqué sobre el cual caminábamos. Casi pude ver a Mama puliéndolo meticulosamente con los dos cepillos montados sobre sus zapatos. Al caminar hacia el balcón de la cocina, miré afuera con la esperanza de ver el jardín que alguna vez lució adornado de flores. Pero todo lo que quedaba era un patio cubierto de hierba alta.

De repente, algo irreal me llamó la atención. El descubrimiento asombroso me hizo bajar corriendo hacia el jardín. ¡Allí estaba! La barra horizontal de hierro sobre la cual todos los inquilinos solían sacudir el polvo de los tapetes y sobre la cual, nosotros los niños, ejecutábamos nuestras proezas acrobáticas. Estaba igual que hace más de cincuenta años. Se me erizó la piel al tocarla. No había otros recordatorios de los anteriores habitantes, su idioma o su cultura, únicamente quedaron objetos inanimados, fijos, como esta barra alta. Saliendo del edificio, miré al otro lado de la calle hacia donde estaba el inmueble donde vivían Reli y Friedl; una hilera entera de nuevas construcciones asaltó mi vista.

Mi próximo objetivo era visitar Milie lo más pronto posible, pero el señor Chorney aconsejó esperar un par de días hasta que pasaran las fuertes lluvias. Dos días más tarde organizó nuestro viaje; puso a nuestra disposición un automóvil Volga y un chofer del Intourist. Mi entusiasmo era enorme. También mis primos estaban ansiosos de ver el pueblo natal de su padre. Iniciamos nuestro viaje a través de pequeñas aldeas inalteradas por el tiempo. Carretas y carruajes tirados por caballos, mujeres viejas arreando ganado a la orilla de la carretera, exactamente como entonces. El cielo se oscureció y otra vez empezó a llover muy fuerte. Teníamos la esperanza que pronto escamparía, pero el aguacero empeoró.

Queríamos parar primero en Banila, una aldea vecina de Milie. Su cementerio solía ser utilizado por las dos aldeas y allí estaban enterrados nuestros abuelos. Después de recibir algunas indicaciones de una campesina, lo encontramos rápidamente.

Los monumentos todavía estaban ahí, a pesar de que muchos se habían caído, o estaban ladeados. La vegetación era tan alta que ocultaba las antiguas lápidas, y por la lluvia era difícil aplanar la hierba para poder leer cada nombre. Buscamos ansiosamente los monumentos de nuestros abuelos. Pero como era la costumbre en aquellos tiempos, las lápidas judías eran idénticas en forma y tamaño y sólo tenían inscripciones en hebreo. Afortunadamente mi hebreo resultó útil para descifrar los nombres.

Después de una larga búsqueda, felizmente encontré la lápida de nuestro abuelo con "Littman" grabado en letras grandes. Su apellido "Katz" proviene del acrónimo hebreo "Kohen Tzedek", una referencia a los "Sacerdotes Justos" descendientes de Aarón, el primer alto sacerdote de los israelitas. Antes de continuar hacia Milie, tomé una foto del monumento de mi abuelo y de todo el cementerio. No logramos encontrar el monumento de nuestra abuela Reisel. Empapados hasta los huesos después de una hora de inútil búsqueda, nos dimos por vencidos.

Pronto leímos una señal vial que decía "Milievo", el nombre ruso para Milie. Mi excitación ahora fue ilimitada. Estaba feliz, ansiosa, triste y, a la vez, asustada. ¿Qué es lo que realmente esperaba encontrar?

¿Como sería entrar a mi paraíso perdido, desprovisto ahora de sus habitantes judíos?

Estaba segura que al ver la estación de ferrocarril, encontraría con facilidad el camino hacia la casa de mi abuelo. Pero, igual que en mis sueños repetitivos, el trazado se veía diferente, y una vez más estaba desorientada. Afortunadamente se me ocurrió que Milie debería tener un ayuntamiento y le pedí al chofer que nos ayudara a encontrarlo. Esperaba que alguien allá supiera cómo llegar a la finca de mi abuelo.

Al fin encontramos el ayuntamiento en una casa pequeña de la calle principal.

Me acerqué a la joven secretaria sentada detrás de un escritorio.

"Por favor, ¿podríamos hablar con el alcalde?", pregunté.

"Salió a almorzar. ¿Cómo podemos ayudarles?" preguntó ella. Por un momento estuve casi tentada de preguntar a la secretaria—demasiado joven para saber—las indicaciones para llegar a la casa de mi abuelo, que probablemente no existía más. En su lugar, decidí preguntar por un aldeano, quien fue el socio del molino con mi abuelo, el único nombre que recordaba. "¿Alguien aquí conoce a Ostashek?"

"¿Cuál de ellos?", inquirió. "Tenemos un Vasili, un Gregory, etc. etc." ¿Cómo podría saber su nombre? Después de cincuenta años, esto era demasiado para recordar. Además, pensé, ¿para qué serviría, si el viejo debía estar muerto ahora, si fue el socio de mi abuelo?

"Hay un Ghiorge Ostashek cerca de aqui", ella felizmente anunció, y ofreció llevarnos allá. Subió a nuestro automóvil, guió al chofer hasta la casa de Ostashek, a pesar de que estaba solamente a unos metros de distancia.

Entramos a un patio fangoso con una bomba de agua comunal en el centro. Frente a la casa había varios establos con cerdos y conejos, y una choza repleta de troncos de leña.

Un presentimiento inquietante se apoderó de mí al anticipar el encuentro con un eslabón vivo hacia mi niñez. Guiados por la secretaria, entramos a la casa. Una mujer robusta de cierta edad, llevando una *babushka* azul floreada sobre sus cabellos, nos saludó con una obvia, pero amable perplejidad. Al pie de la cama de madera, cubierta con esmero, y adornada con dos almohadas de encaje, un hombre viejo estaba sentado fumando un cigarrillo. Como era típico en esa región, las paredes de esta humilde pero confortable casa, estaban decoradas con *kilims* tejidos a mano con motivos locales muy coloridos.

Contrastando con el más bien primitivo escenario, estaba un televisor de veinte pulgadas, que transmitía en vivo el encuentro histórico entre el presidente Reagan y Gorbachev. Dos varones adolescentes estaban sentados mirando el programa con gran interés. Sorprendidos de oír a una americana hablando ucraniano, me miraron con curiosidad mientras le contaba al viejo que yo era la nieta de Littman Katz y que buscaba a Ostashek, el socio de mi abuelo. "¿Cuál de los Ostashek es usted?", le pregunté.

"El fue mi tío, pero está muerto. Yo soy Ghiorghe Ostashek", contestó. Aparentemente conmovido por mi repentina aparición, agregó. "Yo me recuerdo de Littman, de sus hijos Lea, Anna, Moishe y David". Su esposa, Katherina, agregó orgullosamente que ella también los recordaba. ¡Esto era demasiado! Yo no podía creer que todavía viviera alguien que hubiese conocido a nuestra familia. "Ustedes son unos huéspedes muy queridos. Tenemos que brindar en honor a esta ocasión", dijo Katherina con sincero entusiasmo, ofreciendo una ronda de vodka.

Originalmente, todo lo que nosotros queríamos, era la dirección para llegar a la casa de Littman, pero las cosas tomaron otro rumbo. Rita, toda una periodista, grabadora en mano aprovechó la oportunidad de preguntar a Ghiorghe si podría contarnos sobre la masacre de los judíos en Milie.

De mala gana contestó. Yo traduje las preguntas de Rita del inglés al ruteno, y viceversa. El viejo nos dio su versión. Mientras él hablaba, el nombre "Ostashek" de repente me sonó: había oído de los sobrevivientes que uno de los Ostashek fue el líder de esas matanzas. Yo necesitaba oír de primera mano un testimonio verbal acerca de la masacre directamente de la boca de un aldeano no judío. Tuve que controlarme para no quebrarme.

Charlando con Ghiorge Ostashek (centro), uno de
los testigos sobrevivientes de la masacre en Milie.

"Ay, aquel viernes", exclamó él, "nunca olvidaré la noche de aquel viernes. Los judíos estaban sentados en sus casas rezando en la cena del *Shabat*, cuando de repente oímos un gran '¡Hurra!'. Los *Benderovtzes* (una pandilla de bandidos de las montañas denominados así por su líder Bendera) irrumpieron en las casas judías. Mataron a todos los que estaban a la vista. Yo corrí a la casa de mi padre para esconderme, porque todos estábamos en peligro. Los campesinos locales no le hicieron daño a nadie; fueron los *Benderovtzes* quienes llevaron a cabo la matanza".

"¿A cuántas personas mataron?" pregunté.

"Alrededor de ciento cuarenta a ciento cincuenta, incluyendo los niños".

"¿Todos fueron judíos?"

"Todos, fuera de la esposa y los niños de un aldeano comunista. El se escapó, pero a ellos los mataron".

"¿Qué pasó luego?"

"¡Oh! Eso fue terrible. Cuando salimos al siguiente día, los *Benderovtzes* desaparecieron, pero había muertos por todas partes. Nosotros recogimos los cadáveres y los enterramos en una fosa común.

"¿Hay algún monumento allá?"

"No. Hay sólo un monumento en el cementerio cristiano, erigido por las autoridades soviéticas, para la esposa y los niños del aldeano comunista".

El tratamiento diferente de los muertos me enfureció. "¿Dónde está la fosa común de los judíos?"

"Al pie de la montaña, cerca del cementerio cristiano".

Su versión de la masacre, tan distinta de las otras que había escuchado de los sobrevivientes, me dejó perpleja y desconcertada. Pero me tragué la píldora amarga y le pregunté por la casa de mi abuelo. "La casa vieja no existe más, hay una nueva. La familia Fratzovir vive allá".

Se me cayó el alma a los pies. Aunque anticipé que la casa no existiera más—igual que en mis sueños repetitivos—o que estuviese ocupada por otros, no me gustó oírlo.

"¿Existen todavía algunas casas que pertenecían a los judíos?", le pregunté.

"Oh sí, contestó él, y se puso a enumerar varios nombres que yo recordaba muy bien.

Mientras nosotras entrevistábamos a Ghiorghe, su esposa y los nietos se ocuparon en la preparación de un almuerzo generoso, consistente en *goulash*, bolitas de masa, ensalada de repollo y pepinos encurtidos del barril, iguales a los que nosotros solíamos hacer en la granja de Dziadziu. Nunca los había vuelto a comer hasta aquel día. Ellos no solamente nos invitaron a nosotros, también a la secretaria y al chofer. Los Ostashek parecieron abrumados por nuestra visita.

"Es un gran honor ser anfitriones de unos huéspedes tan queridos", repitieron varias veces. El vodka dio varias rondas. Yo lo necesitaba para calmar mi tormenta interna.

Se hizo tarde y nosotros estábamos ansiosos de ver el lugar de mi abuelo, así como los otros sitios. Al ponernos en pie para salir, entraron dos hombres jóvenes, presentándose como el alcalde de Milie y un periodista de la ciudad de Vizhnitsa, a la que iríamos luego. A pesar de su amabilidad, yo tuve la inquietante sensación de que la noticia sobre nuestra visita se esparció rápidamente dentro de esta pequeña aldea y que alguna sospecha respecto a nuestras intenciones podría haber surgido.

Procedieron a hacernos algunas preguntas y, aparentemente convencidos de la inocencia de nuestra visita, el alcalde comenzó a tratarnos como turistas regulares, sugiriendo una visita al Museo del

Pan ubicado en el edificio de la nueva escuela. Aún sintiendo una inquietud, les dije a mis primos "Salgamos de aquí". Antes de hacerlo, le pedimos a Ghiorghe que nos mostrara el camino hacia la nueva escuela y la granja de mi abuelo.

El museo no era más que una sala llena de una variedad de cereales cultivados en el la granja colectiva de Milie. Aparte de artesanías locales, las exhibiciones relataban la historia de cómo los diferentes cereales eran molidos localmente. Pero por ningún lado había una sola mención del primer molino que Littman Katz construyó allá, y desde luego ninguna mención de los judíos masacrados, quienes vivieron en esta aldea hasta hace sólo cuarenta y cinco años.

La omisión de una verdad tan histórica, me incitó a reaccionar. Mi primer impulso fue tratar el tema con el director. El prestó atención a mi historia, como si la hubiera oído por primera vez. "Hay que contarles a los niños la verdad para que semejantes atrocidades no vuelvan a repetirse contra ninguna minoría étnica", le dije. El estuvo de acuerdo y prometió hacer algo al respecto.

Con Ostashek como guía, finalmente nos dirigimos a lo que una vez fue la granja del abuelo. No fui capaz de reconocer ningún punto de referencia, a causa de las nuevas casas y todos los demás cambios. Pero tan pronto como dimos vuelta hacia un camino de tierra estrecho, todo se volvió familiar. Cuando el automóvil se detuvo, igual que en mis sueños, miré fijamente la distorsionada vista de la finca. Este diferente panorama me hizo comprender que ahora también era un tiempo diferente y una diferente Ruth quien regresaba a su paraíso perdido. En ese instante, mis emociones sobrecargadas se hicieron incontrolables.

El primer cambio que noté fue una reja verde de hierro forjado, remplazando los largos y viejos troncos horizontales que solían marcar nuestra entrada a la finca. Aún sentada en el automóvil, viendo el riachuelo Teplitza que continuaba con su perpetuo y tranquilo fluir, lloré repitiendo las mismas palabras "No lo puedo creer; no puedo creer que verdaderamente estoy aquí".

"Tome unos minutos para calmarse", dijo Rita con compasión.

Finalmente, salí del automóvil, e impulsivamente corrí hacia el agua para tocarla con ambas manos, como para asegurarme que esta vez no era un sueño. Al hacer esto, noté el mismo viejo puente de dos troncos sobre el riachuelo, preservado por más de cincuenta años. Con excepción del escenario, era el único objeto fijo inalterado.

Entramos al patio a través de un pegajoso lodo, mientras continuaba lloviendo a cántaros. Lentamente, campesinos del vecindario salían de sus casas para ver a qué se debía todo el alboroto. Sobre las mismas enormes piedras que servían de cimiento a la casa del abuelo, había una casa recién construida. En lugar de una fachada blanca, ahora estaba pintada de azul celeste con paramentos verde botella, y arriba de cada ventana, una franja amarilla la adornaba.

El viejo puente de dos troncos, detrás de la granja de mi abuelo.

Una casa nueva donde solía estar la de mi abuelo.

Adentro, con los nuevos dueños.

Una mujer más bien robusta salió de la casa, seguida por un hombre poco atractivo, de baja estatura, en sus sesentas. Ghiorghe hizo las presentaciones.

"Estos son huéspedes de América", dijo.

El hombre bajito avanzó y dijo, "Mi nombre es Yuri Fratzovir, y esta es mi casa. ¿Y quiénes son ustedes?" me preguntó a mí.

"Antes de decirle quién soy, el nombre 'Littman Katz' significa algo para usted?"

"Claro que sí", dijo él y se le iluminó la cara. Me enumeró en ruteno a toda la gente que recordaba. "Estaba Lea . . . estaba Anna, Lucie, Bubi y . . . la pequeña Ruthi. Yo sentí como si oyera nombres resonando desde otro planeta. Empecé a temblar. ¿Acaso él quiso decir que recuerda a toda la familia, incluso a mí?". Yo soy Ruthi", dije.

Toda esta desconcertante conversación tuvo lugar afuera, bajo la lluvia. Caminando con dificultad por el lodo, logré tomar unas fotos con la cámara Polaroid, lo que asombró a nuestros anfitriones, quienes nunca habían visto una foto instantánea. Mis ojos examinaron el alguna vez esplendoroso jardín, el patio y el huerto. ¡Los cambios que había visto en mis sueños asombrosamente se volvieron realidad! La granja estaba ahora subdividida por varias vallas de madera y salpicada de pequeñas casitas y cobertizos de almacenamiento. La única casa imponente en ese perímetro, era la de los Fratzovir.

Nos invitaron a pasar a la casa, que ahora tenía otra distribución. Reemplazando nuestras cinco habitaciones, ahora eran solamente tres. Se sentía extraño estar parada en su salón decorado en el estilo ruteno tradicional, recordando lo que era hace unas décadas. Todos estábamos muy emocionados, inclusive nuestros anfitriones.

Yo me esforcé de equilibrar mis sentimientos cálidos hacia esos hospitalarios y compasivos aldeanos con mi absoluto aborrecimiento hacia los asesinos, pertenecientes a la misma comunidad. Con todo el corazón quería creer en su versión—que toda la culpa fue de los bandidos de las montañas. Yo hubiera preferido creer que ellos eran inocentes.

Antes del último adiós, le pedí a Yuri que me trajera un poco de agua de nuestro pozo. Me trajo una botella llena de la cual bebí lentamente a sorbos, gozando de su sabor celestial, como si tomara un santo elixir. Por un furtivo momento creí que esta agua podría adormecer mi dolor emocional.

Nuestro tiempo era limitado, ya que teníamos que viajar a la ciudad vecina, Vizhnitza, y regresar a Czernowitz antes del atardecer. Rita y Al se fueron primero al automóvil, mientras yo continuaba charlando con Yuri en el patio. El estaba completamente asombrado por nuestra sorpresiva visita y aún no podía creer que yo era Ruthi.

"Usted tenía pecas sobre la nariz, y ahora no tiene ninguna", dijo mientras sus ojos examinaban atentamente mi cara. Esta observación me hizo reír a través de mis lágrimas. Para entonces, más y más campesinos, parientes de nuestros viejos vecinos, habían salido de sus casas para ver a los americanos.

Nos fuimos a Vizhnitza, mi ciudad natal y la de la madre de mis primos. Tan pronto salimos de Milie, me di cuenta que se me olvidaron las fotos al dejarlas secando en el pórtico de los Fratzovir. No había tiempo para regresar. Esto parecía una conspiración para que yo no tuviera fotos de todos estos lugares memorables. Haber venido desde tan lejos después de cuarenta y cinco años, y tener que regresar sin ninguna foto, era absolutamente devastador.

En Vizhnitza, encontramos a unos residentes judíos, les pedimos indicaciones para ir al ayuntamiento donde mis primos querían investigar los archivos locales para encontrar más detalles acerca de sus familias.

Al llegar al ayuntamiento, la única empleada presente no nos permitió mirar los archivos sin un permiso especial. Rita trató de razonar con ella, pero la mujer era inflexible. Nos fuimos muy frustrados. Durante ese tiempo, nuestro guía hizo todo lo posible para ayudarme a recuperar las fotos olvidadas en el pórtico de los Fratzovir. Llamó a la secretaria de la alcaldía y le pidió que mandara un mensajero para traer las fotos al alcalde para que él pudiera enviarlas al hotel en Czernowitz.

Paseando en la plaza de la ciudad, nos encontramos por casualidad con el mismo periodista que apareció con el alcalde en la casa de Ostashek. Estaba tan impresionado con nuestra visita que ofreció escribir una reseña y hasta llamarla "histórica". Después de una breve consulta con mis primos, decidí darle el testimonio acerca de la masacre de Milie. Yo lo cargaba en mi bolsillo, esperando la oportunidad de poder dejarlo en las manos apropiadas. Esperábamos que el podría convencer a las autoridades de, por lo menos, erigir un monumento a las víctimas judías.

Le entregué el documento y dije "quiero colocar esta responsabilidad en sus manos: después de leer sobre lo que sucedió aquí en 1941, espero que los hechos sean revelados a las autoridades y enseñados en los colegios. Yo quiero que usted dirija todo este asunto a los canales adecuados para que se construya un monumento para recordar a los mártires. ¿Me lo promete?"

"Sí, lo prometo", dijo, y metió el documento en su bolsillo. Intercambiamos tarjetas de presentación y él prometió mandarnos una copia de su artículo. Nunca jamás volvimos a oír de él.

Regresamos a Czernowitz sintiéndonos descontentos, frustrados y enojados. Para mí era más que esto. Yo sabía que no encontraría paz en mi alma a menos que regresara una vez más a Milie en un día seco y soleado para poder recorrer el lugar. Esto parecía improbable ya que nos dieron un permiso por un sólo día. Pero siendo optimista, esperaba que el señor Chorney haría una excepción.

Cuando entramos al vestíbulo del hotel, lo vimos. Me dirigí a él quejándome de nuestros contratiempos, de la lluvia y de cuan triste me sentía al no haber visto más de la aldea. El pareció sinceramente conmovido. "¿Podría usted permitirme volver una vez más?", le pregunté. Prometió averiguar el asunto y me aconsejó esperar un día más con la esperanza de que la lluvia aminoraría.

Al día siguiente mis primos fueron a hacer turismo, mientras yo me fui sola a visitar lugares de interés personal. La primera parada era mi escuela. Más tarde logré entrar al apartamento de Tía Anna y a la casa de los Zloczower. ¡Qué raro es sentirse en su casa y a la vez fuera de lugar! La mañana siguiente repetí la misma excursión a Milie con sólo un chofer moldavo. Esta vez me compré un par de botas altas de caucho, preparada para caminar en los campos lodosos. Afortunadamente la lluvia disminuyó un poco al llegar a Milie.

A diferencia del primer viaje, me sentí segura para guiar al chofer hacia la casa de los Fratzovir. De alguna manera me equivoqué y lo dirigí por un camino erróneo que nos llevó a un sitio desconocido. Un hombre joven se nos acercó, preguntando a quién buscábamos. Le expliqué que quería ir al lugar de Littman Katz, donde viven ahora los Fratzovir. "A propósito", le pregunté, "¿Habrá aquí todavía algunos aldeanos que recuerden a mi abuelo Littman?"

"Sí", dijo él, "de hecho mi suegra está adentro, y probablemente ella recuerda". Aceptando la invitación del hombre, entré a la casa siguiéndolo hacia una habitación donde un mujer vieja y enferma estaba sentada sobre la única cama, rodeada por dos lindas nietas. "¿Quién es usted?", me preguntó.

"Soy la nieta de Littman. Se acuerda de él?". Ella inclinó su cabeza con conocimiento de causa. "¿Y cuál es su nombre?", le pregunté. "Yo soy María Ostashek, la cuñada de Ghiorghe Ostashek".

"Mucho gusto de conocerla", le dije, estrechando su mano. Ella comenzó a contarme sobre mi abuelo y toda la familia. "¿Dónde está su esposo?", yo quería saber.

"Iván no está aquí. Los dos fuimos exiliados a los Urales, porque él fue condenado por haber ayudado en la matanza de los judíos de Milie. Pero todo fue una mentira. El solamente les dio comida a los *Benderovtzes*, y alguna gente lo tomó por uno de ellos. Después, mientras estábamos en exilio, mi esposo me abandonó por una mujer joven. Pero yo quería regresar a Milie, porque nuestros hijos estaban aquí".

Para entonces, yo había hecho la conexión. Fue su esposo, Iván Ostashek, el nombre que habían mencionado reiteradas veces los testigos sobrevivientes, como el líder de los campesinos en la masacre.

Un escalofrío corrió por todo mi cuerpo. Rápidamente tomé una foto de ella—para mostrársela a los pocos emigrantes de Milie que viven ahora en Israel—y me fui.

Con las indicaciones que nos dio su yerno, nos dirigimos directamente a la casa de Fratzovir. Tan pronto como entramos a la casa, Yuri llegó con otro aldeano, Reshka Alexei Tanasovich, quien declaró que había trabajado en el molino de Littman y que recordaba a toda la familia. Junto con Reshka y Yuri, caminé rumbo al lugar en donde alguna vez estuvo el molino.

Cruzamos el puente de dos troncos que me era tan familiar y caminamos a través de los campos a la orilla del riachuelo, sobre el mismo camino que tantas veces recorrí de niña. Una vez más, los patos con sus crías nadaban tranquilamente río abajo, y una vez más el aroma de los campos y la vista de los pajares altos, me recordaron de una manera agradable un pasado lejano. Impulsivamente, recogí unas flores típicas de esta región y las apreté entre papeles para llevarlas a mi casa.

Más adelante noté una construcción derruida y abandonada en el lugar donde estaba el molino. Yuri me explicó que fue una central eléctrica por muchos años, pero ahora estaba cerrada, ya que se había construido una nueva en otro sitio. Era una vista patética. Y no había nada más para ver.

Regresamos caminando a lo largo del camino que llevaba a la iglesia y a la casa de uno de nuestros viejos vecinos. Las dos estaban inalteradas por los años. Lindando con la valla del vecino, en la parte más extrema de lo que fue nuestro huerto, todavía estaba nuestro viejo árbol de manzanas *Czetiner*—antes mi sitio preferido para la lectura. Para mi gran sorpresa, no solamente aún estaba allí, sino que además estaba en pleno florecimiento con grandes flores blancas, como si quisiera hacer alarde de su belleza para una amante que retorna. Como estaba detrás de la valla del vecino, no pude ni tocarlo ni romper las flores, pero lo retraté, agradecida de haberlo visto vivo, probablemente por última vez en mi vida.

Caminando por esas callejuelas que me sabía de memoria, aproveché la oportunidad, y pregunté a Reshka "¿Qué pasó aquí en 1944?"

"Fue terrible. Todo lo que oímos aquel día era '*Gwalt, gwalt*' (un grito de socorro en Yidish) cuando vinieron los Benderovtzes a matar a los judíos", dijo con aparente tristeza.

"¿Usted trata de decirme que *ninguno* de los campesinos de Milie participó en la matanza?"

"Mira, si hubiese algunos, ellos ya no se encuentran más aquí", dijo en un tono que implicaba resignación.

Era inútil continuar con este asunto, así que me fui a la casa de Yuri. El me devolvió las fotos que olvidé en mi anterior visita, y me mostró con orgullo una de ellas exhibida sobre una repisa de su salón.

El chofer y yo seguimos a la casa de Ghiorghe Ostashek. Su esposa, Katherina se mostró contenta de verme, pero no me invitó a pasar. "¿Dónde está su esposo?" pregunté.

"Está durmiendo".

"Bueno, yo lo necesito. ¿Quizás usted podría despertarlo?" pregunté.

Ella vaciló, pero al fin me invitó a entrar. El viejo Ghiorge estaba sentado a la orilla de la cama, encorvado para adelante, fumando uno de los cigarrillos Kent que le regalé en mi primera visita. A diferencia de aquel día, esta vez no pareció muy contento de verme.

"¿Le extraña que haya vuelto? Cuando estuve aquí la última vez, usted me dijo que nos mostraría dónde se encuentra la fosa común. Pero estaba lloviendo tan fuerte, que no pudimos ir a verla. Podría usted llevarme ahora allá?"

"Oh!, está muy lejos y con todo el lodo es difícil de llegar allá", dijo él. "De todos modos, usted no va a poder ver algo; no hay nada para ver".

Yo percibí un cambio total de su previa actitud amable. Me estaba preguntando porqué y seguí rogándole que me llevara. El consintió bajo una condición—que un vecino nos acompañara. Mientras él fue a llamarlo, yo regresé al automóvil y me quedé sentada con el chofer, esperándolo. Imaginé que le tomaría algunos minutos, considerando las cortas distancias entre las casas. A medida que pasaban los minutos y él no regresaba, comencé a sentirme inquieta.

Media hora más tarde, me puse impaciente y fui a preguntar a su esposa la razón de su demora. "Se esta vistiendo. Va a traer al alcalde anterior para que vaya también, ya que también fue testigo y sabe acerca de la fosa común".

Después de cuarenta y cinco minutos Ostashek regresó, no con el viejo alcalde, sino con el nuevo y joven, quien nos conoció durante la primera visita. Yo estaba completamente confundida, pero no pregunté nada sobre el cambio. Sin una palabra viajamos a un campo al pie de la montaña. A la orilla de una callejuela llena de lodo, Ostashek le pidió al chofer que se detuviera. Salimos del automóvil y miramos alrededor. Fuera de un poste telegráfico, no había nada a la vista, y tampoco había señal alguna de tumba. "¿Dónde está?" le pregunté a Ostashek.

"Aquí". Señaló hacia los campos verdes.

"¿Qué quiere usted decir con *aquí*? Este es un campo de hortalizas", solté con indignación. Justo como temía, no había ninguna señal. Me dolió tanto que empecé a llorar. No había nada que yo pudiese hacer en ese momento, excepto tomar unas fotos de este campo y recoger tantas piedras pequeñas como podía para dárselas al escaso grupo de habitantes de Milie que ahora viven en Israel.

Entristecida, regresé al automóvil. Miré al alcalde y él me miró a mí. Yo creo que él, como muchos otros jóvenes, no tenían ni la menor idea del pasado. De repente, él le preguntó a Ghiorghe. "¿Cuánta gente fue asesinada aquí?"

"Con niños y bebés, unos ciento cuarenta". Llegó su respuesta lacónica.

El alcalde se volteó hacia mí y me preguntó, "Señora Gold, usted piensa que en Milie viven aún algunos de los participantes en la masacre?"

"No lo sé, pero no me sorprendería", le dije. "Pero lo que *sí* sé por los sobrevivientes, es que hubo unos pocos campesinos honrados y valientes que se atrevieron a advertir a sus vecinos judíos del inminente peligro, a esconderlos y a abstenerse de participar en la histeria de la pandilla, a veces a costa de su propia vida".

El alcalde me prometió solemnemente hacer algo para que se construyera un monumento en memoria de las víctimas de la masacre, y sobre esta observación nos despedimos. Yo percibí que nuestra repentina visita, así como mis charlas con el director y el documento que le di al periodista, resucitaron todo el asunto. Solo entonces entendí la reticencia de Ghiorghe para irse solo conmigo a la fosa común y porqué fue a llamar al alcalde. El seguramente estaba muerto de susto de lo que el régimen comunista podría hacerle por habernos dado su testimonio.

Antes de abandonar Milie, le pedí al chofer que se detuviera en la estación de ferrocarril. Para mi gran asombro, permanecía idéntica a como la recordaba. Parada frente al edificio, detecté un cuadro extraño:

las mismas dos viejas bancas de madera, pero con los estragos del tiempo. Me senté en una de ellas. Con los ojos cerrados me pude ver rodeada de mis seres queridos, esperando el tren que nos llevaría a casa al final de nuestras vacaciones. Abrazando a Dziadziu, diciendo adiós con la mano a vecinos y amigos, casi podía oír el silbato del tren. Yo estaba completamente absorta, cuando el compasivo chofer me llamó cautelosamente, recordándome que había llegado la hora de irnos.

"Adiós Milie, por última vez", dije en voz alta. Si tuviese que volver, yo sabía que nunca más sería al paraíso de mi niñez. Este desapareció para siempre.

En mi último día en Czernowitz, aproveché la amabilidad y hospitalidad de Ida, la chica que ahora vivía en nuestro antiguo apartamento, y regresé para tomar fotos. Retraté muchas cosas de valor sentimental para mí, en particular la inmortal estufa de azulejos, el hogar de la familia Glasberg, cuya luz se extinguió en Noviembre de 1941.

Bershad Visitado De Nuevo

De nuevo de viaje en tren, enfilamos hacia Vinnitsa, la ciudad más grande de los alrededores de Bershad. El tren se detuvo en Oknitsa, Verzhanka, Moghilev, Bar, y Zhmerinka. Recorrí la misma ruta que en 1941, y me di cuenta, para mi asombro, que el tren demoraría cerca de seis horas para llegar, mientras que en ese entonces nos forzaron a andar a pie hacia Bershad durante casi dos semanas para cubrir la misma distancia. Con mucha dificultad espanté los amargos recuerdos de aquel viaje para enfrentar el aquí y ahora.

Un funcionario de Intourist nos esperaba en la estación el domingo por la tarde y nos condujo al único hotel de la ciudad de Vinnitsa. Debíamos partir el lunes a las ocho de la mañana hacia Bershad, pero aún no habíamos obtenido el permiso. Esa misma mañana, el director de Intourist se disculpó, y nos dijo que los comprobantes le habían llegado apenas unos días antes, por lo que no estaba seguro de nuestro arribo. Como resultado, no tenía un carro a nuestra disposición. Comenzó a buscar un taxi común, lo que le tomó medio día. Eso acortó el tiempo que nos permitían a la mitad. A medio día, llegaron por fin el conductor y el guía. El viaje tomaría tres horas de ida y tres de vuelta, lo que nos dejaba sólo una hora para explorar Bershad. Rita no se sentía bien, así que sólo Al me acompañó.

Anduvimos entre verdes praderas y hermosas montañas salpicadas de flores de todos los colores. Los campos estaban repletos de cereales hasta el horizonte. Serpenteando por entre esos campos estaba el ancho y sereno río Bug. "Mira qué lindo", le repetía a Al.

Normalmente, él habría compartido mi entusiasmo, pero no esta vez. "¿Qué tiene de especial esta parte del mundo?", preguntó por fin. Con seguridad has visto sitios más hermosos".

De veras, ¿qué era lo que lo hacía tan hermoso para mí? Súbitamente comprendí: era el contraste. Ahí estaban los mismos campos y las mismas granjas colectivas por los que nos habían forzado a pasar, a pie o en carreta, entre el barro y la nieve, en el invierno de 1941. Entonces, todo lo que podía ver eran campos desolados, cubiertos de nieve y cadáveres bordeando los caminos. En mis tres años de confinamiento en Bershad no podía haber imaginado que por fuera de los campos existiera tal belleza. De hecho, escasamente recordaba haber visto una flor o una mariposa. Pero ahora yo era libre, con la posibilidad y la capacidad de disfrutar esta bella región de Ucrania, que ya no era la siniestra Transnistria de antaño.

El conductor me mostró un mapa en el que encontré los nombres de los pueblos y las granjas colectivas donde habíamos pernoctado durante la marcha de la deportación. Estaban todos sobre un camino al occidente del río y terminaban en Bershad, a unos cuantos kilómetros de su orilla. Por lo demás, entonces nunca habíamos visto realmente el río, puesto que el Bug era la frontera al este de la cual los alemanes ejecutaron al mayor número de judíos. En ese tiempo, el Bug era sinónimo de ejecución por los SS. En este momento recorríamos su lado occidental.

Junio 5, 1988. A las tres de la tarde cruzamos el puente y entramos a la tristemente célebre Bershad. Sentí como si estuviera soñando, pero allí estábamos. Sentado frente a una casa aislada, estaba un viejo a quien me aproximé y pregunté, "¿Recuerda usted dónde quedaba el campo de concentración?"

Levantó los hombros y dijo, "¡Ho, ho. Lo que fue, fue!". En otras palabras, hacía tanto tiempo que no valía la pena revivir las cosas. Sin embargo, señaló hacia la distancia.

"¿Y dónde queda el cementerio judío?", quise saber. "Lejos, lejos de aquí", contestó de manera cortante.

Nos dimos cuenta de que se hacía tarde y teníamos apenas una hora antes de emprender el regreso. Eso nos daba escasamente tiempo para visitar el cementerio. Seguimos sus indicaciones y nos dirigimos a las afueras de Bershad.

No había vigilante ni visitantes en el cementerio. Al bajar del carro, me llegó un sobrecogedor olor de desperdicios humanos—el mismo hedor con el que había convivido tantos años en Bershad. Por un instante me confundí y me aterré. Pensé que estaba teniendo algún tipo de alucinación olfatoria, producto de mi intensa ansiedad.

Pero como mi primo y el conductor parecían igual de repugnados, supe que no lo era. El olor era tan fuerte que tuve que cubrir mi nariz con un pañuelo para no desmayarme. Con las narices cubiertas, Al y yo entramos al cementerio.

Estaba lleno de hermosas lápidas de mármol negro con retratos de los difuntos—típica conmemoración de los judíos rusos a sus muertos. Al mirar las fechas, me di cuenta de que todas esas lápidas correspondían a judíos de la localidad muertos *después* de la guerra.

Buscamos el monumento grande que tenía los nombres de mi familia y los de todos aquellos que habían fallecido en Bershad durante la ocupación nazi. Pero no lo hallamos por ningún lado.

Amargamente frustrada y con el corazón encogido, renuncié a la búsqueda. Al siguió mirando por todas partes; hasta se internó en un bosque cercano, pero al final también se tuvo que dar por vencido.

Yo necesitaba un momento de meditación de manera urgente, algún contacto espiritual con mis seres queridos, para hacerles saber que había vuelto después de tantos años a rendir tributo a su memoria. Pero, ¿dónde? Accidentalmente, localicé un pequeño monumento, desgastado por el tiempo, en el que se veían los nombres de algunas personas de pueblos cercanos a Czernowitz. Su estado era lamentable, pero era el único testimonio de aquel tiempo infame. Me apoyé en él y derramé las lágrimas de tristeza acumuladas durante los últimos cuarenta y cinco años. Luego llegó el momento de partir

Revisitando el cementerio en 1988. Encontré
solamente este pequeño monumento

Ayudada por mi primo, anduve temblando hacia la salida. Allí encontramos a un judío que había venido en bicicleta a ver qué estaba pasando. Le preguntamos por el monumento que había sido construido en memoria de los judíos muertos, y nos dio una explicación que tenía sentido.

Debido a la falta de materiales durante la guerra, el monumento había sido mal construido. Sus materiales no pudieron resistir la inclemencia del tiempo y se derruyeron. Las placas de mármol cayeron al piso y con los años, el pasto y los árboles crecieron encima; por ese motivo no pudimos encontrar ni rastro de ellas. Esta realidad no alivió mi profunda decepción.

"¿Qué es el terrible hedor?" quisimos averiguar.

"Es desperdicio humano de las letrinas del pueblo que se arrojan cerca del cementerio".

Esta profanación, sumada a la de Milie, hizo que mi ira se saliera de todo límite. ¿Quién tenía el atrevimiento de arrojar desperdicios humanos cerca al sagrado sitio de reposo de casi veinte mil víctimas fallecidas aquí durante el Holocausto, sin enterrar y sin una marca? ¿No había ninguna dignidad, ningún respeto a los muertos?

Decidí que haría todo lo que estuviera a mi alcance para lograr que el gobierno soviético construyera un nuevo monumento. El día anterior habíamos visto en Vinnitsa, en medio de una arboleda, una impresionante escultura que honraba a los rusos víctimas del fascismo. Lo mismo sucedía por toda la URSS. Dondequiera que fuéramos, las novias dedicaban sus ramos matrimoniales a los soldados caídos una generación antes. En todas partes, enormes monumentos con sentimentales inscripciones recordaban a los ciudadanos de los mártires—pero no había mención alguna de los judíos.

En el camino de vuelta a Vinnitsa no podía quitarme de encima un sentimiento pesado y depresivo. Cerca de dos horas más tarde noté las conocidas acacias blancas en plena floración, a orillas de la carretera. "¡Por favor, detenga el carro un momento!" grité. "Quiero oler las acacias una vez más. Me recuerdan a mi ciudad natal".

El amable conductor se detuvo y recogió varias ramas de un árbol cercano y me las entregó. Hundí mi cara entre las flores, ahogando mi pena y buscando consuelo en su dulce y calmante aroma. Y así, inhalando la agradable fragancia para desvanecer el horrible hedor, para aliviar mi tormentosa pena y calmar mis emociones, regresamos a Vinnitsa.

Emocionalmente agotada por los eventos del día, di las buenas noches a Rita y Al e inmediatamente me recluí en mi habitación. Pero el sueño me eludía. Esa noche vi delante de mis ojos un caleidoscopio de sucesos de Bershad. Parecía casi irreal haber vuelto a pisar ese suelo impregnado de muerte. Por mucho que había querido venir aquí, no hallaba el momento de irme. Era demasiado triste.

Y así emergió una nueva visión—que tiene que ver con mi propia búsqueda de la justicia, por medio de la cual quiero rectificar el silencio que envuelve al Holocausto en Rumania. Quiero que el mundo conozca las atrocidades de Transnistria, las masacres de judíos en cientos de pueblos como Milie, en toda el área de Bucovina y Besarabia. Aspiro a conmemorar la muerte de las decenas de víctimas olvidadas y abanderar a quienes cayeron en la brutal persecución.

Desde entonces he escrito a senadores americanos, e incluso al ex-presidente soviético, Gorbachev, así como a varios ministerios soviéticos, en un esfuerzo por arrojar luz sobre la necesidad de un reconocimiento público de esas muertes. Recibí poca respuesta y los cambios políticos de la antigua Unión Soviética no han ayudado. Sin embargo, sigo persiguiendo mi meta.

Mientras vea erigir esos monumentos, sea este libro su perpetuo e indestructible conmemoratorio, escrito desde el corazón de alguien que estuvo en lo más profundo de la miseria humana, y sobrevivió para decir acerca de lo indecible.

BIBLIOGRAFÍA

Ancel, Jean, ed. *Documents concerning the Fate of Romanian Jewry during the Holocaust.* 12 vols. New York: The Beate Klarsfeld Foundation. 1986. (Documentos reproducidos en rumano y aleman).

The Romanian Way of Solving the 'Jewish Problem' in Bessarabia and Bukovina,

June-July 1941. Jerusalem: Yad Vashem Studies, 1988.

Ben-Zion, Shmuel. "Jewish Children in Transnistria during the Holocaust." Doctoral dissertation, Institute for Holocaust Research, Haifa University, 1989.

Butnaru, I.C. *The Forgotten Holocaust.* New York: Greenwood Press, 1992.

Waiting for Jerusalem. New York: Greenwood Press, 1993.

Fisher, Julius S. *Transnistria: The Forgotten Cemetery.* New York: Thomas Yoseloff, 1969.

Gilbert, Martin. *Atlas of the Holocaust.* London: The Rainbird Publishing Group Limited, 1982.

Gold, Hugo. *Geschichte der Juden in der Bukovina* (History of the Jews in Bukovina). Tel Aviv: Olamenu, 1962. (In German.)

Litani, Dora. *Transnistria.* Tel Aviv, 1981. (In Romanian.) (Printed with the support of the Tel-Aviv Fund for Art and Literature.)

Romania Libera. Periodico, Bucharest, 1944-45.

The Martyrdom of the Jews in Romania, 1940-1944: Documents and Testimonies. Bucharest: Editura Hasefer, 1991. (Esta anthologia incluye mi articulo de february 19, 1945.)

Schaari, David. <u>The Cyprus Detention Camps for Jewish "Illegal" Immigrants to Palestine, 1946<n>1949.</u> Jerusalem: Hassifriya Hazionit, 1981.

ÍNDICE GEOGRÁFICO

Upper Silesia
Urals
Valegotilovo
Vashkaautz
Venice
Verzhanka
Vienna
Vinnitza
Vizhnitza
Washington
Yagur
Yampol
Yugoslavia
Zagreb
Zhabokritch
Zhmerinka
Zurich

BIOGRAFÍA BREVE
DE LA AUTORA

Ruth Glasberg Gold nació en Bucovina, Rumania (hoy Ucrania) y fue deportada a los once años a un campo de concentración en Transnistria, en donde sus padres y su único hermano perecieron.

Después de la guerra se unió a una comuna juvenil sionista y escapó de Rumania comunista en un barco carguero, naufragando en una isla griega. Rescatada por los británicos, fue su prisionera en un campo de detención en la isla de Chipre. Un año más tarde fue liberada y partió hacia Palestina.

Junto con su comuna, ayudó a crear un nuevo kibbutz en los montes de Judea cerca de Jerusalén, y posteriormente ingresó a la Escuela de Enfermería Hadassah en Jerusalén, graduándose de enfermera registrada.

En 1954, Ruth fue nombrada Jefe de Enfermeras en el Hospital Elisha, luego fue supervisora en el Hospital Rambam, en Haifa.

En 1958 se casó, dejando Israel para instalarse en Bogotá, Colombia, en donde nacieron su hijo y su hija. En 1972 la familia emigró a Miami, Florida. Enviudó en 1982.

Ruth participó en The International Study of Organized Persecution of Children (Estudio Internacional de la Persecución Organizada de Niños), fue co-fundadora de la Wizo (Women's International Organization) (Organización Internacional de Mujeres) en los Estados Unidos, fundadora del primer grupo de apoyo para niños sobrevivientes del Holocausto en Florida, y es una oradora frecuente sobre temas del Holocausto. Es asímismo intérprete en siete idiomas.

Ruth's Journey: A Survivor's Memoir, editado por University Press of Florida en 1996, es su primer libro.

En febrero del 2000 fue traducido al hebreo y publicado en Israel por Yad Vashem, The Holocaust Martyr's and Heroes' Remembrance Authority. En octubre del 2003 fue también publicado en Rumania por Editura Hasefer. En Agosto del 2008 fue publicado en espanol por la editorial Font in Monterrey, Mexico. En Octubre del 2009 sera publicado en Aleman en Viena, Austria.

El 27 de enero del 2009 fue oradora huésped de las Naciones Unidas en Nueva York, en la ceremonia del Día Internacional del Holocausto.